Învățăturile

mistice

ale lui Isus

Kim Michaels

Învățăturile mistice ale lui Isus

KIM MICHAELS

Copyright © 2013 Kim Michaels. Toate drepturile rezervate. Nici o parte a acestei cărți nu poate fi reprodusă, tradusă sau transmisă prin vreun mijloc, cu exceptia permisiunii scrise a editorului. Un recenzent poate cita pasaje scurte în recenzie.

MORE TO LIFE PUBLISHING

www.morepublish.com

Informațiile și înțelegerile din această carte nu ar trebui să fie considerate ca o formă de terapie, sfat, direcționare, diagnoză și/sau tratament de vreun fel. Această informație nu este un substitut pentru o îndrumare, consiliere și îngrijire medicală, psihologică sau de altă natură profesională. Toate problemele ce țin de sănătatea ta individuală ar trebui să fie supervizate de un medic sau de un practician adecvat. Nici o garanție nu este oferită de autor sau de editor că practicile descrise în această carte vor oferi rezultate reușite, oricând, pentru oricine. Ele sunt prezentate doar în scopuri informaționale, dat fiind că practica ține de individ.

CUPRINS

Introducere 9
Capitolul 1. Voi cunoașteți vocea mea 17
Capitolul 2. Revelația progresivă 33
Capitolul 3. Dobândirea conștiinței cristice 41
Capitolul 4. De ce există religia în lume? 53
Capitolul 5. Adevărata cheie către salvare 71
Capitolul 6. Problema pe Planeta Pământ 85
Capitolul 7. Înțelegerea conștiinței Cristice 101
Îndrăznește să pui întrebări 113
Capitolul 8. A fost Isus Cristos singurul Fiu al lui Dumnezeu? 117
Capitolul 9. Ce fel de persoană este Isus? 133
Capitolul 10. Ce religie a urmat Isus? 141
Capitolul 11. Există o singură religie adevărată? 147
Capitolul 12. Este Isus singur în Paradis? 153
Capitolul 13. Isus și reîncarnarea 159
Capitolul 14. A șters Isus păcatele lumii? 175
Capitolul 15. Este Biblia cuvântul lui Dumnezeu? 181
Capitolul 16. Este Dumnezeu un Dumnezeu supărat și judecător? 191
Capitolul 17. Chestiunea răului 207
Capitolul 18. Isus și creștinismul modern 229
Capitolul 19. Cum să dobândești Christhood-ul 241
Capitolul 20. Mergând înăuntru 245
Capitolul 21. Vindecă-te singur 259
Capitolul 22. Tehnici pentru dobândirea Christhood-ului 287
Capitolul 23. A doua venire a Cristului 323
Capitolul 24. Ce poți face tu pentru Isus 331
Despre autor 343

Partea I.

Mesajul interior

INTRODUCERE

Permite-mi să explic pe scurt cum a luat naștere această carte. Părinții mei nu au fost oameni religioși iar mie nu mi s-a dat ceea ce s-ar putea numi o educație creștină. Am avut mereu un simț intuitiv că Isus a fost și este o persoană spirituală foarte semnificativă. Singura problemă era că nu puteam împăca sentimentul meu interior despre importanța lui Isus cu învățăturile exterioare și acțiunile creștinismului.

În timpul școlii elementare am învățat despre "Istoria Bibliei", care a fost concentrată pe Vechiul Testament. Am simțit intuitiv că exista o discrepanța între Dumnezeul iudeilor cel supărat și judecător și Dumnezeul pe care îl știam în inima mea. Mai târziu, am învățat la ora de istorie despre cruciade, inchiziție și vânătoarea de vrăjitoare. Știam că astfel de acțiuni violente pur și simplu nu puteau fi în acord cu adevăratele învățături ale Cristului, și acest fapt mi-a stârnit dorința de a înțelege cum o religie bazată pe învățăturile lui Isus a putut deveni atât de violentă.

Nu am primit nici un răspuns la aceste întrebări până la 18 ani când am experimentat un proces care mi-a schimbat în mod dramatic perspectiva asupra lui Isus și asupra creștinismului. A început când am citit că în anul 553 conceptul reîncarnării fusese eliminat din creștinism din motive politice. Am simțit un sentiment de indignare pentru faptul că un concept care poate era familiar lui Isus a fost mai târziu scos din religia care afirma că-l reprezintă. Acest fapt m-a împins spre o căutare care m-a ajutat să văd că multe din învățăturile și intențiile originale ale lui Isus au fost schimbate, eliminate, interpretate greșit sau chiar înlocuite de doctrine care sunt aproape în direcția opusă gândirii lui Isus.

În următorii 20 de ani am continuat să-mi măresc înțelegerea asupra unui fapt șocant, și anume că exista o discrepanță foarte mare între ceea ce Isus a predat inițial și imaginea și învățăturile lui care au fost doborâte de creștinismul oficial pentru aproape 2000 de ani. Evident, acest proces mi-a luat un timp îndelungat, și nu mă aștept ca cineva să-mi accepte concluzia doar pentru că eu am afirmat-o aici.

Totuși, pentru aceia care sunt deschiși, există numeroase cărți și website-uri care vorbesc despre asta, și cred că cei care studiază acest material vor ajunge în final la concluzia că imaginea noastră modernă despre Isus nu are nici o legătură cu cea originală.

A fost foarte important pentru mine să realizez că există o diferență între simțul meu intuitiv asupra a ceea ce Isus a predat și imaginea oficială. Acest lucru a deschis o perspectivă foarte vindecătoare, și anume că atunci când imaginea oficială îmi contrazicea simțirile mele interioare, se putea într-adevăr ca imaginea oficială să nu aibă tangență cu realitatea. Pentru mine, aceasta este diferența între aceia

Introducere

care pot beneficia de pe urma acestei cărți și aceia care o vor respinge fără să-i arunce o privire mai îndeaproape.

În lumea de astăzi, mulți oameni au un puternic simț intuitiv al principiilor spirituale și mulți au fost realmente dezamăgiți de creștinismul oficial. Mulți oameni înclinați spiritual au respins creștinismul și în consecință l-au respins și pe Isus – deoarece cum poți separa Cristul de creștinism? Ce mi-a devenit clar mie a fost că Isus este prea semnificativ ca figură a vieții spirituale pe Pământ pentru ca eu să-l pot respinge în baza unei religii construite de om. Am realizat că nu puteam lăsa doctrinele bisericii creștine să stea între mine și Isus. Am vrut să-l știu pe Isus așa cum este el în realitate și nu cum a fost portretizat de o organizație care a fost prea adesea ghidată de motive și oportunități politice.

Așa cum însuși Isus a spus : "cere, și vei primi!", când am început să caut răspunsuri, am găsit informație care m-a ajutat să câștig o mai adâncă înțelegere și apreciere pentru învățăturile veșnice ale Cristului. Acest fapt m-a ajutat să-mi răspund la ce a fost pentru mine cea mai mare întrebare despre Isus, și anume de ce a dispărut brusc de pe Pământ, acum 2000 de ani. Nu am avut nici o problemă în a accepta că Isus a ascensionat în tărâmul spiritual și este încă în viață acolo ca și ființă spirituală. Dar de ce nu ar căuta el să ne ghideze din acea poziție, dat fiind în mod special faptul că a promis că va fi cu noi pentru totdeauna? Pur și simplu nu l-am putut vedea pe Isus fiind cu noi în bisericile oficiale, deci cum a intenționat el să îndeplinească această promisiune?

Gradual am început să înțeleg că Isus este realmente cu noi astăzi și că a încercat să ne ofere îndrumare de multe ori de-alungul ultimilor 2000 de ani. Am observat de asemenea că deoarece Isus este azi o ființă ascensionată, această îndrumare trebuie dată în acord cu legea globală care determină viața pe Pământ, și anume Legea Liberului

Arbitru (The Law of Free Will). Pământul e un fel de maşină experimentală în care nouă, fiinţelor umane, ni se permite să avem anumite experienţe până când ne plictisim de ele şi decidem că vrem mai mult. Una din experienţele pentru care Pământul a fost proiectat să ne-o ofere este ca noi să trăim într-un univers material unde să părem că suntem separaţi de Dumnezeu sau unde Dumnezeu nu există.

Asta înseamnă că este complet nerealistic, aşa cum unii creştini socotesc, să crezi că Isus va avea curând o a doua apariţie care va oferi o dovadă de necontestat. În realitate, nici o dovadă de necontestat nu poate fi dată vreodată, lucru demonstrat de faptul că au existat oameni care l-au respins pe Isus când el se plimba printre ei în corp fizic. Legea primordială pentru Pământ este că o nerecunoaştere plauzibilă trebuie menţinută astfel încât să fie mereu posibil ca oamenii să nege existenţa tărâmului spiritual, vreo îndrumare sau mesaje venind de pe acel tărâm.

Isus chiar ne-a oferit îndrumare de-alungul ultimilor 2000 de ani dar s-a întamplat fie ca şi îndrumare personală interioară sau prin indivizi care au servit ca mesageri sau "uşi deschise" pentru învăţăturile lui. Isus nu va apărea niciodată pe cer să dea o dovadă irefutabilă, dar va continua să apară prin indivizi care sunt deschişi să servească ca o punte pentru a aduce învăţături sub o formă sau alta. Frumuseţea acestui tablou este că Isus poate oferi învăţături de la nivelul său prezent de conştiinţă, dar deoarece ele vin printr-o fiinţă umană, este uşor pentru oameni să găsească defecte mesagerului şi să le folosească ca şi scuză pentru a refuza mesajul.

Gradual am găsit învăţături variate care în acord cu discernământul meu intuitiv păreau să vină direct dintr-un tărâm mai înalt. Studiind aceste învăţături, am continuat să-mi expandez înţelegerea învăţăturilor interioare, mistice

Introducere

ale lui Isus, dar niciodată nu mi-a trecut prin minte că aş putea deveni unul din aceşti mesageri.

Acest lucru s-a schimbat în 2002 când am trecut printr-un proces de schimbare. Am descoperit partea spirituală a vieţii când aveam 18 ani şi de atunci viaţa mea s-a învârtit în jurul căutărilor pentru ridicarea conştiinţei mele. O mare parte contribuabilă a fost dorinţa mea de a ajuta la transformarea acestei planete şi a aduce-o mai aproape de starea în care unele din atrocităţile pe care le vedem să fie lăsate în urmă. Am fost adânc afectat învăţând despre Holocaust, război şi alte manifestări şocante ale răului şi am simţit o dorinţă puternică de a ajuta la ridicarea Pământului la nivelul în care aceste fenomene nu ar mai putea avea loc.

De-alungul multor ani, am încercat să ajut la ridicarea conştiinţei colective realizând exerciţii spirituale, şi prin ridicarea conştiinţei mele. În 2002 am ajuns la un punct unde am realizat că nu făceam o diferenţă şi am avut un sentiment de frustrare crescândă. Într-o zi, intuitiv mi-am dat seama că frustrarea mea era cauzată de faptul că ţinta mea spirituală era în mare parte condusă de o dorinţă bazată pe ego, de a realiza o diferenţă şi de a face ceva semnificativ.

După ce am meditat asupra acestui lucru o perioadă de timp, am ajuns într-un punct în care am văzut inutilitatea lui. Am căzut spontan în genunchi şi am spus cu voce tare : "Dumnezeule, mă poţi lua acasă chiar acum". În acel moment, am simţit literalmente că renunţ la toate ambiţiile, aşteptările şi dorinţele mele umane şi că nu mai aveam nimic. Eram gol pe dinăuntru. Am simţit că dacă muream în acel moment, puteam lăsa în urmă planeta Pământ în pace completă. Nu era nimic să vreau să fac şi nimic nu trebuia să fac pe această planetă. Puteam s-o las în urmă pentru totdeauna, chiar dacă nu făcusem niciodată ceva semnificativ.

Am simțit cum o greutate uriașă fusese ridicată de pe mine, și că eram gata să merg mai departe. Am simțit apoi că o ființă spirituală mă abordează, și am devenit conștient că era Prezența ființei ascensionate pe care o numim Isus. El mi-a trimis un impuls care în mintea mea devenise tradus în cuvinte : "Daca nu mai ai nimic personal să vrei să faci ceva pe această planetă, ai fi dispus să faci ceva pentru mine?" Am simțit că din adâncul ființei mele răzbate cuvântul : "DA!"

În timpul următoarelor luni, Isus m-a ghidat printr-un proces interior foarte intens de examinare și transcedere a multor iluzii pe care înca le aveam despre el, despre mine și despre cum l-aș putea servi aici pe Pământ. Mi s-a oferit gradual viziunea că Isus vrea ca eu să creez un website unde oamenii ar putea pune întrebări și el apoi să le răspundă prin dictarea răspunsurilor prin mine. Acest website a devenit în final www.askrealjesus.com și este în funcțiune din 24 Decembrie 2002. A avut milioane de vizitatori și la sute de întrebări li s-a răspuns atât de Isus cât și de alte ființe ascensionate. Recent, întrebările și răspunsurile au fost mutate în alt website, www.ascendedmasteranswers.com, iar website-ul lui Isus a fost centrat în a ajuta oamenii să-și afirme potențialul lor cel mai înalt, și anume Christhood-ul personal. Realitatea adâncă despre misiunea lui Isus pe Pământ este că el a venit să servească ca un exemplu pe care toți dintre noi îl putem urma.

În timpul procesului de recepție a instruirii pentru realizarea website-ului, am primit într-o zi impulsul că Isus dorea să dicteze o carte prin mine. M-am așezat apoi la computer, am pornit softul pentru recunoașterea vocii și am început să vorbesc, neavând absolut nici o idee despre ce va fi spus. De-alungul următoarelor nouă zile am primit tot materialul din această carte. A început literalmente cu capitolul unu și a mers așa până la capăt, eu de-abia având

Introducere

de făcut vreo modificare. Această carte conține tot acel material original, dar în secțiunea cu exerciții spirituale câteva schimbări au fost făcute deoarece am primit ulterior o cantitate foarte mare de exerciții spirituale.

Această carte este parte dintr-un proces numit "revelația progresivă" în care învățătorii noștri spirituali caută să ne ofere învățături potrivite pentru creșterea noastră în conștiință. Umanitatea ca și întreg a crescut în conștiință de la momentul venirii lui Isus, și mulți oameni sunt acum gata pentru o învățătură mai avansată decât puteau primi de la el acum 2000 de ani. De fapt, mulți oameni sunt gata acum pentru învățături pe care le-a putut da numai discipolilor săi atunci, în timp ce mulțimii i-a vorbit în parabole.

Din nou, această învățătură este oferită în acord cu Legea Liberului Arbitru, ceea ce înseamnă că trebuie să fie usor să negi învățătura. De când a fost publicată prima data în 2003, cu numele The Christ is born in you, mulți oameni au denunțat-o și au folosit diverse argumente pentru a demonstra de ce acesta nu poate fi adevăratul Isus. Acest fapt este așa cum ar trebui să fie. Însă mai mulți au găsit-o inspirațională și în primul rând vindecătoare.

Mulți oameni înclinați spiritual au găsit că această carte i-a ajutat să depășească rănile pe care le-au primit ca rezultat al expunerii la creștinismul oficial și la revendicarea sigură de sine a acestuia cum că doctrinele și dogmele sale ar trebui mereu să nu țină cont de cunoașterea intuitivă. Fie ca această carte să te ajute și pe tine să faci pace cu Isus și să descoperi cât înseamnă mai mult Isus ca și învățător spiritual decât ceea ce ți s-ar fi putut spune în școala de Duminică.

CAPITOLUL 1. VOI CUNOAȘTEȚI VOCEA MEA

Frații și surorile mele spirituale îmi cunosc vocea, chiar și când vorbesc printr-unul din frații lor. Sunt cu adevărat Isus al vostru, și când pășeam pe Pământ, am făcut o promisiune care se aplică fiecărei ființe umane de pe această planetă : "Sunt cu voi întotdeauna, chiar până la sfârșitul lumii".

Sunt Isus Cristos.

Ofer aceste învățături pentru că doresc ca voi să știți că mi-am ținut acea promisiune și că intenționez s-o țin și în viitor. Am fost cu voi mereu, sunt cu voi acum și voi fi cu voi întotdeauna.

S-ar putea să te întrebi de ce nu realizezi sau experimentezi că sunt cu tine. Motivul este că tu ți-ai făcut posibilă crearea unui sentiment de izolare față de mine. Dacă vei citi și absorbi aceste învățături, s-ar putea să realizezi că sentimentul de separare există doar în propria ta minte. Sunt o ființă cosmică nelimitată, și nu există nici o barieră pe care n-o pot depăși. Doar un singur lucru poate să mă separe pe mine de tine, și aceasta este decizia ta de a te vedea pe tine izolat de mine.

Înțeleg că ești preocupat de autenticitatea acestei lucrări. Cum este posibil ca eu, Isus Cristos cel adevărat, să-ți pot vorbi printr-o carte?

Îți cer să binevoiești a lua în considerare situația din perspectiva mea. Știu că mintea umană este capabilă să chestioneze și să se îndoiască de absolut orice. Prin urmare, cum aș putea să-ți ofer o dovadă fizică despre autenticitatea acestei cărți? Cred că o evaluare obiectivă ți-ar arăta că nimic din ceea ce posibil aș putea spune nu ar putea constitui o astfel de dovadă. Totuși, nu am nevoie să-ți dau o dovadă fizică deoarece tu ai abilitatea să găsești o dovadă interioară.

Stiința ți-a spus că totul în acest univers este format din energie. Energia este vibrație. Simțurile tale fizice sunt pur și simplu instrumente proiectate să detecteze vibrațiile din lumea materială. De asemenea posezi un simț interior pe care-l poți folosi la detectarea vibrațiilor care sunt dincolo de lumea materială.

Adevărul Viu pe care-l aduc, Adevărul Viu care sunt, este o formă de energie sau vibrație spirituală. Daca îți vei liniști mintea analitică și vei intra adânc în inima ta, poți activa simțul interior care-ți permite să detectezi vibrația luminii spirituale, energiei spirituale. Prin acest simț interior, poți simți vibrația cuvintelor spuse de mine prin această carte. Prin simțul tău interior, tu poți ști că aceasta este, cu adevărat, vocea mea. Tu poți ști că eu sunt Isus Cristos cel adevărat și că mă aflu aici pentru a-i chema pe ai mei.

Pe măsură ce continui să citești această carte, folosește-ți simțul interior al inimii. Citește această carte cu mintea ta, dar absoarbe-o cu inima ta. Inima ta îți va spune adevărul: Adevărul Viu care sunt.

Capitolul 1. Voi cunoașteți vocea mea 19

Acceptă iubirea mea

Tatăl nostru ți-a oferit liber arbitru. El a făcut o lege în Paradis care spune că nimănui nu-i este permis să violeze liberul arbitru al unei ființe umane. Îmi iubesc Tatăl, îi respect voința, și îți respect voința ta.

Te iubesc, și doresc ca tu să experimentezi deplinătatea iubirii mele pentru tine. Însă dacă alegi să mă respingi, să-mi refuzi iubirea atunci eu firesc trebuie să aștept până când vei lua o decizie mai bună.

Totuși, nu trebuie să aștept în liniște. Am opțiunea să-ți vorbesc prin aceia care au ales să nu mă respingă. Sunt o ușă deschisă, pe care nici un om nu o poate închide. Nici o ființa umană nu poate face să tacă mica voce liniștită care vorbește în inima ta. Nimeni nu-mi poate reduce la tăcere complet vocea. În consecință, dacă cineva decide să asculte vocea sa interioară și să recunoască de unde vine acea voce, eu pot vorbi prin acea persoană și pot descrie altă fațetă a Ființei nelimitate a lui Dumnezeu. Acesta e modul prin care această carte a fost adusă în universul material.

Unii oameni aleg să ignore vocea interioară, să nege acea voce sau să se facă atât de ocupați cu lucrurile acestei lumi încât nu mai au nici o atenție rămasă asupra mea. Unii oameni și-au ignorat vocea interioară atât de mult timp încât ei cred că nu mă mai pot auzi. În consecință, eu trebuie să le vorbesc acestor oameni printr-o voce exterioară astfel încât ei să mă poată auzi și citi. Așa cum vei vedea mai târziu, acesta nu e modul pe care-l doresc să fie. Eu vreau să-ți vorbesc direct în inima ta, și vreau ca tu să fii capabil să-mi auzi vocea. Vreau să am cu tine o comuniune directă, personală pe care nici o ființă umană sau instituție să nu o poată limita sau distorsiona.

Prin urmare, nu trebuie să permiți ca aceste invățături sa-ți înlocuiască vocea interioară. Trebuie să faci uz de această carte doar ca inspirație, nu ca o doctrină. Trebuie să permiți acestor invățături să te ajute să realizezi că acordându-te la vocea ta interioară, mă poți auzi direct.

Poți intra în comuniune cu mine

Atât de mulți oameni și-au îngăduit să creadă că ei nu mă pot cunoaște sau experimenta direct, că ei trebuie să treacă printr-o anume organizație exterioară sau doctrină. Nu sunt aici să condamn sau să găsesc nod în papură vreunei organizații sau doctrine. Dar trebuie să-ți arăt că ai abilitatea de a comunica cu mine în inima ta.

O organizație exterioară sau o doctrină are doar un singur scop, și anume să te ajute să te ridici la nivelul de conștiință unde poți intra în comuniune directă cu mine, al tău Isus. Daca organizația îndeplinește acest scop, totul e bine. Dacă nu, înseamnă că mi-a interzis accesul, și prin urmare nu are nici o legătură cu mine.

Ființele umane au decăzut într-o stare joasă de conștiință, și ele au nevoie de ajutor ca să revină pe picioarele lor spirituale. O persoană care a căzut și și-a rupt un picior ar putea avea nevoie de un set de cârje pentru a învăța din nou să umble. Înainte să înveți să umbli de la tine putere, poți obține mare ajutor și suport folosind cârjele. Însă când ai crescut puternic și ai învățat să-ți menții echilibrul, trebuie să decizi să faci primul pas fără cârje. Dacă insiști să păstrezi cârjele, iți vei limita abilitatea de a păși în Lumina Prezenței mele.

Capitolul 1. Voi cunoașteți vocea mea

Există un drum care pare drept pentru om, dar sfârșitul acestuia este moartea. Drumul fals este convingerea că tu poți ajunge la mine numai prin cineva sau ceva exterior ție. Există de asemenea un drum drept și îngust care duce la viața eternă. Drumul adevărat este un drum interior cu mine. Aceste învățături (ca și orice alte învățături despre mine) nu reprezintă drumul. Ele sunt menite să te orienteze către calea interioară a inimii. Deschideți mintea și inima către mine, iar eu îți voi arăta calea.

Urmează această cale, și vei ajunge înapoi în împărăția Tatălui nostru, unde eu te aștept cu brațele deschise și o inimă care se inundă cu o dragoste foarte personală pentru tine.

Cheia către salvare

Atât de mulți oameni cred că salvarea este un proces peste care ei au puțină sau nici o influență. Ei cred că asta se întamplă numai prin grație sau prin vreun fel de miracol. Nu spun că salvarea nu implică grația. Dar tu trebuie să înțelegi că, datorită Legii Liberului Arbitru, nici o ființă umană nu poate fi salvată împotriva voinței sale. Dacă e să fii salvat, tu trebuie să decizi că ești dispus să fii salvat. Trebuie să decizi că meriți să fii salvat.

Nici Dumnezeu, nici eu nu putem, sau mai degrabă nu vom lua o decizie în locul tău. Totuși, te pot inspira să iei acea decizie, și exact ăsta e motivul pentru care am adus aceste învățături.

William Shakespeare (unul din mulții mei mesageri) a scris o piesă eternă despre Prințul Danemarcei. Remarca cea mai faimoasă a lui Hamlet este: "A fi, sau a nu fi : aceasta este întrebarea." Înțelesul interior al acesteia este că tu trebuie să alegi să fii cine ești sau să nu fii cine ești. Sper că vei absorbi învățăturile ce urmează și le vei permite să te ajute să descoperi cine ești cu adevărat. Sper de asemenea că în final vei alege mai înțelept decât Prințul Hamlet. La urma urmelor, ce este moartea unui prinț fictiv în comparație cu moartea unei ființe reale?

După chipul și asemănarea lui

Mulți oameni au citit afirmația din Scriptură care spune că ființele umane au fost create după chipul și asemănarea lui Dumnezeu. Puțini oameni au curajul să ia în considerare ce înseamnă cu adevărat această afirmație.

Bariera din fața unei înțelegeri mai adânci a acestei afirmații o reprezintă faptul că oamenii au tendința să raționeze invers. Ei au devenit focusați pe ei înșiși în loc să devină focusați pe Dumnezeu. Ei își imaginează că dacă Dumnezeu i-a creat după chipul său atunci Dumnezeu trebuie să semene cu ființele umane. Majoritatea oamenilor eșuează în a realiza că nu este așa.

Ai fost inițial creat după chipul și asemănarea lui Dumnezeu dar în prezent nu exprimi acea imagine. Tu ai creat, folosindu-ți liberul arbitru într-un mod care nu a fost intenționat de Dumnezeu, o ființă umană care este diferită de ființa spirituală pe care Dumnezeu a creat-o.

Ce înseamnă de fapt că ai fost inițial creat după chipul și asemănarea lui Dumnezeu? Dumnezeu este Creatorul. Pentru a crea, trebuie să ai două calități :

- Trebuie să ai abilitatea de a vizualiza sau imagina ceea ce poți crea. Trebuie să fii capabil să-ți imaginezi opțiunile.

Capitolul 1. Voi cunoașteți vocea mea

- Trebuie să ai abilitatea de a alege care din opțiuni vrei s-o manifești.

Dumnezeu creează dând formă din propria sa Ființă fără formă. Dumnezeu poate imagina multe forme diferite, dar pentru a crea ceva, Dumnezeu trebuie să aleagă o opțiune particulară. Dumnezeu poate crea un univers în care planetele sunt plate și Dumnezeu poate crea un univers în care planetele sunt rotunde. Totuși, nici chiar Dumnezeu nu poate crea un univers în care planetele sunt plate și rotunde în același timp deoarece o formă o exclude pe cealaltă.

Când Dumnezeu te-a creat după chipul și asemănarea lui, El ți-a dăruit propriile sale calități. Ți-a dat imaginație și liber arbitru. După ce te-a înzestrat cu aceste calități, Dumnezeu te-a trimis în acest univers particular ca o extensie a sa.

Este extrem de important pentru tine să înțelegi că nu ai fost trimis aici împotriva voinței tale. Tu ești aici deoarece ai ales să vii aici. Ești aici deoarece lifestream-ul tău a dorit să fie parte din creația lui Dumnezeu și să exprime calitățile lui Dumnezeu aici pe această planetă.

Din nefericire, mulți oameni au dat uitării dorința originală, acea decizie originală, a lifestream-ului lor. Această pierdere de memorie este singura problemă reală pe planeta Pământ!

Daca vrei să scapi din închisoarea reprezentată de limitările acestei lumi, atunci trebuie să revii la memoria originală care-ți spune cine ești. Când îți recâștigi acea memorie, trebuie să decizi să-ți exprimi adevărata identitate. Totuși, nu poți exprima ceva despre care nu ai habar deoarece nimeni, nici Dumnezeu și nici un fiu sau o fiică a lui Dumnezeu, nu poate crea ceva ce nu poate imagina.

Sunt un învățător spiritual, și am ales să rămân cu această planetă din iubire pentru tine și frații și surorile tale în Spirit.

Este cea mai adâncă dorință a mea să te văd recunoscându-ți plenitudinea a cine ești ca și ființă spirituală în locul ființei muritoare limitate care în prezent crezi că ești.

Ridică-te deasupra mortalității!

Cum te pot ajuta eu să scapi de starea de conștiință limitată, mortală care îți capturează mintea în prezent? Trebuie cumva să te inspir să privești dincolo de acea stare de conștiință. Poate te-ar putea ajuta să înțelegi de ce te găsești în această stare de conștiință. Să ne gandim cum o ființă spirituală, creată dupa chipul și asemănarea lui Dumnezeu, poate în vreun mod să coboare în starea de conștiință care în prezent domină viața pe planeta Pământ.

Pentru a înțelege acest mister al misterelor, ai nevoie să recunoști doar că Dumnezeu ți-a dat imaginație și liber arbitru și că Dumnezeu nu ți-a limitat darurile sale. Dumnezeu ți-a oferit abilitatea de a imagina orice, chiar și lucruri care sunt diferite sau în opoziție cu viziunea sa originală pentru acest univers. Dumnezeu de asemenea ți-a dăruit abilitatea de a alege să crezi și să creezi orice vrei, chiar lucruri care sunt diferite sau în opoziție cu viziunea sau voința originală a lui Dumnezeu pentru acest univers. Cu alte cuvinte, Dumnezeu ți-a dat posibilitatea să-ți creezi propria realitate, chiar o realitate care este diferită de ceea ce Dumnezeu a imaginat inițial pentru tine.

Mulți oameni religioși devotați, fie ei creștini sau nu, privesc la atrocitățile care se întampla peste tot pe această planetă și găsesc dificil de înțeles cum Dumnezeu a putut să creeze o lume ca cea în care ei trăiesc. Însă deoarece ei se tem să privească dincolo de o doctrină particulară, singura lor opțiune este să raționeze că Dumnezeu trebuie

Capitolul 1. Voi cunoașteți vocea mea

să fi vrut așa. Unii oameni acceptă voința lui Dumnezeu în timp ce alții îl resping pe Dumnezeu și orice are legătură cu Dumnezeu. Iubiții mei, aceste ambe reacții sunt bazate pe o înțelegere incompletă a realității. Acesta este un alt exemplu despre cum ființele umane își folosesc starea prezentă de conștiință pentru a raționa invers (to reason backwards) și astfel proiectând calități umane peste Dumnezeu.

Sunt o ființă cosmică fără limite. Locuiesc în împărăția lui Dumnezeu. Îl cunosc pe Tatăl meu și îi știu versiunea originală pentru această creație. Dumnezeu nu a vrut ca tu să experimentezi o viață dominată de mizerie, limitări si suferință. Când Dumnezeu a creat planeta Pământ, Dumnezeu a imaginat o planetă perfectă pe care lifestream-urile ar putea crește în înțelegerea individualității lor și în care ele și-ar putea exprima abilitățile creative fără să se autolimiteze sau să facă rău altora.

Însă trebuie să înțelegi că Dumnezeu își respectă propriile legi. Ți-a dat imaginație nelimitată și liber arbitru nelimitat. Tu ai capacitatea să-ți imaginezi ceva ce este limitat, ceva ce nu este bazat pe iubire, chiar ceva care este întunecat sau rău. Ai abilitatea să alegi să-ți centrezi atenția pe imperfecțiune. Însă este o Lege a lui Dumnezeu care spune că tu vei crea ceva asupra a ceea ce permiți ca atenția ta să stăruie. Daca îți centrezi atenția pe forme imperfecte atunci inevitabil vei începe să creezi acele forme imperfecte. Motivul fiind că tu creezi prin puterea imaginației tale și a atenției.

Când Dumnezeu a creat acest univers, primul act al creației a fost afirmația : "Să fie Lumină!". Lumina este substanța de bază din care orice în acest univers este creat. Lumina lui Dumnezeu este ca o bucată de lut. Dumnezeu creează dând o formă particulară lutului fără formă. Dumnezeu creează vizualizând o imagine particulară și apoi permițând luminii sale să curgă în acea imagine până când lumina se manifestă ca o formă materială. Tu ești creat după chipul și asemănarea lui Dumnezeu. Nu deții încă abilitățile creative complete ale lui Dumnezeu, dar creezi în același mod în care Dumnezeu o face.

Creezi permițând atenției tale să se centreze pe o imagine particulară. Lumina lui Dumnezeu curge în mod constant prin conștiința ta (sau altfel nu ai fi în viață). Lumina lui Dumnezeu cu obediență ia forma oricărei imagini asupra căreia mintea ta este focusată. Daca îți menții atenția pe o formă particulară o perioadă suficientă de timp, vei manifesta acea formă în lumea ta exterioară. Păstrează-ți imaginea asupra mortalității, limitării și suferinței, și vei experimenta acele lucruri în viața ta. Mențineți atenția pe o imagine imperfectă și vei manifesta imperfecțiune în viața ta.

Dilema ilustrată de Hamlet este menită să ilustreze simplul fapt că nu te poți niciodată opri din creație. Hamlet nu a vrut să acționeze, însă neacționând, el și-a atras propria moarte asupra sa. În starea lor prezentă de conștiință, mulți oameni nu vor să creeze. Însă dacă tu creezi conștient sau inconștient, tu continui totuși să creezi. Dumnezeu ți-a dat liber arbitru, și tu nu poți opri acest dar ; nu te poți opri să faci alegeri. Dacă ignori sau negi abilitatea ta de a crea perfecțiunea, faci totuși o alegere. Prin urmare, alege viața! Alege perfecțiunea lui Dumnezeu în locul imperfecțiunii conștiinței coborâte. Nu te poți opri din creație, dar poți alege ce creezi.

Dumnezeu nu a creat imperfecțiunea

Realitatea de bază despre viața pe planeta Pământ este că Dumnezeu nu a creat răul și Dumnezeu nu a creat imperfecțiunea, limitările și suferința. Aceste lucruri au fost create de ființele umane. Aceste lucruri s-au manifestat în lumea materială pentru că ființele umane au ales să-și centreze atenția pe imperfecțiune. Pentru mulți oameni această afirmație ar putea părea brutală, dar ea pare așa numai acelora care nu sunt dispuși să-și asume responsabilitatea pentru propriile sale vieți. Pretutindeni în istorie, atât de mulți oameni au vrut să blameze pe altcineva pentru propria lor mizerie. Atât de mulți oameni au căutat să blameze alți oameni, fie aceștia părinții lor sau lideri ai societății, pentru propria lor situație. Tendința de a blama pe alții pentru situația ta personală este pur și simplu o încercare de a fugi de responsabilitatea și răspunderea personală. Este o încercare să-ți justifici lipsa de dorință de a-ți schimba atitudinea și propria ta înțelegere în ce privește viața.

Ce este fuga esențială de răspundere? Este să arunci vina pe altcineva care crezi că se află dincolo de influența ta. Este să blamezi o persoană care reprezintă autoritatea și care tu crezi că este mult deasupra ta. Dacă persoana care reprezintă autoritatea ți-a creat situația prezentă, și dacă tu nu ai nici o influență asupra persoanei care reprezintă autoritatea, atunci tu nu poți avea în mod posibil nici o responsabilitate personală pentru situația ta, nu-i așa? Așadar care este ultima persoană care reprezintă autoritatea asupra căreia ființele umane pot arunca vina? Este, firește, Dumnezeu însuși.

Dacă Dumnezeu a fost cel care a creat mizeria ta atunci tu nu ai nici o răspundere personală și nu există nimic ce poți face ca să schimbi situația. Prin urmare, tu nu trebuie să-ți schimbi convingerile sau atitudinea ta în ce privește viața. Poți pur și simplu continua să trăiești în iluzia că nu ai putea face nimic ca să te schimbi pe tine însuți, situația ta personală sau lumea ta.

Atât de mulți oameni preferă să creadă că Dumnezeu le-a creat mizeria lor. Ei nu vor să admită că situația lor este auto-creată și doar ei o pot decrea. Ei nu vor să admită asta deoarece ei nu sunt dispuși să se shimbe pe ei înșiși. Este o lege fundamentală care spune că nu poți schimba lumea ta fără să te schimbi pe tine însuți. Daca ești serios în ce privește îmbunătățirea situației tale exterioare, trebuie să începi să schimbi situația ta interioară. Trebuie să-ți schimbi înțelegerea despre viață, convingerile tale în ce privește viața și atitudinea ta asupra vieții.

Este speranța mea sinceră și iubitoare că aceste învățături te vor inspira să treci printr-o transformare personală. Dacă îmi vei permite să te ajut, va fi bucuria mea supremă să fac asta. Totuși, te pot ajuta numai dacă tu ești dispus să renunți la ideile și convingerile care nu au tangență cu realitatea.

Iubirea aspră

Sunt pe deplin conștient că unii oameni au acceptat o imagine a mea care îi face să simtă că Isus cel adevărat nu ar putea în vreun mod să fie atât de direct și fățiș. Ei au acceptat o imagine sensibilă a mea care are puțin de-a face cu Isus cel real. Am câteva comentarii asupra acestei imagini false.

Acum 2000 de ani, mi-am dat viața să aduc aceleași învățături pe care tocmai ți le-am dat. Acele învățături au fost sistematic distorsionate și distruse. Dacă și doar un număr mic de oameni ar fi ținut seama de învățăturile mele originale, această planetă ar fi arătat foarte diferit astăzi. După ce am așteptat 2000 de ani, pur și simplu nu am timp pentru rafinamente. Nu am timp să bat câmpii. Este timpul pentru a înfrunta realitatea, și în consecință trebuie să le ofer oamenilor adevărul despre situația lor.

Sunt cu adevărat un Maestru al Iubirii. Sunt stăpân pe toate calitățile iubirii, chiar și iubirea aspră. Ar fi cu adevărat

Capitolul 1. Voi cunoașteți vocea mea

iubitor să permit oamenilor să rămână în ignoranță și astfel să-și piardă sufletele?

Cred că nu! Aș putea să-ți reamintesc că acum 2000 de ani am zis: "Nu am venit să aduc pacea, ci o sabie". Sabia care am venit s-o aduc atunci și pentru care am venit s-o aduc azi iar, este Sabia Adevărului care scindează realul de ireal. Minciuna primordială de pe această planetă o reprezintă convingerea că ființele umane nu și-au creat propria situație. Adevărul primordial este că condițiile restrictive de pe această planetă sunt în întregime creația ființelor umane. Astfel, singurul mod prin care circumstanțele s-ar putea îmbunătăți este ca ființele umane să-și asume responsabilitatea pentru propriile acțiuni și să decidă că vor începe să creeze perfecțiune în loc să continue să creeze imperfecțiune.

Dumnezeu nu a dorit niciodată să vadă mizeria și suferința de pe această planetă. Dumnezeu nu dorește să vadă condițiile prezente continuând la nesfârșit. Dumnezeu dorește să vadă schimbări drastice și pozitive pe această planetă. Însă Dumnezeu ți-a dat ție și fiecăruia liber arbitru, și în consecință Dumnezeu nu poate aduce schimbări pozitive până când tu nu decizi că ești dispus să fii instrumentul pentru aducerea acelor schimbări prin concentrarea atenției tale pe perfecțiunea lui Dumnezeu în loc să continui să-ți centrezi atenția pe imperfecțiunile umane.

Nu poți servi la doi stăpâni. Nu-l poți servi și pe Dumnezeu și pe Mamon. Nu-l poți servi și pe Dumnezeu și pe Prințul acestei lumi. Dumnezeu înseamnă perfecțiune și nimic altceva decât perfecțiune. Nimic imperfect nu și-a avut vreodată originea în Dumnezeu.

Prin urmare, starea curentă de imperfecțiune pe Pământ nu-și are originea la Dumnezeu. Dumnezeu nu ți-a creat mizeria, și-n consecință nu poți aștepta că Dumnezeu o va mătura cumva prin vreun miracol sau vreun lucru misterios numit grație. Mizeria ta personală, și toate imperfecțiunile de pe această planetă, pot fi îndepărtate numai de cei care le-au creat. Pot fi înlăturate numai când tu, și o masă critică de alți oameni, decid să-și defocuseze atenția de pe imperfecțiune și să o centreze pe perfecțiunea lui Dumnezeu.

Cum poți să te centrezi pe perfecțiunea lui Dumnezeu? Trebuie să ascensionezi la un nivel de conștiință mai mare decât starea relativă, mortală, limitată, carnală de conștiință în care majoritatea oamenilor și-au permis să decadă.

Mă aflu aici ca să te chem mai sus. Mesajul pe care-l dau astăzi este același cu cel pe care l-am dat acum 2000 de ani. Motivul pentru care dau același mesaj astăzi este că tu și majoritatea celorlalți oameni nu ați băgat în seamă mesajul meu original. Acest lucru se datorează în mare parte faptului că mesajul meu original nu a fost niciodată disponibil populației generale. Însă timpurile s-au schimbat, și mesajul meu original nu mai poate să rămână ascuns.

Ce mă uimește cel mai mult la ființele umane?

Dacă ar fi să mă întrebi ce găsesc eu cel mai uluitor la ființele umane, ar trebui să spun că este abilitatea lor de a accepta o idee complet falsă și de a crede că aceasta reprezintă un adevăr infailibil. Ființele umane au o abilitate de a crede incredibilul care-l surprinde chiar și pe Dumnezeu. În ce mă privește, una din cele mai ridicole idei păstrate de ființele umane este că ei ar putea în vreun mod să-l omoare pe Fiul lui Dumnezeu sau să-i distrugă învățăturile.

Oh, da, ei mi-au ucis corpul acum 2000 de ani. Oh, da, ei mi-au înlăturat învățăturile originale din povestea scrisă a vieții mele. Însă chiar și relatările fragmentate din Biblie conțin elemente din învățăturile mele originale și

Capitolul 1. Voi cunoașteți vocea mea

din învățăturile adevărate eterne ale lui Dumnezeu. Biblia afirmă că Dumnezeu și-a scris legea în părțile tale lăuntrice. Eu de asemenea mi-am scris învățăturile adevărate în părțile lăuntrice ale ființei tale, și ceea ce îți prezint în această carte este pur și simplu un memento a ceea ce tu deja cunoști din adâncul sufletului tău.

Eu sunt ușa deschisă, pe care nici un om nu o poate închide. Eu sunt vocea adevărului care nu va fi redusă niciodată la tăcere.

Adevărul meu, învățătura mea adevărată, a fost prezentă în conștiința colectivă a umanității mai mult de 2000 de ani. Indiferent de aparențele exterioare, Adevărul Viu pe care l-am adus acestei planete lucrează din spatele scenei. El și-a făcut treaba prin multe nivele ale conștiinței, și este acum pregătit să țâșnească pe ecranul conștiinței conștiente a umanității. Puterile acestei lumi cred că ele mi-au contracarat cumva scopul venirii mele pe această planetă. În realitate, ele doar au întârziat acceptanța largă a adevăratelor mele învățături, și ele au făcut asta pentru o perioadă foarte scurtă (măsurată pe o accepțiune temporală a lui Dumnezeu).

Dacă tu citești asta acum, aparții unui grup de oameni care au adevăratele învățături ale lui Isus Cristos scrise în ființele lor. Ai nevoie doar să aduci acele învățături în memoria și în conștientizarea ta exterioară. Această carte nu este altceva decât un memento. Această carte nu poate să-ți spună nimic din ceea ce deja știi la un anumit nivel al ființei tale. Altfel, tu nu ai fi capabil s-o înțelegi și s-o accepți.

În mod simplu recunoaște și acceptă faptul că deții abilitatea, o abilitate inerentă dăruită de Dumnezeu, la fel de veche ca și lifestream-ul tău, să știi adevărul. Nu ai nevoie ca o autoritate exterioară sau o organizație să definească adevărul pentru tine. Adevărul meu este Adevărul Viu care nu poate fi limitat de nici o doctrină sau sistem de convingeri de pe această planetă. Adevărul meu este mai întins decât viața, cel puțin mai întins decât forma de viață cunoscută de majoritatea ființelor umane în starea lor prezentă de conștiință.

Permite-ți recunoașterea faptului că deții abilitatea de a cunoaște adevărul în inima ta. Permite-ți recunoașterea și acceptarea faptului că adevăratele învățături ale lui Isus Cristos sunt scrise în ființa ta. Ia decizia că te vei strădui să aduci acel adevăr în conștientizarea ta exterioară. Pe măsură ce vezi acel adevăr uitat, acceptă-l și ai curajul să acționezi asupra lui.

Sunt Isus Cristos. Vreau să te văd ridicându-te deasupra limitărilor pe care ai ajuns să le accepți. Vreau să te văd liber de mortalitate și suferință. Vreau să te văd acceptându-ți adevărata identitate ca și ființă spirituală nelimitată care poate crea la fel de ușor perfecțiunea lui Dumnezeu cum poți crea imperfecțiunea umană pe care în prezent o experimentezi.

Permite-mi să te iau într-o călătorie din nivelul tău curent de conștiință către o recunoaștere totală a identității tale adevărate. Îți promit că va fi călătoria unei vieți.

CAPITOLUL 2. REVELAȚIA PROGRESIVĂ

Fenomenul crud relativ la starea de lucruri de pe planeta Pământ este că ființele umane au acceptat atât de multe minciuni, atât de multe concepte eronate, atât de multe idei incredibile, încât chiar și eu, Isus, găsesc dificil de unde să încep. Ai crescut într-o cultură care este atât de pătrunsă de concepte false încat s-ar putea spune că mintea ta este închisă într-un labirint. Labirintul are multe alei oarbe, și doar un singur drum care conduce către centrul ființei tale.

Văd cu claritate că ființele umane sunt captive într-o junglă cu minciuni. Cunosc de asemenea adevărul și realitatea lui Dumnezeu. Problema este că încercând să împart acest adevăr cu tine, eu trebuie să încep de la nivelul tău curent de conștiință. Nu pot efectiv să-ți ofer adevărul în forma lui cea mai pură deoarece în starea ta prezentă de conștiință, imaginația ta nu poate accepta adevărul. La fel, liberul tău arbitru nu poate accepta adevărul care este atât de diferit de minciunile și erorile pe care ai ajuns să le accepţi şi pe care le-ai încorporat în structura fiinţei tale – sensul tău de identitate.

Aruncă, te rog, o privire in Biblie. Recunoaşte, te rog, că Legea lui Moise a fost dată unui grup de oameni care erau închişi într-o stare de conştiinţă foarte joasă. De aceea această lege este o serie de porunci, care spun : "fă asta" şi "nu fă asta". A fost dată copiilor spirituali care aveau nevoie de un set de reguli foarte simple. Scopul ei a fost schimbarea acţiunilor lor exterioare.

Acum, compară Legea lui Moise cu o lege mai inaltă pe care am adus-o în predica de pe Munte. Dar şi cu alte învăţături. De exemplu, am spus că nu este destul să te abţii de la actul adulterului. Trebuie să depăşeşti starea de conştiinţă care te face să-ti doreşti să comiţi adulterul. Cu alte cuvinte, nu este destul ca tu să nu comiţi un act exterior care este greşit. Trebuie să te ridici deasupra stării de conştiinţă în care iţi doreşti să comiţi un astfel de act. Învăţăturile mele au încercat să transforme starea de conştiinţă a oamenilor.

Pentru oricine cu o minte deschisă, ar trebui să fie usor de văzut că învăţăturile pe care le-am dat acum 2000 de ani au reprezentat o progresie în comparaţie cu Legea lui Moise. Motivul acestei progresii este că între timpul lui Moise şi apariţia mea în Israel, umanitatea progresase. Umanitatea se ridicase la o stare mai înaltă de conştiinţă şi de aceea oamenii erau acum gata să primească o înţelegere şi o învăţătură mai înaltă ; chiar şi o lege mai înaltă.

Învăţăturile mele au fost incomplete

Este complet şi absolut uluitor pentru mine că unii oameni pot în mod serios crede că învăţăturile pe care le-am dat acum 2000 de ani reprezintă învăţăturile cele mai înalte sau

Capitolul 2. Revelația progresivă

definitive pe care Dumnezeu le-a putut aduce vreodată pe această planetă.

Permite-mi să fac absolut clar acest lucru. Învățăturile pe care le-am dat acum 2000 de ani nu au fost cele mai înalte sau definitive pe care Dumnezeu le poate aduce pe această planetă. Învățăturile mele nu au fost altceva decât cele mai înalte învățături pe care puteam să le aduc în acele timpuri, dată fiind starea de conștiință a umanității.

Învățăturile mele au fost incomplete, și limitate în multe feluri. Limitarea nu a fost datorată limitării lui Dumnezeu sau portavocii lui, însemnând eu. Limitarea a fost datorată faptului că umanitatea nu era pregătită să primească o învățătură mai înaltă. S-ar putea spune că învățăturile mele reprezintă un răspuns la o criză. Nu a fost cel mai înalt răspuns posibil ; a fost cel mai înalt răspuns practic.

Astăzi, umanitatea a progresat către o stare mai înaltă de conștiință, și prin urmare eu pot acum aduce o învățătură mai înaltă decât acum 2000 de ani. Această carte este doar un capitol din învățăturile mele pentru această nouă eră.

Însă în ciuda faptului că umanitatea a progresat, oamenii de astăzi sunt încă într-o stare limitată de conștiință. Dumnezeu este, și mereu a fost, nelimitat. Distanța între conștiința limitată a ființelor umane și conștiința nelimitată a lui Dumnezeu, este, figurativ vorbind, aproape nelimitată. Însă Dumnezeu a creat ființele umane după chipul și asemănarea lui. O ființă umană deține capacitatea conștiinței de a experimenta deplinătatea lui Dumnezeu. Însă pentru a experimenta acea deplinătate o ființa umană trebuie să se ridice deasupra stării de conștiință care este dominată de limitări, relativitate și mortalitate.

Înțelesul adevărat al afirmației că nu poți servi doi stăpâni este că tu nu te poți afla în două stări de conștiință în același timp. Conștiința mai joasă – ceea ce dragul meu Paul numea "mintea carnală" dar pe care eu prefer s-o numesc "conștiința morții" – pur și simplu nu poate aprofunda realitatea lui Dumnezeu. Ea nu va fi niciodată capabilă de asta.

Cunoștința exterioară nu este îndeajuns

Dacă arunci o privire la viața mea din Galileea, vei vedea că m-am aflat în conflict constant cu autoritățile religioase ale timpului meu, și anume aceia care au reprezentat religia ortodoxă iudaică.

În mod repetat i-am admonestat pe Farisei și Saduchei. De ce am riscat denunțând deschis aceste persoane care reprezentau autoritatea? Deoarece aceștia înlăturaseră cheia cunoașterii.

Nu interpreta greșit această afirmație. Acești oameni nu erau ignoranți sau stupizi. Ei erau foarte buni cunoscători ai termenilor Legii exterioare a lui Dumnezeu. Ei cunoșteau scripturile, și puteau recita pasaje lungi din acestea. Ei aveau o înțelegere intelectuală foarte sofisticată a scripturilor și a Legii exterioare a lui Dumnezeu așa cum era cunoscută la acea vreme. Cu toată această cunoaștere exterioară, cum pot eu afirma că au înlăturat cheia cunoașterii?

Este o realitate de bază că nu-l poți cunoaște pe Dumnezeu și adevărul lui Dumnezeu prin cunoașterea exterioară. Poți să-l cunoști pe Dumnezeu numai printr-o experiență directă, interioară, prin care Dumnezeu ți se reliefează ție. Cheia primirii unei astfel de experiențe este să te ridici deasupra conștiinței morții. Trebuie să cauți uniunea cu o parte mai înaltă a ființei tale, o parte mai înaltă a minții tale.

Ce crezi că a vrut Paul să spună când a zis: "Lasă această minte să fie în tine, care a fost și în Isus Cristos"?

Capitolul 2. Revelația progresivă

Oamenii ortodoxi au abordat viața și pe Dumnezeu din conștiința morții. Ei ajunseseră să creadă minciuna că conștiința morții era capabilă de înțelegere și experimentare a adevărului lui Dumnezeu. Ei credeau că cunoașterea lui Dumnezeu era pur și simplu o chestiune de ridicare și perfecționare a minții umane până când acea minte putea cumva magic să pătrundă realitatea lui Dumnezeu.

Iubiții mei, vă rog faceți un efort sincer pentru a înțelege că aceasta nu este decât o minciună și o iluzie. Cheia cunoașterii nu înseamnă perfecționarea minții umane. Cheia cunoașterii este ridicarea deasupra conștiinței morții și unirea cu o parte mai înaltă a minții tale, înseamnă urmarea îndemnului dragului meu Paul : "Lasă această minte să fie în tine, care a fost și în Isus Cristos".

Trebuie să realizezi că Paul nu a fost niciodată discipolul meu cât timp eu am fost fizic prezent pe Pământ. Paul m-a știut numai printr-o experiență directă interioară care a început pe drumul către Damasc, dar care a fost repetată cu mai multe ocazii. Paul nu m-a cunoscut niciodată prin cunoașterea exterioară. Paul nu a comunicat niciodată cu mine prin mijloace exterioare de comunicare. Paul m-a auzit vorbindu-i numai în liniștea inimii sale (deși a trebuit să vorbesc foarte tare la început).

L-am ales pe Paul deoarece chiar daca îmi persecuta adepții, el era, la nivelele interioare ale ființei sale, dispus să vină mai sus. Era dispus, într-o licărire oarbă de recunoaștere și onestitate, să admită că fusese captiv convingerilor eronate. Era dispus, într-o clipire de ochi, să abandoneze și să renunțe complet la acele convingeri eronate. Era dispus să admită ca greșise și să meargă mai departe fără să se auto-condamne. Era dispus să se întoarcă din intunericul drumurilor sale de altădată și să stea cu fața spre Lumina strălucitoare a Prezenței mele.

Oh, dacă oamenii ar realiza că dragul meu Paul nu a fost unic. El nu a avut nimic din ce tu nu ai avut. Și tu ai capacitatea să te ridici deasupra conștiinței morții. Și tu ai capacitatea să receptezi revelația interioară a adevărului. Și tu ai capacitatea să alegi să renunți la convingerile tale prezente și să le vezi ca ireale. Și tu ai capacitatea să-ți admiți greșeala, să ceri iertare, să accepți iertarea lui Dumnezeu și să te ierți pe tine însuți. Și tu ai capacitatea să întorci spatele conștiinței morții și să stai cu fața către luminoasa mea Prezență de iubire și adevăr. Și tu poți fi transformat de adevărul care sunt, de adevărul pe care sunt dispus să-l aduc în viața și conștiința ta, dacă doar iți vei deschide ușa inimii puțin.

Dacă îmi vei căuta adevărul cu o inimă deschisă și tu poți fi ales așa cum a fost Paul. El nu a fost ales fiindcă era cumva mai bun decât tine. El a fost ales pentru că s-a deschis adevărului meu.

Te rog permite-mi să intru în inima ta.

Voi fi gentil.

Nu va fi nevoie să renunți la convingerile incorecte toate deodată. Îti voi oferi timp să absorbi adevărul și realitatea care o reprezint. Însă există o Lege a lui Dumnezeu care spune că acest timp nu este nelimitat.

Toate lucrurile trebuie să aibă un sfarșit, chiar și oportunitatea ta de a veni mai sus. Durează ceva timp să-mi absorbi învățăturile, dar nu amâna la nesfârșit. Lucrează cât timp ai lumină, pentru că va veni noaptea și nu mai poți lucra.

Primind cunoașterea adevărată

Când privești la viața mea, vei vedea că adesea i-am admonestat pe aceia care au promovat o doctrină plină cu oasele morților. Am făcut asta fiindcă am știut că nici

Capitolul 2. Revelația progresivă 39

o doctrină nu va putea vreodată absorbi deplinătatea lui Dumnezeu. Pentru a cunoaște acea deplinătate, trebuie să faci uz de o doctrină exterioară precum o scară. Însă pentru a-l cunoaște pe Dumnezeu cu adevărat, trebuie să ajungi dincolo de scara însăși. Trebuie să realizezi că deși nu poți urca fără scară, scara însăși nu te mai poate duce mai sus. Nici o scară pământeană nu poate să ajungă în împărăția Tatălui nostru. Va exista mereu o breșă.

Pentru a trece de acea breșă și primi cunoașterea adevărată a lui Dumnezeu, trebuie să ajungi dincolo de cunoașterea exterioară. Trebuie să permiți lui Dumnezeu să ți se dezvăluie în camera secretă din înăuntrul inimii tale. Trebuie să urmezi doctrinele exterioare cât te pot duce ele, și apoi trebuie să asculți vocea interioară care te cheamă mai sus.

Acea voce este vocea mea. Oaia mea îmi cunoaște vocea, iar tu îmi vei auzi vocea dacă doar o vei asculta în liniștea inimii tale. În lumea de astăzi, mulți oameni știu de această voce interioară ca fiind intuiția. Multă învățătură a fost dată despre intuiție și despre valoarea intuiției. Poți câștiga multă inspirație din studierea unor astfel de învățături și din aplicarea unei tehnici sistematice pentru intensificarea intuiției tale. Însă nu uita că esența intuiției este că aceasta reprezintă o formă de comunicare între mintea ta conștientă și o parte mai înaltă a ființei tale. Intuiția, în forma ei cea mai înaltă, nu este nimic altceva decât încercarea mea de a-ți vorbi și a-ți oferi adevărata cunoaștere a împărăției Tatălui nostru.

Cheia cunoașterii înseamnă că tu poți câștiga adevărata cunoaștere numai printr-o experiență directă, interioară a adevărului. Este ceea ce grecii antici și mulți dintre discipolii mei au numit-o "gnosticism". Când ai gnosticism, ai închis breșa dintre cunoscător și cunoscut. Ai trecut dincolo de cunoașterea exterioară. Ai permis adevărului care este scris în părțile tale interioare să strălucească prin toate nivelele conștiinței tale până când atinge mintea ta conștientă. Ai permis acelui adevăr să-ți transforme conștiința încât nu mai ești o ființă muritoare, ci spirituală. Așa cum îți voi arăta mai târziu, cheia înțelegerii adevăratelor mele învățături este să pricepi cum o ființa spirituală poate decade într-o formă mortală și totuși să admită că este o ființă spirituală care reprezintă Cuvântul făcut carne.

Paul i-a sfătuit pe oameni ca nu doar să audă Cuvântul, ci să facă Cuvântul. Eu spun acum : "Nu doar să faci Cuvântul – să fii Cuvântul".

CAPITOLUL 3. DOBÂNDIREA CONȘTIINȚEI CRISTICE

Sunt cu această planetă de foarte mult timp. Am văzut tot ce există de văzut. Am văzut fiecare aspect al stării joase de conștiință pe care o numesc conștiința morții. Dacă dorești să fii adevăratul meu discipol, trebuie să realizezi că cheia centrală, într-un fel singura, către ucenicia sub mine este că trebuie să învingi conștiința morții.

Acesta este un dublu proces. Trebuie să biruiești conștiința joasă și în același timp trebuie să te unești cu conștiința mai înaltă. Dragul meu Paul a spus : "Eu mor zilnic". Vroia să spună că o parte a minții sale umane, a sa conștiință a morții, murea în fiecare zi. De asemenea a spus că trebuie să te dezbraci de omul vechi și să îmbraci omul nou. Vroia să spuna că trebuie să dezbraci conștiința morții și să îmbraci conștiința Cristică.

Acesta este un proces care va lua timp, și trebuie să se întâmple gradual. Dacă ar fi să te dezbraci de conștiința morții toată deodată, sufletul tău ar fi aruncat într-o criză de identitate. Nu ai mai ști cine ești. Ți-ai pierde tot simțul de continuitate și identitate. Literalmente ai deveni nebun. Acest lucru de fapt s-a întâmplat oamenilor care au descoperit calea spirituală și au încercat să forțeze procesul de creștere spirituală. Ei au încercat să ia Paradisul cu forța și făcând asta au invocat atât de multă lumină de Deasupra încât nu au fost capabili să gestioneze acea lumină. În loc să-i ridice, lumina le-a deteriorat sensul de identitate.

Esența mesajului meu este să-ti arate că există o alternativă la modul de viață practicat de majoritatea oamenilor pe această planetă. Unii oameni religioși afirmă că orice lucru se află sub rezerva voinței lui Dumnezeu, și prin urmare nu există nimic de făcut de către ei ca să se schimbe. Dumnezeu te-a creat, și asta-i tot. Unele autorități științifice afirmă că personalitatea, identitatea ta, este un produs al mediului și al factorilor ereditari asupra cărora tu nu ai nici un control. Ambele sisteme de convingeri sunt incomplete.

Evident, unele din caracteristicile acestui univers sunt produsul voinței lui Dumnezeu. În consecință, personalitatea și individualitatea ta sunt într-o anumită măsură afectate de voința lui Dumnezeu. Personalitatea și individualitatea ta sunt de asemenea afectate de moștenirea genetică și de mediul în care ai crescut. Însă, punctul esențial la care vreau să ajung este că tu nu trebuie să-ți trăiești restul vieții tale ca un sclav al circumstanțelor dincolo de controlul tău. Ai potențialul să preiei controlul asupra destinului tau și să-ți reconstruiești identitatea. Ai potențialul, și este un potențial dăruit de Dumnezeu însuși, pentru a-ți remodela destinul, pentru a-ți schimba psihologia și pentru a-ți reface sensul de identitate după chipul și asemănarea lui Dumnezeu.

La început, Dumnezeu te-a creat după chipul și asemanărea sa. În timpul trecut de atunci, care a durat o perioadă foarte lungă de timp, și până în momentul de față, tu ai creat o ființă umană care nu se mai potrivește cu chipul

Capitolul 3. Dobândirea conștiinței cristice 43

și asemănarea lui Dumnezeu. Însă ai potențialul să începi un proces gradual în care te poți remodela după chipul și asemănarea lui Dumnezeu. Procedând astfel, îți poți modela identitatea în moduri în care Dumnezeu nu și le-a imaginat niciodată dar care sunt, cu toate acestea, în acord perfect cu voința lui Dumnezeu.

Acest proces de creștere spirituală a fost mereu disponibil ființelor umane. De-alungul erelor, el a fost cunoscut în fiecare cultură și civilizație. A fost prezentat în multe versiuni diferite într-o încercare de a atrage variate grupuri de oameni. Un nume universal pentru acest proces este "calea spirituală".

Nu lăsa nimic să intre între tine și Dumnezeu

Pentru mine este complet și absolut uluitor cum cineva poate studia învățăturile mele, chiar și învățăturile incomplete găsite în Noul Testament, și să concluzioneze că singurul drum către salvare trece printr-o organizație exterioară și printr-o doctrină exterioară. Cum poate cineva să eșueze în a vedea că eu nu am venit să creez o organizație totalitară sau vreo doctrină exterioară închisă?

De ce crezi că am admonestat în mod repetat autoritățile religioase ale timpului meu? De ce crezi că aceste autorități religioase m-au considerat o amenințare atât de gravă încât să comploteze frecvent să-mi ucidă corpul, ceea ce în final au reușit? Autoritățile religiei iudaice au vrut să scape de mine pentru că reprezentam un pericol pentru structura lor de putere.

I-am mustrat pe aceia care s-au autostabilit ca fiind singura poartă între ființele umane și Dumnezeu. Ei creaseră un sistem de convingeri care afirma că nici o ființa umană nu ar putea ajunge la Dumnezeu fără să treacă prin religia ortodoxă și ierarhia ei de ființe umane. Creaseră un sistem de convingeri care afirma că o persoană nu putea fi salvată dacă nu credea în doctrinele exterioare.

Eu venisem să răstorn acest sistem închis. Venisem să denunț persoanele care se stabiliseră ca fiind legătura dintre Dumnezeu și oameni. Venisem să distrug structurile de putere și să expun jocurile de putere. Venisem să readuc cheia cunoașterii pe care aceste persoane o îndepărtasera în încercarea de a controla populația.

Singura poartă către Dumnezeu

Nu venisem să aduc pacea în Israel. Venisem să aduc o sabie care să străpungă vălul iluziei care înconjura mințile oamenilor. Venisem să eliberez oamenii din lanțurile în care fuseseră legați de reprezentanții religiei care era original menită să-i elibereze de toată opresiunea. Eu, Isus, am fost revoluționarul spiritual fundamental, iar astăzi sunt încă revoluționarul spiritual fundamental. Sunt aici chiar acum, și prin aceste învățături îți spun că nu e nevoie să accepți nici o organizație umană sau persoană ca și poartă către Dumnezeu.

Există doar o unică poartă către Dumnezeu, și aceasta este starea de conștiință pe care am venit s-o exemplific și s-o demonstrez, și anume conștiința Cristică. Când am spus : "Eu sunt ușa deschisă, pe care nici un om nu o poate închide", nu m-am referit la persoana numită Isus. M-am referit la starea universală de conștiință, mintea Cristică universală, cu care mă unisem în asemenea măsură încât am putut spune cu adevărat : "Eu și Tatăl meu suntem unul". Și am mai spus : "Eu de la mine putere nu pot face nimic ;

Capitolul 3. Dobândirea conştiinţei cristice 45

este Tatăl din mine care face lucrarea". Ce am vrut să spun este că conştiinţa Cristică universală din mine este autorul adevărat.

Mulţi oameni au crezut că sunt noul rege al Israelului şi că-i voi conduce pe israeliţi într-o revoltă violentă împotriva opresiunii romane. Eu nu am ridicat armele împotriva romanilor ; însă am declarat de multe ori că am venit să eliberez oamenii. Dacă nu venisem să eliberez oamenii Israelului de romani, pe cine crezi că am considerat ca fiind asupritorii reali ai oamenilor? Am vrut să-i scap de oamenii, de şerpii din mijlocul lor, care ocupaseră locul dintre oameni şi Dumnezeu.

Afirmaţia : "Nu lăsa nici un om să-ţi ia Coroana" se referă la faptul că tu nu trebuie să laşi niciodată vreo fiinţă umană sau organizaţie să-ţi ia coroana contactului tău personal, direct, interior cu Dumnezeu. Ai fost creat după chipul şi asemănarea lui Dumnezeu. Ai capacitatea conştiinţei să comunici direct cu Dumnezeu înăuntrul inimii tale. Când Dumnezeu a spus : "Să nu ai alţi dumnezei în afara de mine", ce crezi că a vrut să spună cu adevărat?

Da, a vrut să spună să nu venerezi nici un idol exterior. Însă de ce să nu te închini nici unui idol exterior? Pentru că dacă identifici o formă exterioară cu Dumnezeu atunci nu vei ajunge niciodată să-l cunoşti pe adevăratul Dumnezeu care este dincolo de toate formele.

Dumnezeu este dincolo de toate formele şi toate conceptele create de fiinţele umane. Pur şi simplu nu-l poţi experimenta pe Dumnezeu cu simţurile tale fizice şi nu-l poţi pătrunde din starea minţii pe care am numit-o conştiinţa morţii. Însă, îl poţi experimenta pe Dumnezeu direct prin deschiderea inimii tale către o experienţă mistică prin care Dumnezeu îţi poate releva Fiinţa sa, esenţa sa. Această abilitate de a comunica direct cu Dumnezeu este cel mai prețios dar pe care orice ființă umană l-a primit vreodată. Acest dar este de asemenea responsabilitatea ta personală supremă. Nu trebuie niciodată să permiți nimănui din lumea asta să-ți ia acest dar. Nu trebuie să permiți nimănui în lumea asta să stea între tine și comuniunea ta directă, interioară cu Dumnezeu.

Potențialul tău spiritual

Atât de mulți oameni cred că eu am fost atât de mult deasupra lor, încât ei nici nu ar putea să învețe din exemplul meu sau să-mi urmeze pașii. Un cult atât de intens al idolatriei a fost construit în jurul lui Isus Cristos încât aproape că mi-a distrus adevăratul meu mesaj.

Înțeleg cu desăvârșire de ce am venit pe Pământ acum 2000 de ani. Am venit să demonstrez că este posibil pentru orice ființă umană să obțină contactul direct, interior cu Dumnezeu; să obțină gnosticismul real. Aceasta a fost esența misiunii mele. S-ar putea chiar spune că a fost singurul mesaj pentru care am venit. Am venit să demonstrez că drumul către Dumnezeu nu trece prin nimeni altcineva decât tine însuți. Drumul către Dumnezeu este o cale interioară prin care tu îl contactezi pe Dumnezeu în inima ta.

Consideră ce s-a întâmplat cu acest mesaj de-alungul acestor ultimi 2000 de ani. Unde poți găsi acest mesaj în scripturile curente? Crezi că nu am predicat mesajul meu clar și deschis? Crezi că am vrut cumva să-l ascund de umanitate și posteritate?

Nu-i așa. Eu, Isus, am vrut ca mesajul să fie strigat de pe acoperișuri, și asta e ceea ce le-am spus discipolilor mei să facă.

Capitolul 3. Dobândirea conștiinței cristice 47

Ce s-a întâmplat cu acest mesaj de-alungul acestor ultimi 2000 de ani? A fost înlocuit de un fals mesaj!

Esența falsului mesaj este că Isus Cristos, deoarece era Fiul lui Dumnezeu, ba mai mult, fiindcă era unicul Fiu al lui Dumnezeu, era atât de mult deasupra și dincolo de ființele umane normale încât nimeni nu putea în mod posibil să-i urmeze pașii. Cultul idolatriei construit în jurul meu este atât de intens încât majoritatea oamenilor care se autodenumesc creștini nici nu ar îndrăzni să ia în considerare adevăratul înțeles al cuvintelor mele : "Cel ce crede în mine, lucrările pe care le fac eu, și el poate să le facă". Atât de mulți oameni cred că urmându-mi pașii și dobândind o stare de conștiință mai înaltă – da, o stare de conștiință Cristică – este blasfemie.

Cea mai mare tragedie

Trebuie să-ți spun foarte direct și deschis că din punctul de vedere al meu personal aceasta este o tragedie pe care de-abia pot găsi cuvinte s-o descriu. Mesajul pentru care mi-am dat viața ca să-l aduc, prin cuvinte și exemplu, a fost complet eclipsat de un fals mesaj.

În loc să fiu exemplul viu de urmat pentru toți, am fost ridicat la rang de idol încât nimeni să nu cuteze a mă urma, ca nu cumva să fie acuzați de blasfemie. De-alungul acestor ultimi 2000 de ani, atât de mulți creștini au dansat în jurul acestui vițel de aur, această falsă imagine a mea.

Am venit să eliberez oamenii. Falsa imagine a mea ca și excepție decât de fapt ca exemplu ajută la întemnițarea oamenilor chiar mai mult decât înainte. Prin urmare, dintr-un punct de vedere exterior, s-ar putea spune că venirea mea a avut efectul opus celui intenționat. În loc să fiu un instrument pentru eliberarea oamenilor, am devenit o unealtă pentru întemnițarea lor într-o închisoare mentală care este mult mai securizată decât ar putea fi o închisoare fizică.

La urma urmelor, dacă cu adevărat vrei sa înrobești oamenii, lanțurile de fier nu sunt cel mai eficient mod deoarece oamenii vor știi că sunt înrobiți și vor năzui la libertate. Este mult mai eficient să înrobești oamenii prin mijloace subtile astfel încât ei nici măcar să nu realizeze că sunt subjugați.

Sunt o ființă cosmică nelimitată. Mi se spune Prințul Păcii, și mă aflu realmente în pace în iubirea necondiționată a lui Dumnezeu. Însă chiar și așa găsesc dificil de înțeles cum ființele umane pot continua să accepte aceste minciuni incredibile despre mine.

Cum se face că dupa 2000 de ani atât de puțini oameni au îndrăznit să privească dincolo de această imagine falsă? Cum se face că și copiii mici care au privit la noile haine ale Împăratului au zis : "Dar Împăratul nu are nimic pe el!"

Când cei care se autodenumesc creștini, și care cu sinceritate cred că mă urmează, vor realiza că trebuie să privească dincolo de această imagine falsă, când tu, inima mea iubită, vei realiza că personal trebuie să îndrăznești să privești dincolo de acea imagine, să mergi adânc în inima ta și să-mi ceri să mă înfățișez ție cu adevărata Ființă a lui Isus Cristos?

Cere și vei primi. Caută și vei găsi. Ai curajul să privești dincolo de o doctrină exterioară plină de oasele morților. Ai curajul să-l cauți pe Isus Cristos cel real. Îți promit că dacă îți vei deschide mintea și mă vei căuta în liniștea inimii tale, mă vei gasi. Am fost cu tine mereu, și sunt cu tine azi. Pur și simplu te aștept să iei decizia de a-mi recunoaște Prezența înăuntrul tău.

Capitolul 3. Dobândirea conștiinței cristice 49

Sămânța cuvântului meu

Dacă încă te mai îndoiești că sunt cu adevărat eu, Isus, care-ți vorbește prin această carte atunci aruncă o privire la Biblia însăși. Biblia afirmă foarte clar că am vorbit maselor în parabole, dar când eram singur cu discipolii mei, le explicam detaliat toate lucrurile acestora. Această simplă afirmație, pe care cei care mi-au falsificat învățăturile au neglijat-o sau au uitat s-o scoată din Biblie, este destul ca să indice acelora cu o minte deschisă că eu am predicat pe două nivele diferite. Am avut învățături exterioare pentru nivelul de conștiință al majorității populației. Apoi, am avut învățături interioare pentru nivelul de conștiință al acelora care erau mai înaintați pe calea spirituală și în consecință deschiși unor învățături mai înalte și mai directe.

Când am apărut acum 2000 de ani, doar puțini oameni erau capabili să-mi priceapă învățăturile în forma lor cea mai pură. De aceea am folosit parabole pentru a explica aceste învățături maselor, cu toate acestea parabolele mele, din care multe nu se mai găsesc în scripturile de astăzi, au transmis totuși mesajul meu.

Astăzi, situația s-a schimbat dramatic. Chiar dacă învățăturile mele exterioare au fost distorsionate, Cuvântul Viu pe care l-am adus acestei planete a fost plantat ca o sămânță în conștiința colectivă a umanității. Oh da, puterile au apăsat adânc acea sămânță sub pământ ca să nu mai poată fi văzută. Însă procesul a condus sămânța Cuvântului meu adânc în pământul fertil unde a putut încolți în pace.

Sămânța Cuvântului meu a germinat timp de 2000 de ani. Este acum puternică, și este gata să străpungă solul și să înflorească în conștiința ta. Astăzi, milioane de oameni sunt pregătiți, la nivele interioare, să înțeleagă și să-mi accepte deschis adevăratele învățături.

Dacă citeşti Noul Testament, vei vedea că am spus repetat : "Cei care au urechi, să audă". Ei bine, astăzi mult mai mulţi oameni au urechi să-mi audă adevăratele învăţături.

Învaţă din exemplul lui Paul

Sunt pe deplin conştient că unii oameni vor respinge învăţăturile pe care le-am adus în această carte. Ei vor veni cu numeroase motive sofisticate ca să argumenteze de ce aceste învăţături nu ar putea fi adevărate şi de ce nu ar putea veni de la Isus Cristos cel real.

Trebuie să-ţi spun că dacă ai citit această carte până în acest punct, aparţii grupului larg de oameni care sunt gata să-mi accepte învăţăturile interioare. Dacă nu ai fi fost deschis adevăratelor mele învăţături, nu ai fi fost capabil să citeşti această carte. Ai putea simţi un numar de emoţii combinate la învăţăturile pe care le aduc în această carte. Ai putea chiar simţi ostilitatea pe care Paul a exprimat-o către adepţii mei. Însă ca şi Paul, tu eşti unul din ceata mea. Prin urmare, deţii potenţialul să treci prin aceeaşi situaţie pe care Paul a experimentat-o.

Unii oameni cred că l-am ales pe Paul, şi într-un anume mod am făcut-o deoarece ştiam că Paul este pregătit la nivele interioare. Cu toate acestea, nu puteam face nimic împotriva liberului său arbitru. Da, am apărut în faţa lui, dar el avea încă de ales cum să reacţioneze la apariţia mea. Putea cu usurinţă să-mi respingă apariţia considerând-o o iluzie sau chiar lucrarea diavolului. Pentru a se întoarce din drumurile de altădată şi a sta cu faţa la realitatea Prezenţei mele, Paul avea de făcut o alegere. Prin urmare, de fapt nu eu l-am ales pe Paul - Paul m-a ales pe mine.

Capitolul 3. Dobândirea conștiinței cristice 51

Într-un anumit sens, te-am ales pe tine deoarece știu că ești pregătit la nivele interioare. Însă trebuie încă să ajungi la o recunoaștere conștientă a acestui zel, și trebuie încă să iei propria decizie despre cum vei răspunde chemării mele. Astfel, nu eu te aleg ; tu trebuie să mă alegi.

Îmi iubesc Tatăl din Paradis, și îi respect Legea Liberului Arbitru. Nu pot și nu voi face alegerea în locul tău. Totuși, mă fac cunoscut ție că eu, Isus Cristos, m-am înfățișat ție prin învățăturile acestei cărți. Îți spun : "De ce mă persecuți. Este greu pentru tine să opui rezistență lui Dumnezeu fără să te autopedepsești!"

Trebuie să alegi pe cine vei servi. Isus cel real, viu, sau idolul, vițelul de aur, care a fost creat de ființele umane în încercarea de a te împiedica să intri în împărăția Tatălui nostru.

Alege înțelept.

Alege să fii, și nu face, la fel ca Hamlet, alegerea să nu fii.

Hamlet a ales să nu fie și a plătit cu viața sa. Dacă alegi să nu fii, s-ar putea să plătești cu sufletul tău.

Te chem acasă

Sunt Pastorul Bun, și îmi chem turma acasă la învățăturile mele adevărate și pentru a-mi urma exemplul către împărăția Tatălui nostru. Mi-am lăsat cele 99 de oi pentru a găsi oaia care s-a rătăcit. În mod surprinzător, am găsit multe oi pierdute însă care nu-și dau seama că ele sunt pierdute. Motivul este că ele cred că aparțin singurei biserici adevărate a lui Isus Cristos și că ele urmează singura doctrină adevărată a lui.

Există un drum care pare drept pentru om, dar al cărui sfârșit înseamnă moartea.

Eu sunt Calea, Adevărul și Viața.

Pentru a ajunge în împărăția Tatălui, trebuie să mergi pe singurul drum posibil, și acest drum trece prin conștiința Cristică care sunt. Ființa umană mortală, persoana prinsă în starea joasă de conștiință, nu poate niciodată moșteni împărăția Tatălui, necontând de care biserică aparții sau ce doctrină exterioară urmezi.

Poți moșteni împărăția Tatălui nostru numai ridicându-te deasupra stării mortale de conștiință și devenind noul om, bând noul vin, al conștiinței mele Cristice.

Acesta este sângele meu ; bea-l tot.

Sunt aici să-ți arăt drumul către casă.

Permite-mi să te iau de mână, și în discursurile următoare îți voi arăta cum să te ridici deasupra multor concepte false despre mine, și despre Dumnezeu, pe care ființele umane le-au creat din ignoranță, necredință și intenții impure.

Sunt Pastorul Bun și cunosc drumul către casă.

Sunt ușa deschisă care duce la împărăția Tatălui nostru.

Am demonstrat calea pe care toți trebuie s-o urmeze.

Îndrăznește să-mi urmezi pașii.

CAPITOLUL 4. DE CE EXISTĂ RELIGIA ÎN LUME?

Aș vrea să iei în considerare de ce există religie în această lume. Crezi că Dumnezeu are nevoie de religie? Crezi că Ființa care a creat un univers incredibil de vast și complex are vreun fel de nevoie să fie venerată de ființe umane care trăiesc pe o planetă ca un fir de praf în infinitate? Nu spun prin asta că ființele umane nu sunt importante pentru Dumnezeu. Spun doar că Dumnezeu este o Ființă nelimitată, infinită, și că Dumnezeu nu are nevoi umane. Ideea că Dumnezeu are nevoie să fie venerat este un alt exemplu de gândire inversă (backwards reasoning).

Simplul fapt este că Dumnezeu nu are nevoie să fie venerat de ființele umane. Religia nu a fost creată de dragul lui Dumnezeu. A fost creată pentru voi.

Simplul fapt este că Dumnezeu nu are nevoie de religie. Ființele umane au nevoie de religie, și este foarte important ca tu să înțelegi de ce. Dumnezeu te-a creat după chipul și asemănarea lui. Ai capacitatea conștiinței să experimentezi deplinătatea

Ființei infinite a lui Dumnezeu. Însă deoarece lifestream-ul tău a decis să coboare în universul material, tu ai înfruntat o provocare care este destul de severă.

Trebuie să înțelegi că casa Tatălui meu are multe nivele. Prin asta vreau să spun că există multe nivele diferite ale creației lui Dumnezeu. Oamenii de știință moderni au găsit că întregul univers material este format din energie. Energia este vibrație.

Știi că ochii tăi pot detecta numai tipurile de energie pe care le numești lumină vizibilă. De asemenea știi că există multe alte forme de lumină, și multe alte forme de energie, pe care ochii tăi nu le pot detecta. Prin urmare, există multe nivele diferite sau nivele de vibrație. De fapt, s-ar putea spune că totalitatea creației lui Dumnezeu este un continuum vast, dar nu nelimitat, de vibrații.

Lumina vizibilă este pur și simplu o parte a continuumului de vibrații. Ochii tăi pot vedea doar o mică parte din acest continuum. De asemenea, universul material este o mică parte dintr-un continuum mai larg de vibrații. Simțurile tale, și conștiința joasă a minții umane, pot percepe și pătrunde doar o foarte mică parte a continuumului de vibrații care cuprind creația lui Dumnezeu. Această foarte mică parte este ceea ce numești universul material.

Singura diferență între lumina vizibilă și lumina invizibilă este o diferență în vibrație. Singura diferență între universul material și nivelele mai înalte ale creației lui Dumnezeu este o diferență în vibrație. Singura diferență între Rai și Pământ este o diferență în vibrație.

Nu există bariere impenetrabile în continuumul de vibrații al lui Dumnezeu. Există o linie de despărțire între vibrațiile universului material și vibrațiile celui mai jos nivel al universului spiritual, nivelul care este exact deasupra universului material ca și vibrație. Linia de despărțire nu

Capitolul 4. De ce există religia în lume? 55

este o barieră impenetrabilă. Totuşi, simţurile tale fizice şi conştiinţa morţii nu vor fi niciodată capabile să treacă acea linie de despărţire. Astfel, simţurilor fizice şi conştiinţei morţii li se va părea a fi o barieră între lumea materială şi lumea spirituală.

Cadranul conştiinţei

Tu eşti mult mai mult decât corpul fizic şi mintea exterioară. Te-ai putea gândi la conştiinţa ta ca la cadranul unui receptor radio. Poţi să roteşti selectorul radioului şi să prinzi posturi diferite. Ceea ce experimentezi ca posturi diferite sunt pur şi simplu unde radio difuzate pe frecvenţe diferite.

Conştiinţa ta are capacitatea de a se acorda atât la universul material cât şi la universurile mai înalte din lumea spirituală. De-alungul erelor, numeroşi oameni au avut viziuni mistice ale lumilor mai înalte. Astfel de viziuni au fost în principiu baza fiecărei religii sau filozofii spirituale cunoscute umanităţii.

Fiecare fiinţă umană este creată după chipul şi asemănarea lui Dumnezeu. Prin urmare, fiecare fiinţă umană are capacitatea conştiinţei de a se acorda la lumile spirituale şi a avea o experienţă a realităţii directe, interioare acelor lumi.

Singurul motiv pentru care tu nu ai percepţia directă a lumii spirituale este că încă nu ai învăţat să-ţi acordezi conştiinţa. Într-un discurs viitor, te voi învăţa cum să-ţi acordezi conştiinţa. Pentru acum, vreau să te întrebi de ce este atât de important să faci acel acordaj şi să obţii o experienţă directă a realităţii spirituale.

Imaginează-ţi că întâlneşti pe cineva la piaţă care începe să-ţi povestească despre un minunat fruct nou pe care l-a descoperit recent. Dupa ce asculți descrierea proprietăților nemaipomenite și a deliciosului gust, prima ta reacție este să întrebi : "Unde pot găsi acest nou fruct?"

Este o tendință naturală a minții umane ca atunci când aude de ceva dezirabil, să vrea să experimenteze acel ceva. Pur și simplu nu ești satisfăcut cu imaginea sau descrierea furnizată de o sursă exterioară ție.

Sunt conștient că mulți oameni au fost îndoctrinați de copii cu zicala "curiozitatea a omorât pisica". Vreau ca să înțelegi că nu este absolut nimic greșit cu dorința de a experimenta ceva în mod direct în loc să te bazezi doar pe o descriere. Dumnezeu nu ar face altfel. În fapt, Dumnezeu însuși a sădit în lifestream-ul tău curiozitatea și sentimentul de năzuință care nu poate fi niciodată satisfăcut de altceva pe acest pământ.

Dumnezeu te-a creat după chipul și asemănarea sa. Dumnezeu este bucuria, iubirea și beatitudinea fundamentală. Dumnezeu a dorit ca tu să te aventurezi în această lume a formelor pe care El a creat-o. A dorit ca tu să experimentezi și să apreciezi lumea formelor, dar El nu a dorit niciodată ca tu sa te pierzi în lumea formelor. În consecință, lifestream-ul tău are o năzuință pentru ceva fundamental, ceva mai presus. Acea năzuință este o năzuință pentru Tatăl tău din Rai. Este o năzuință de a experimenta totalitatea Ființei lui Dumnezeu, memoria care a fost adânc sădită în lifestream-ul tău (Dumnezeu și-a scris legea în părțile tale interioare). Nu vei fi niciodată pe deplin satisfăcut, nu vei fi niciodată pe deplin în pace, până când nu ai experiența directă a Ființei nelimitate a lui Dumnezeu. Nimic altceva nu te va satisface.

Deoarece Dumnezeu este bucuria și iubirea fundamentală, de ce ar vrea Dumnezeu ca copiii săi să se împace cu ceva mai puțin decât deplinătatea Ființei lui? Prin urmare, de ce te-ar crea Dumnezeu într-un așa mod încât să poți fi satisfăcut de lucrurile acestei lumi? Dacă lifestream-ul tău ar fi satisfăcut de condițiile găsite pe această planetă Pământ, nu ai mai năzui niciodată pentru ceva mai mult. Astfel ai putea înțepeni la orice nivel al lumii formelor. Evident, un Dumnezeu al iubirii și beatitudinii nelimitate, nu ar dori să vadă întâmplându-se asta. Este buna plăcere a Tatălui să-ți dea împărăția. În consecință, lifestream-ul tău nu poate fi niciodată satisfăcut până când nu are o experiență directă a Ființei lui Dumnezeu.

A vedea este mai mult decât a crede

Revenind la zilele misiunii mele pe Pământ, adesea mi-am mustrat adepții fiindcă arătau o lipsă de credință. Chiar am spus : "Binecuvântați sunt cei care nu văd și totuși cred". Motivul era că atunci energiile planetei Pământ erau mai dense decât sunt astăzi. Astfel, era mult mai dificil pentru oameni să-și acordeze conștiința la lumea spirituală.

Alt factor limitator era starea joasă de conștiință a umanității. Cu alte cuvinte, eram limitat de condițiile aflate acum 2000 de ani, și prin urmare nu puteam să le ofer oamenilor cu usurință o experiență directă interioară a părții spirituale a vieții. A trebuit să-i încurajez să înceapă să creadă în realitatea lui Dumnezeu așa încât să-și poată gradual ridica conștiința și în cele din urmă să meargă dincolo de convingeri și să aibă o experiență directă.

Astăzi, ecuația s-a schimbat. Chiar dacă există zone intense cu întuneric pe această planetă, planeta ca și întreg a progresat către o vibrație mai înaltă și mai pură. În același timp, starea de conștiință a umanității s-a ridicat, în mare parte datorită sămânței Cuvântului Viu pe care am plantat-o acum 2000 de ani, dar de asemenea datorită multor căutători sinceri aflați în toate religiile și culturile.

În consecință, mâinile mele nu mai sunt legate. Am mai multe opțiuni decât aveam atunci. Astăzi, pot mai usor să te duc dincolo de conștiința în care crezi în mine și în Dumnezeu. Vreau ca tu să treci dincolo de conștiința de credință și să obții o stare mai înaltă de conștiință bazată pe cunoaștere directă. Acea stare de conștiință este starea de cunoaștere interioară ; este starea de gnosticism.

Conștiința cunoașterii este dincolo de credință deoarece este dincolo de îndoială. Să ne întoarcem la exemplul în care tu întâlnești o persoană care-ți povestește despre noul fruct. Când întrebi persoana : "Unde se găsește acesta?", persoana spune că poate fi găsit doar pe un continent îndepărtat. Cu alte cuvinte, nu poți merge acolo și să vezi fructul cu ochii tăi. Poți alege să crezi în existența fructului, ori poți alege să nu crezi. Chiar dacă alegi să crezi, va fi mereu un element de îndoială în conștiința ta. La urma urmelor, cum poți ști cu adevărat că fructul există? Simplul fapt al vieții este că nu poți ști cu certitudine până când nu experimentezi pentru tine.

Timpul de a trece dincolo de credință

Atât Dumnezeu cât și eu însumi suntem în mod limpede conștienți că există mulți căutători devotați pe planeta Pământ care-l caută cu sinceritate pe Dumnezeu. Nici Tatăl meu, nici eu nu dorim să vedem eforturile tale ca fiind zadarnice. Dorim să vedem eforturile tale producând un fruct bun, fructul siguranței, fructul cunoașterii. Dorim să te vedem scăpat de conștiința în care credința ta în Dumnezeu poate fi provocată de săgețile îndoielii.

Capitolul 4. De ce există religia în lume?

Cum poți scăpa efectiv de starea de conștiință care este vulnerabilă la îndoială? Poți face asta numai printr-o experiență directă prin care vezi realitatea lui Dumnezeu. Nu denunț în nici un caz valoarea credinței. Sunt foarte bine conștient că în acești ultimi 2000 de ani multe lifestream-uri sincere și minunate au avut o credință foarte puternică în mine și în Tatăl meu. Vreau cu adevărat ca tu să recunoști că credința păstrată de atât de mulți creștini devotați a fost unul din factorii majori în creșterea conștiinței umanității.

Te elogiez pentru credința ta. Însă trebuie să-ți spun că este acum timpul să treci dincolo de credință. Credința a fost pur și simplu o unealtă pentru ridicarea conștiinței umanității la un nivel mai sus. Planeta Pământ intră într-o nouă eră în care oamenii au nevoie să progreseze dincolo de credință. Ai nevoie să treci într-o stare a conștiinței în care relația ta cu Dumnezeu, și relația ta cu mine, nu mai este bazată pe credință ci pe o experiență directă interioară ; o comuniune personală directă.

Astăzi, este mult mai ușor pentru tine să-ți acordezi conștiința la lumile spirituale din împărăția Tatălui meu. Dacă vrei o dovadă fizică a acestui lucru, consideră milioanele de oameni care au avut o viziune spirituală ca parte a unei experiențe aproape de moarte. Consideră de asemenea faptul că mult mai mulți oameni afirmă că au o comuniune directă cu ființe spirituale care locuiesc în împărăția Tatălui meu. De fapt, cartea pe care o ții în mână este o altă dovadă a faptului că eu pot acum să aduc o învățătură mai directă decât în trecut.

Caută și vei găsi

Încă o dată, sunt conștient că unii oameni vor căuta să se agațe de idei ortodoxe și să le folosească ca și scuză pentru a respinge ce am afirmat aici. Prin urmare, să aruncăm o altă privire la scripturile și viața mea ca și Isus din Galileea.

Am afirmat mai devreme că sunt uluit cum de atât de mulți oameni cred anumite idei despre mine. În același timp, sunt uimit pentru că există atâtea întrebări logice pe care creștinii sinceri nu și le pun. La urma urmelor, povestirea fragmentată a vieții mele aflată în scripturi ridică mai multe întrebări decât aceasta răspunde.

Nu am spus eu : "Caută și vei găsi" ? Atunci de ce atât de mulți creștini se tem să caute? Nu am spus eu : "Cere și vei primi", însemnând că dacă ceri pentru cunoaștere și certitudine, cu siguranță vei primi.

Atunci, de ce se tem atât de mulți creștini să ceară? De ce atât de mulți creștini se agață de convingeri și doctrine când eu și Tatăl meu suntem complet dispuși să-ți oferim cunoaștere și dovadă? Te temi de cunoaștere? Ți-e frică că dacă obții cunoașterea directă, ar putea fi necesar să renunți la convingerile care te fac să te simți confortabil? Nu te teme, turmă mica ; este buna plăcere a Tatălui să-ți ofere cunoașterea directă a împărăției lui.

De ce nu și-a scris Isus învățăturile?

Să examinăm una din întrebările pe care toți creștinii sinceri mi-ar place să o ia în considerare. Unii oameni afirmă că istoricul Isus a fost analfabet. Permite-mi să te asigur că am fost un învățat. Cu toate acestea, chiar dacă te îndoiești de știința mea de carte, mulți oameni din jurul meu erau învățați.

Capitolul 4. De ce există religia în lume? 61

Cu asta în minte, consideră următoarea întrebare : "De ce nu și-a scris Isus el însuși adevăratele învățături?"

Dacă arunci o privire obiectivă la creștinismul modern, vei vedea că există numeroase secte și biserici care se agață de diferite interpretări ale învățăturilor mele. Multe din ele afirmă chiar că interpretarea lor particulară este singura interpretare adevărată. De ce nu am evitat eu pur și simplu această confuzie scriindu-mi povestea adevărată a vieții mele astfel încât să nu existe loc de interpretare?

Să încep să fac un lucru clar. Nici o interpretare a învățăturilor mele nu ar putea să fie adevărată raportată la învățăturile mele. Nu există realmente nici un mod să cunoști adevăratele învățături ale Cristului prin vreo interpretare care a fost afectată de conștiința morții. Carnea și sângele nu pot moșteni împărăția Raiului. Conștiința morții nu poate pătrunde învățăturile spirituale adevărate pe care le-am adus pe această planetă. Prin urmare, nici o ființă umană nu ar putea în mod posibil să furnizeze o interpretare precisă și adevărată a învățăturilor mele. Asemenea lucru ca și interpretare adevărată a învățăturilor mele nu există.

Există doar un singur mod pentru a-mi cunoaște adevăratele învățături, și acesta este să primești o porțiune din acele învățături direct de la mine. Nimeni altcineva nu ar putea să împărtășească adevaratele mele învățături cu tine. Totuși, este posibil ca o persoană să poată servi ca portavoce, ca mesager, și să transmită o fărâmă din adevăratele mele învățături. Este posibil ca acea persoană să-și ridice conștiința și să recepționeze elemente din adevăratele mele învățături printr-o experiență directă interioară. Având o astfel de experiență directă a Cuvântului Viu care sunt, acea persoană poate servi ca un mesager care aduce un potir din învățăturile mele, un potir de apă rece în numele Cristului. Făcând asta, acea persoană poate împărtăși o porțiune din adevăratele mele învățături fără să interpreteze (și astfel distorsionând) acele învățături.

Cu alte cuvinte, dacă o persoană face un efort sincer să-și ridice conștiința la nivelul conștiinței Cristice (chiar dacă persoana nu a dobândit încă permanent conștiința Cristică), acea persoană poate servi ca portavoce a mea ; ca mesager al meu.

De ce nu mi-am scris adevăratele mele învățături? Pentru că am știut că orice relatare scrisă va fi abuzată, citată greșit, denaturată, înțeleasă greșit, interpretată greșit și atinsă prin orice alt gen de eroare pe care ți-ai putea-o imagina. Dacă vei arunca o privire obiectivă la faptele istorice despre cum relatarea scrisă a vieții mele a fost măcelarită de autoritățile bisericesti care credeau că dețin puterea de a decide ce ar trebui oamenii să cunoasca despre mine, vei fi de acord că istoria imi dă cu adevărat dreptate.

Primește direct învățăturile mele

Motivul real pentru care nu mi-am scris învățăturile este că am intenționat să furnizez un mijloc prin care oamenii să poată recepționa acele învățături direct de la mine.

Privește la vechea biserică pe care am stabilit-o. Am trimis oameni să-mi predice cuvântul. Nu i-am trimis cu o relatare scrisă așa încât ei să poată citi cu voce tare dintr-o doctrină predefinită. În schimb, le-am spus să nu-și ia nici un gând despre ce ar trebui să spună pentru că li se va da ce trebuie să spună. Apostolii mei vechi și discipolii nu au ținut predici citind dintr-o carte și interpretând cuvintele din acea carte. Ei au predicat prin puterea Spiritului Sfânt. Ei nu au transmis o doctrină exterioară fixată. Ei au transmis

Capitolul 4. De ce există religia în lume?

Cuvântul Viu al lui Isus Cristos pe care l-am vorbit lor direct în inimile lor.

Motivul pentru care am creat o organizație fără o doctrină oficială este foarte profund. Am afirmat mai devreme că ușa către împărăția Tatălui nostru nu este persoana Isus. Ușa către împărăția Tatălui nostru este o stare de conștiință, și anume conștiința Cristică universală.

Carnea și sângele nu pot moșteni împărăția Raiului. Există oameni pe această planetă, chiar unii care se consideră învățători spirituali, care sunt abonați la falsa convingere că este cumva posibil să-ți ridici sau să-ți perfecționezi mintea umană, conștiința morții. Nu este așa. Conștiința morții trebuie să moară înainte ca lifestream-ul să poată trăi pentru totdeauna în Lumina Cristului.

Nu există nici o posibilitate de compromis. Nu poți lua conștiința morții cu tine în împărăția Tatălui meu. Trebuie să faci uz de liberul tău arbitru și să iei o decizie conștientă pentru a abandona acea minte joasă și toate convingerile eronate care susțin tiranul de ego uman.

Singura problemă

Singura problemă pe planeta Pământ azi este că majoritatea oamenilor au coborât sau decăzut într-o stare de conștiință în care ei nu mai dețin o percepție directă a părții spirituale a vieții. De fapt, mulți oameni au decăzut într-o stare de conștiință în care ei nu mai au nici o memorie a originilor lor spirituale sau a identității lor ca ființe spirituale. Ei literalmente cred că sunt ființe muritoare, limitate, închise în acest univers material și că nu există nimic dincolo de universul material.

Nu există absolut nici o modalitate prin care o persoană să se poată ridica deasupra conștiinței joase folosind energiile care se află în universul material. Conștiința joasă este formată din vibrațiile acestui univers. Pur și simplu nu poți folosi acele energii să-ți construiești o scară care să te ducă în Rai. Scara pe care Iacob a văzut-o nu era o scară din energii materiale. Era o scară din energii spirituale, și anume conștiința Cristică.

Ceea ce încerc să te ajut să vezi aici este că odată ce ai decăzut în conștiința mortii, lifestream-ul tău nu mai are nici o cale să se autoelibereze de acea stare de conștiință. Nu poți să te tragi în sus apucându-te de proprii bocanci. Nu poți folosi energiile universului material ca să scapi de conștiința morții. De aceea fiecare religie cunoscută umanității conține conceptul de salvator exterior.

Când o persoană a decăzut în conștiința morții, acea persoană poate scăpa numai dacă un salvator din lumea spirituală vine în această lume și imparte cu lifestream-ul un potir conținând energiile mai înalte ale conștiinței Cristice universale.

Salvatorul adevărat este conștiința Cristică universală. Acea conștiință Cristică universală a fost creată de Dumnezeu exact în momentul în care a creat lumea formelor. Ce spun aici este că conștiința Cristică universală a existat de la începutul timpului. Cu alte cuvinte, ea există de mai mult de 2000 de ani.

Am venit să aduc învățăturile despre conștiința Cristică universală și să furnizez un exemplu al unei ființe umane, în corp fizic, care s-a unit cu acea conștiință Cristică.

Eu nu am inventat conștiința Cristică.

Dumnezeu nu a creat conștiința Cristică la nașterea mea. Conștiința Cristică universală a existat mereu și a fost

Capitolul 4. De ce există religia în lume?

întotdeauna disponibilă ființelor umane doarece ea este cu adevărat ușa deschisă pe care nici un om nu o poate închide.

Singura cale către salvare este că lifestream-ul trebuie să primească o porțiune din conștiința Cristică universală. Acea conștiință Cristică devine apoi plămădeala care crește întreaga pâine a conștiinței acelei persoane.

Fără conștiința Cristică, nici un om nu poate fi salvat. De aceea am creat ritualul ruperii Pâinii Vieții. Pâinea Vieții este menită să reprezinte conștiința Cristică. Am rupt acea Pâine a Vieții pentru discipolii mei și i-am învățat să-și ridice conștiința astfel incât să poată rupe Pâinea Vieții pentru alții.

Acesta este lanțul uceniciei care duce de la inima mea la inima ta. Nu am intenționat ca acest lanț să fie rupt. A fost intenția mea ca discipolii să împartă Pâinea Vieții cu alții. Acea Pâine a Vieții va crește apoi conștiința acelor oameni până când ei obțin un nivel suficient de unitate cu conștiința Cristică așa încât ei la rândul lor să poată împărți Pâinea Vieții cu alții.

Dacă acest lanț nu ar fi fost niciodată întrerupt, Cuvântul Viu pe care l-am adus ar fi continuat să se răspândească ca valurile pe suprafața oceanului. Dacă lanțul nu ar fi fost rupt, Pâinea Vieții ar fi fost împărțită cu mult timp în urmă, sau cel putin oferită, fiecarei ființe umane de pe această planetă. Dacă viziunea mea originală ar fi ajuns să se întâmple, nu ți-aș fi vorbit prin această carte. Ți-as fi vorbit direct in inima ta. Ai fi fost capabil să mă auzi, și ai fi știut că sunt eu, Isus al tău, care îți vorbește.

Cuvântul Viu al lui Dumnezeu

Pâinea Vieții pe care am venit s-o aduc a fost Cuvântul lui Dumnezeu ; Cuvântul Viu al lui Dumnezeu. În realitate,

Cuvîntul Viu al lui Dumnezeu este un sunet fără sunet, și de aceea el nu poate fi niciodată rostit de o limbă umană. Nu poți auzi Cuvântul lui Dumnezeu cu urechile tale, și nu-l poți înțelege cu conștiința morții. Însă, poți auzi Cuvântul lui Dumnezeu în liniștea inimii tale.

Nu am venit să aduc un cuvânt exterior care să poată fi interpretat și greșit interpretat de ființele umane aflate în conștiința morții. Nu am venit să aduc un cuvânt exterior care să poată fi transformat într-o doctrină și folosită ca o armă care să subjuge chiar oamenii pe care am venit să-i eliberez. Nu am venit să creez o instituție exterioară, o biserică exterioară, care să poată fi folosită ca o armă în lupta permanentă umană pentru putere. Nu am venit să creez o instituție prin care o elită mică de oameni flămânzi de putere să poată exercita controlul fizic și mental peste frații si surorile mele în Spirit.

Deoarece fiițele umane au liber arbitru, și deoarece unii oameni aleg să respingă Pâinea Vieții, Cuvântul Viu, viziunea mea originală nu a ajuns să se întâmple. Prin urmare, sunt trist să spun că în ultimii 2000 de ani planeta Pământ nu a avut o biserică vie care să împartă Cuvântul Viu într-un lanț neîntrerupt. Însă, timpul nu este nimic altceva decât o iluzie creată de mintea joasă. Astfel, nu este niciodată prea târziu să aduci Cuvântul Viu sau Biserica Vie. Nu doresc să creez o nouă biserică care să concureze cu multele existente și care să se afirme a fi unica biserică adevărată a lui Isus Cristos.

În schimb, doresc să aduc un nou tip de biserică, un tip de biserică care este singurul gen de biserică care ar putea în mod posibil fi biserica adevărată a lui Isus Cristos. Acel tip de biserică este biserica interioară. Este o biserică construită din stâncile pline de viață ale flăcării Cristului care arde în inima ta. Este o biserică formată din aceia care au curajul să ajungă dincolo de conștiința morții. Aceia care au îndrăznit

Capitolul 4. De ce există religia în lume? 67

să ia în considerare ceea ce atât de mulți au numit blasfemie, și anume că și ei pot întrupa Cuvântul Viu, așa cum am făcut eu.

Cuvântul făcut carne

Atât de mulți oameni s-au întrebat despre misterul Cuvântului lui Dumnezeu care a devenit carne. În realitate, nu e nici un mister. Biblia însăși înregistrează cum Dumnezeu a creat lumea. Dumnezeu a spus : "Să fie Lumină!".

Dumnezeu a creat pronunțând un sunet, un cuvânt Prin urmare, întregul univers este creat din Cuvântul lui Dumnezeu. Chiar și această lume materială densă este Cuvântul lui Dumnezeu făcut carne. Fără El nimic nu a fost făcut din ce a fost făcut. Fără Cuvântul lui nimic nu a fost făcut din ce a fost făcut.

Problema pe planeta Pământ nu este o problemă reală. În mintea lui Dumnezeu, în realitatea strălucitoare a lui Dumnezeu, problema pe planeta Pământ pur și simplu nu există. De ce? Deoarece Dumnezeu știe că nu contează cum ar putea fi aparențele exterioare, totul este făcut din propria substanță a lui Dumnezeu. Tot ce există este pur și simplu Dumnezeu care a luat o mască. Întregul univers este Dumnezeu zâmbind către tine din spatele măștii. Unele măști seamănă cu Paradisul și unele cu iadul, dar ele sunt toate deghizări temporare ale unicei realități care există : Cuvântul Viu al lui Dumnezeu.

Singurul motiv pentru care există o problemă pe planeta Pământ este că atunci când o persoană decade în conștiința morții, acea persoană nu mai poate vedea universul material ca o expresie a lui Dumnezeu. Ce spun aici este că tu nu ești separat de Dumnezeu sau de mine. Nu există nici o barieră reală între noi.

Sentimentul de separare nu e altceva decât o iluzie, un văl creat de energiile dense ale lumii materiale în care simţurile tale fizice şi conştiinţa morţii nu pot vedea mai departe. Nu eşti separat de Dumnezeu ; doar crezi că eşti separat de Dumnezeu.

Sentimentul de separare există numai în mintea ta. Acesta poate continua să existe numai pentru că tu îi oferi putere. Va înceta să existe numai după ce ajungi la o realizare conştientă că acesta nu e real şi că există realmente ceva dincolo de universul material.

Poţi ajunge la acea realizare numai având o percepţie directă a lumii spirituale. Poţi avea acea percepţie directă numai ridicându-ţi conştiinţa, acordându-ţi mintea conştientă aşa încât să fii pe vibraţiile mai înalte ale minţii Cristice. Poţi percepe lumea spirituală numai privind prin uşa deschisă a conştiinţei Cristice.

Sunt Isus Cristos, şi am venit să te eliberez. Există doar un singur mod posibil prin care să te pot elibera de conştiinţa morţii. Trebuie să împart cu tine o porţiune din conştiinţa Cristică universală cu care m-am unit.

Adevărata ta identitate

Vreau să fac clar faptul că sunt o individualitate, aşa cum tu eşti o individualitate. Sunt un Fiu al lui Dumnezeu, dar nu sunt singurul fiu sau fiică a lui Dumnezeu. Dacă Dumnezeu te-a creat după chipul şi asemănarea lui, atunci şi tu trebuie să fii un fiu sau o fiică a lui Dumnezeu. Fără El nimic nu a fost creat din ce a fost creat, inclusiv tu.

Capitolul 4. De ce există religia în lume? 69

Singura diferență dintre tine și mine este că eu mi-am înțeles și acceptat pe deplin identitatea mea ca și ființă spirituală creată de Dumnezeu. Am ajuns la această realizare renunțând la conștiința morții și îmbrăcând starea de conștiință mai înaltă a minții Cristice universale. M-am unit complet cu acea conștiință Cristică, și prin urmare sunt o individualizare a Cristului universal. De aceea pot să spun cu adevărat : "Sunt ușa deschisă, pe care nici un om nu o poate închide."

Însă ideea fundamentală a învățăturilor mele adevărate este că eu nu am fost creat de Dumnezeu în deplinătatea acelei conștiințe Cristice. A trebuit să trec prin exact același proces, a trebuit să urmez exact aceeași cale spirituală, pe care tu o urmezi acum. Am venit să-ți arăt drumul pe care și tu poți păși, și pe care trebuie să pășești dacă vrei să mergi acasă în împărăția Tatălui tău.

Știu că acest concept este foarte dificil de acceptat pentru mulți creștini care au crescut cu convingerile curente despre mine ca fiind unicul Fiu al lui Dumnezeu. Prin urmare, să gândim împreună. Consideră întrebarea : "Crezi că Dumnezeu este rău?" Dacă te consideri un creștin, sunt sigur că raspunsul tău este un "Nu!". Atunci, gândește puțin mai departe și consideră dacă următorul scenariu are sens pentru tine :

Dumnezeu te-a creat ca pe un păcătos și te-a trimis pe o planetă imperfectă, numită Pământ. În timp ce tu te bălăcești în mizerie și suferință, Dumnezeu îți trimite o persoană, numită Isus Cristos, care este întruchiparea perfecțiunii lui Dumnezeu. Acest Isus este unicul Fiu al lui Dumnezeu, și Dumnezeu l-a trimis în această lume așa încât văzând perfecțiunea lui Isus, tu să poți ajunge să realizezi pe deplin propria stare mizeră de imperfecțiune, stare în care Dumnezeu te-a creat. Venirea lui Isus ar putea fi intenționată numai ca să te facă să te simți ca un păcătos mizerabil care nu ar putea dobândi vreodată perfecțiunea pe care ai văzut-o la Isus Cristos.

Dacă urmezi această linie de raționament, vei vedea că există o singură concluzie logică. Dacă eu am fost cu adevărat singurul Fiu al lui Dumnezeu atunci Dumnezeu trebuie să fie un Dumnezeu foarte ciudat, și aproape rău.

Trimiterea mea în lume pentru a arăta ceva ce tu nu ai putea în mod posibil să obții ar fi un act rău. De ce ar vrea Dumnezeu ca tu să te simți ca un păcătos mizerabil care nu ar putea merita niciodată să stea în dreapta lui Dumnezeu?

Dacă Dumnezeu te-a creat după chipul și asemănarea sa, și dacă Dumnezeu este un Dumnezeu benevolent atunci singura dorință a lui Dumnezeu pentru tine este să te vadă scăpat din temnița temporară a mortalității și limitării. Dumnezeu vrea ca tu să vii acasă la casa ta de lumină în împărăția lui.

Prin urmare, nu este logic că un Dumnezeu adevărat ar asigura un drum pentru tine să urci inapoi în împărăția lui? Nu este logic că Dumnezeu m-ar trimite pe mine nu ca pe o excepție, ci ca un exemplu pentru calea pe care toți fiii și fiicele sale o pot urma pentru a veni acasă în împărăția Tatălui lor?

Vreau ca tu să intri adânc în inima ta și, cu o minte deschisă, să meditezi la aceste idei. Dacă vei îndrăzni să privești dincolo de doctrinele și dogmele care sunt pline de oasele morților, eu, Isus, îți promit că îți voi dezvălui adevărul despre aceste probleme.

Îți voi dezvălui acest adevăr în inima ta. Dacă îmi vei cere cu o inimă deschisă care dorește cu adevărat să cunoască adevărul, îți voi dovedi, printr-o experiență interioară directă, că este conștiința Cristică universală, și nu persoana Isus, care este Adevărul, Calea și Viața.

CAPITOLUL 5. ADEVĂRATA CHEIE CĂTRE SALVARE

Iubiții mei, în discursurile precedente am așezat o solidă fundație, și trebuie acum să începem să construim peste acea fundație. Prin urmare, să considerăm întrebarea : "De ce este nevoie ca să fii salvat?"

Dacă accepți că viața are o latură spirituală atunci probabil de asemenea realizezi că există o diferență între această lume și lumea spirituală. Oameni din fiecare religie împart aproape o convingere universală că există o diferență între lumea spirituală și lumea materială. Ei de asemenea împart convingerea că Pământul nu este casa permanentă pentru ființele umane. Scopul vieții este să ascensionezi dincolo de lumea materială și să intri în lumea spirituală. Majoritatea oamenilor mai realizează că înainte să poți intra în lumea spirituală, trebuie să îndeplinești anumite cerințe.

Aruncă o privire pe planeta Pământ așa cum o vezi azi. Cred că oricine ar fi de acord că atrocitățile care se întâmplă pe această planetă pur și simplu nu pot fi tolerate în lumea spirituală. Majoritatea oamenilor realizează că fiinţele care populează lumea spirituală nu se tratează unele pe altele în modul în care se tratează fiinţele umane.

Am încercat să te ajut să înţelegi că nu există nici o diferenţă fundamentală între lumea spirituală şi lumea materială. Singura diferenţă este o diferenţă în vibraţie. Astfel, şi tu ai capacitatea să ascensionezi în lumea spirituală. Însă, înainte să poţi intra în împărăţia Tatălui, trebuie să îndeplineşti anumite cerinţe.

Cerinţa de bază este că trebuie să te ridici deasupra conştiinţei morţii. Atrocităţile pe care le vezi având loc pe această planetă, şi multe alte acţiuni pe care oamenii nu le consideră în mod necesar a fi greşite, sunt rezultatele conştiinţei morţii.

Carnea şi sângele, carnea şi sângele conştiinţei morţii, nu pot moşteni împărăţia. În consecinţă, singurul mod prin care ai putea ascensiona în împărăţia Tatălui nostru este să laşi în urmă conştiinţa morţii.

Permite-mi să fac clar faptul că nu există nici o posibilitate de compromis. Vibraţiile conştiinţei morţii nu pot niciodată trece pragul şi intra pe poarta dreaptă şi îngustă care duce în împărăţia Tatălui nostru. Chiar dacă aceste vibraţii ar fi mascate de ceea ce s-ar putea numi bunătate umană, ele tot nu pot intra în împărăţia Tatălui nostru. Nu poţi pătrunde în împărăţie devenind o persoană umană bună. În ochii lui Dumnezeu, nu există un astfel de lucru ca fiinţă umană bună sau perfectă.

Poţi intra în împărăţie numai depăşind starea de identitate care te face să crezi că eşti o fiinţă umană muritoare care este separată de Dumnezeu. Poţi intra în împărăţie numai dezbrăcând haina umană veche a mortalităţii şi îmbrăcând haina umană nouă a fiinţei spirituale, sensul de identitate

Capitolul 5. Adevărata cheie către salvare 73

spiritual. Poți intra numai îmbrăcând conștiința Cristică și unindu-te total cu acea conștiință Cristică așa încât să te vezi ca o ființă spirituală. Sensul tau de identitate trebuie să fie reconstruit pe Stânca Cristului în loc de nisipurile mișcătoare ale conștiinței morții. Este absolut vital să ajungi la o realizare conștientă, interioară a adevărului din spatele acestor cuvinte. Trebuie să realizezi și să accepți că nu poți pune cuiul rotund al conștiinței morții în gaura pătrată care duce la Orașul Pătrat (the City Foursquare).

Scopul vieții

Când ajungi la o realizare interioară a acestui adevăr esențial, poți dezvolta repede o întreagă nouă perspectivă asupra vieții ca și ființă umană. Observi acum că scopul autentic al vieții îl reprezintă salvarea ta, ascensiunea ta în lumea spirituală. Vezi de asemenea că cheia pentru realizarea acestui scop este că tu trebuie să treci printr-un proces gradual, pe care l-am numit calea spirituală. Trebuie succesiv să dezbraci conștiința morții și să îmbraci noua stare a minții, conștiința Cristică.

De secole, ba mai mult, de mii și mii de ani, ființele umane au crezut că salvarea este un proces exterior asupra căruia ei nu au nici un control. Îți spun că nu este așa. Salvarea nu este o chestiune de așteptare pasivă a unui salvator exterior care va apărea deodată și va face treaba în locul tău.

Am afirmat mai devreme că tu ai firește nevoie de un salvator exterior. Însă, acel salvator exterior servește doar ca o ușă deschisă prin care Dumnezeu îți poate da o fărâmă din conștiința Cristică universală. Această fărâmă acționează apoi ca o plămădeală care crește întreaga pâine a conștiinței tale. Cuvântul Viu, Pâinea Vieții, sunt doar o față a monedei.

Cealaltă față a monedei este că tu ai liber arbitru și că Legea Liberului Arbitru este legea fundamentală a universului material. Cunoști parabola mea despre semănătorul ale cărui semințe cad peste solul sărăcăcios. Un salvator poate apărea și să-ți dea o fărâmă din conștiința Cristică. Însă dacă tu nu iei decizia prin liber arbitru să accepți acea conștiință Cristică, salvarea ta pur și simplu nu se poate întâmpla. Îți pot oferi Pâinea Vieții, dar nu te pot forța să accepți Pâinea Vieții.

Te pot conduce la apa vie, dar nu te pot face să bei. Pot să-ți împărtășesc din conștiința mea Cristică, așa cum fac în rândurile acestei cărți, dar nu te pot forța ca să-i permiți acelei conștiințe Cristice să-ți ridice conștiința la un nivel mai înalt.

Creșterea conștiinței tale poate avea loc numai dacă iei decizia să lași asta să se întâmple. De fapt, ai nevoie să iei multe decizii. Ai nevoie să iei decizii zilnice pentru a renunța la vechiul om și a îmbrăca noul "om" spiritual.

Conștiința morții are o convingere foarte adâncă că există o cale simplă, o scurtătură ceva sau o formă de salvare automată. Această convingere a dat naștere ideii că eu sunt singurul Fiu al lui Dumnezeu și că doar crezând în mine și declarând că eu sunt Lordul și Salvatorul tău, tu vei fi salvat automat.

Sunt Isus Cristos, și îți zic că nu există un asemenea lucru numit salvare automată. Salvarea este oferită fiecărei ființe umane ca un dar de la Dumnezeu. Însă cheia către salvare nu este oferirea darului deoarece acesta cu adevărat este dat peste cei drepți și peste cei nedrepți. Cheia către salvare este acceptarea darului. Fără acceptare, Dumnezeu nu te poate salva. Dumnezeu trebuie să aștepte până când tu iei decizia să-i accepți grația.

Capitolul 5. Adevărata cheie către salvare 75

Calea către salvare

Salvarea este un proces, nu un miracol instantaneu. Procesul salvării are mai multe stagii.

Mai devreme am afirmat că Legea lui Moise a fost dată oamenilor aflați într-o stare de conștiință foarte joasă și imatură. Acești oameni aveau nevoie de un set de reguli care să nu poată fi ușor interpretabile. Ei aveau nevoie de asemenea de un imbold pentru a urma acele reguli, și datorită stării lor de conștiință, singurul imbold practic era frica de pedeapsă.

Dumnezeu nu este un Dumnezeu supărat. În realitate, Dumnezeu nu pedepsește ființele umane ; ființele umane se autopedepsesc, așa cum voi explica mai târziu. Totuși la un anume nivel de conștiință, frica de pedeapsă este singurul mod de a-i face pe oameni să se abțină de la acțiuni autodistructive. Astfel, Legea lui Moise era focusată pe schimbarea acțiunilor oamenilor, comportamentul lor exterior.

Când sosise timpul pentru misiunea mea galileană, lucrurile se schimbaseră. Umanitatea se ridicase la un nivel mai înalt de conștiință. Prin urmare, am putut să le dau o lege mai înaltă, și anume Predica de pe Munte și unele din celelalte învățături ale mele. Această lege era în continuare focusată pe abținerea oamenilor de la acțiuni autodistructive, dar a venit cu un pas mai mult. Noua mea lege identifica sursa acțiunilor autodistructive ca fiind starea de conștiință. S-ar putea spune că în timp ce Legea lui Moise era centrată pe schimbarea comportamentului exterior al oamenilor, învățăturile mele erau centrate pe schimbarea comportamentului interior al oamenilor.

Învățăturile mele aveau ca scop ajutarea oamenilor ca să realizeze că cel mai eficace mod de a-și schimba comportamentul exterior era să-și schimbe starea de conștiință care reprezintă cauza acelui comportament. Învățăturile mele erau adaptate nivelului de conștiință pe care oamenii îl aveau acum 2000 de ani. În consecință, am descris relația directă între un act exterior și o stare particulară de conștiință. Cu alte cuvinte, am afirmat că era rău să te culci cu nevasta altui bărbat. Însă pentru a evita comiterea acestui act, persoana în cauză trebuie să scape de dorința interioară pentru nevasta altui bărbat.

În ultimii 2000 de ani, mulți creștini devotați au făcut un mare progres spiritual, contemplând și absorbând învățăturile mele, chiar și învățăturile fragmentate și incomplete aflate în scripturi.

Datorită acestui progres, conștiința umanității s-a ridicat acum la un nou nivel. La acest nou nivel, tu trebuie să dobândești o înțelegere mai adâncă a relației dintre acțiunile exterioare și starea ta de conștiință. Nu este destul să spui că a ucide este greșit, și că pentru evitarea uciderii trebuie să depășești dorința de a ucide. Trebuie să realizezi că dorința de a ucide este doar o mică fațetă a unui întreg mai larg, o stare a minții mai cuprinzătoare. Acea stare a minții este ceea ce am numit conștiința morții. Cu alte cuvinte, dorința de a ucide este pur și simplu efectul, iar cauza de bază este conștiința morții.

Nu este de-ajuns să depășești dorința de a ucide, dorința adulterului, dorința de a fura, dorința acumulărilor materiale și aproape un număr nelimitat de alte comportamente și atitudini. Depășirea acestor comportamente și atitudini imperfecte reprezintă un pas în direcția corectă, dar reprezintă doar un pas. Pentru a parcurge tot drumul, trebuie să mergi la rădăcina problemei care este conștiința morții. Trebuie să te ridici deasupra conștiinței care te face să comiți acte, să ai gânduri și să simți sentimente care sunt impure, însemnând că ele nu sunt o ofertă acceptabilă.

În Grădina Edenului

Pentru a începe procesul biruirii conștiinței morții, trebuie să ajungi la o realizare conștientă a ceea ce reprezintă această stare a minții și cum te afectează ea. Pentru a explica conștiința morții, să facem o călătorie mentală înapoi în Grădina Edenului.

Vreau să înțelegi că povestirea biblică despre Grădina Edenului este bazată pe o foarte veche datină orală. Această datină a fost trecută din generație în generație pentru atât de multe mii de ani încât majoritatea oamenilor, fie ei adepți ai creștinismului ortodox sau a religiei numite materialism științific, abia dacă ar putea să accepte adevărata încadrare în timp. Datorită acestui lung proces, o parte din semnificația originală a fost pierdută. Mai târziu am să-ți dau relatarea mai detaliată a ceea ce s-a întâmplat cu adevărat în Grădina Edenului. Însă, pentru acum vreau să mă axez pe faptul că motivul Decăderii ființelor umane a fost că ei "au mușcat" din fructul interzis. Fructul interzis mai are denumirea de fructul cunoașterii binelui și răului. În realitate, el a fost fructul cunoașterii binelui și răului relativ. Conceptul de fruct este doar o ilustrare a unei realități mai adânci. Realitatea mai adâncă este o stare de conștiință. Ființele umane au decăzut într-o stare mai joasă de conștiință, o stare de conștiință dominată de conceptele binelui și răului relativ.

Ți-am spus că orice din creația lui Dumnezeu este făcut din lumina lui Dumnezeu și că singura diferență între variatele nivele de creație este o diferență în vibrație. În tărâmurile mai înalte ale lumii spirituale, totul este făcut din lumină de o vibrație foarte înaltă. Astfel, ființele care trăiesc în unul din tărâmurile spirituale, găsesc ușor de văzut că totul este o expresie a unei realități mai adânci, și anume Dumnezeu. Când te afli în tărâmul spiritual, percepi direct că totul este făcut din lumina lui Dumnezeu. Prin urmare, realizezi că există ceva dincolo de tărâmul în care locuiești ; există o realitate mai adâncă. Nu poți să nu vezi că lumea ta nu este o lume izolată, ci doar o parte dintr-un continuum de vibrații mai larg.

Deoarece observi clar că totul din lumea ta este o expresie a unei realități mai adânci, nu poți cădea niciodată pradă iluziei care te face să crezi că ești separat de restul creației lui Dumnezeu sau separat de însuși Dumnezeu. Știi că tu, ca orice sau oricine din jurul tău, ești pur și simplu o expresie a unei realități mai adânci a lui Dumnezeu. Știi și accepți că ești un fiu sau o fiică a lui Dumnezeu și că nu ai putea pierde niciodată acest sens de identitate.

Când te afli în lumea spirituală, deții o baghetă călăuzitoare absolută care îți spune clar ce este comportament constructiv și distructiv. Este ușor pentru tine să vezi ce ține de Dumnezeu (ce este în acord cu legea și viziunea lui Dumnezeu) și ce nu ține de Dumnezeu (ce este în afara legii și viziunii lui Dumnezeu). În consecință, vezi clar ce este în cel mai bun interes al tău, ce este propriul interes luminat. Evident, dacă știi că o acțiune particulară îți dăunează, alegi natural să nu comiți o astfel de acțiune.

Școala cosmică

Universul material este construit din energie de o vibrație mai joasă decât energiile din tărâmul spiritual. În fapt, energiile tărâmului material sunt atât de dense încât nu este

Capitolul 5. Adevărata cheie către salvare 79

imediat evident că lucrurile acestei lumi sunt o manifestare a unei realități mai adânci. Nu este imediat evident că această lume este doar o bucată dintr-un continuum de vibrații.

Când un lifestream dorește să coboare în lumea materială, este necesar ca lifestream-ul să treacă printr-un proces de pregătire și învățare. Lifestream-ul trebuie să învețe cum să administreze un corp fizic și cum să perceapă lumea materială prin simțurile acelui corp. Simțurile fizice nu sunt capabile să perceapă vibrațiile mai înalte ale tărâmului spiritual, ele pot percepe numai vibrațiile universului material. Astfel, când un lifestream coboară în corp fizic, el nu mai are percepția directă că energiile din jur sunt o expresie a unei realități mai adânci. Lifestream-ul nu poate vedea că există tărâmuri spirituale dincolo de universul material.

Pentru a complica și mai mult lucrurile, corpul fizic este o creație foarte complexă. Dacă lifestream-ul ar avea de luat decizii conștiente pentru a menține funcțiile vitale ale corpului fizic, cum ar fi respirația sau bătăile inimii, lifestream-ul ar fi repede copleșit. Nu ar avea nici o atenție rămasă pentru a face efectiv ceva cu corpul fizic, sau chiar să se bucure de viața din lumea materială. Evident, asta ar înnăbuși chiar scopul pentru care lifestream-ul a coborât în lumea materială.

Prin urmare, corpul uman a fost proiectat la origine cu o minte proprie. Am putea compara această minte cu un computer și să spunem că această minte carnală este pur și simplu un computer care execută sarcini în corpul fizic.

Corpul fizic este creat din energiile universului material. De aceea simțurile fizice nu pot vedea dincolo de aceste energii. De asemenea, computerul-corp este creat din energiile lumii materiale. Prin urmare, computerul-corp nu poate înțelege conceptul lumilor spirituale sau a unei realități mai adânci. Acesta poate pătrunde numai ceea ce am numit conștiința morții, înțelegând o stare a minții care se vede pe sine ca fiind separată de Dumnezeu.

Conștiința morții nu poate înțelege ideea de Dumnezeu și de Lege a lui Dumnezeu. În consecință, pentru conștiința morții nu există un asemenea lucru ca adevăr absolut. Nu există un asemenea lucru ca lege absolută. Cu alte cuvinte, conștiința morții însăși nu deține nici un concept de bine sau rău absolut, nu are nici un concept de interes propriu luminat. Aceasta își vede numai interesul propriu imediat, și definește acest interes bazat pe un standard relativ.

Conștiința morții este o stare a minții care este dominată de relativitate și separare. Conștiința morții nu se vede ca fiind o extensie a unei realități spirituale mai adânci. Deși este creată din energia lui Dumnezeu, nu se vede ca pe un fiu sau fiică a lui Dumnezeu (și nu este un fiu sau fiică, așa cum este lifestream-ul). Conștiința morții nu poate face distincția între idei ce țin de Dumnezeu și idei care nu țin de Dumnezeu. Nu poate înțelege că ceva poate fi în afara legii sau viziunii lui Dumnezeu deoarece ea nu poate pătrunde legea și viziunea lui Dumnezeu.

Pentru conștiința morții, totul este relativ. Binele este un concept care are înțeles numai ca și opus al răului. Justul are înțeles numai ca și opus al injustului. În realitate, Dumnezeu este bun. Bunătatea lui Dumnezeu nu are nici un opus. Răul, așa cum este perceput de ființele umane, nu are nici o realitate fundamentală. Răul nu este opusul binelui. Răul este numai opusul binelui relativ, un concept al binelui care există doar în lumea materială.

Capitolul 5. Adevărata cheie către salvare

Decăderea

Grădina Edenului a fost o școală cosmică. A fost proiectată să-ți învețe lifestream-ul cum să gestioneze corpul fizic fără să-și piardă sensul de identitate ca și ființă spirituală. Ca toate școlile, Grădina Edenului a avut lecții gradate. Studenții mai tineri aveau lecțiile mai ușoare, și numai studenții absolvenți, aceia care erau aproape gata să coboare în lumea materială, aveau permisiunea să ia cele mai dificile lecții. Lecția cea mai dificilă dintre toate era să înveți cum să administrezi computerul-corp fără să-ți pierzi sensul de identitate ca și ființă spirituală. Prin urmare, pentru studenții mai tineri această lecție era interzisă. Motivul fiind că dacă un student nepregătit lua parte la această lecție, studentul aproape cu siguranță ar fi fost copleșit de densitatea corpului fizic și de relativitatea conștiinței morții. Cu alte cuvinte, un student nepregătit aproape sigur și-ar fi pierdut sensul de identitate ca și ființă spirituală.

Exact asta s-a întâmplat. Un grup de studenți au decis să "muște" din fructul interzis înainte de a fi gata pentru această inițiere. Astfel, ei au decăzut în conștiința morții în care lifestream-urile lor încep să se identifice cu corpul fizic și mintea carnală. În loc să se vada pe sine ca fii sau fiice ale lui Dumnezeu, ei s-au vazut ca și ființe mortale care erau separate de Dumnezeu.

În realitate, studenții decăzuți în conștiința morții nu au fost aruncați cu forța din Grădina Edenului. Grădina Edenului a existat în tărâmul spiritual aflat exact deasupra lumii materiale. În fapt, acest tărâm este aproape congruent cu lumea materială. Prin urmare, când studenții au decăzut într-o stare de conștiință mai joasă, ei nu au mai putut să vadă Grădina Edenului ; ei puteau vedea doar lumea materială.

La început, majoritatea lifestream-urilor aveau încă ceva memorie a originii lor spirituale. Însă în timp acea memorie a fost gradual pierdută. Prin urmare, există acum o situație pe planeta Pământ în care miliarde de oameni au pierdut memoria conștientă a originii lor spirituale și a identității lor adevărate ca și fii sau fiice ale lui Dumnezeu. În loc să se vadă pe sine ca ființe spirituale imortale, ei se identifică cu ființe umane muritoare.

Trebuie să înțelegi că nu te afli aici pe Pământ pentru că Dumnezeu a decis să te pedepsească pentru păcatele tale. Nu ai fost niciodată forțat să vii aici. Dumnezeu nu te-a creat ca pe un păcătos, și Dumnezeu nu te-a trimis aici într-un act de pedeapsă.

Te afli aici deoarece ai făcut două alegeri. Prima alegere a fost să "mușți" din fructul interzis, să experimentezi conștiința morții a relativității și dualității. A doua alegere a fost să te ascunzi de învățătorul tău spiritual.

Ți-ai putea reaminti din Biblie că după ce Adam și Eva (care reprezintă aspectele masculine și feminine ale fiecărui lifestream, și nu bărbatul și femeia) "mușcaseră" din fructul interzis, ei s-au ascuns de Dumnezeu. "Dumnezeu" din Grădină era de fapt un învățător spiritual, un reprezentant al lui Dumnezeu. Au fost multe lifestream-uri în Grădina Edenului care "au mușcat" din fructul interzis. Unii din ei s-au întors la învățător, și-au confesat greșeala și și-au cerut iertare. Ei au primit acea iertare, și au primit învățături ulterioare despre cum să depășească relativitatea conștiinței morții. Acum consideră ce s-a întâmplat cu cei care nu s-au întors înapoi și nu și-au cerut iertare. Dumnezeu a dat fiecăruia liber arbitru. Dacă decizi să te ascunzi de învățătorul tău spiritual, învățătorul nu te poate confrunta fără să-ți violeze liberul arbitru. Dumnezeu nu-și încalcă propriile legi. Dacă decizi să întorci spatele învățătorului și că fie nu mai vrei să

Capitolul 5. Adevărata cheie către salvare

te întorci la Dumnezeu sau că nu meriți să te mai întorci la Dumnezeu atunci învățătorul poate aștepta până când tu iei o decizie mai bună.

Ideea esențială pe care încerc s-o comunic aici este că tu ești aici deoarece ai luat decizia să-i întorci spatele lui Dumnezeu, sau mai degrabă învățătorului tău spiritual. Singurul mod prin care ai putea fi salvat este să revii asupra deciziei originale. Cum poți să anulezi o decizie greșita? Pur și simplu luând o decizie mai bună!

Decide să fii salvat!

Am spus că salvarea este un proces care ia timp. Totuși, până când iei o decizie pe deplin conștientă că ești dispus să te întorci la Dumnezeu, nu poți nici măcar începe să pășești pe calea către salvare. Atât timp cât tu îți menții decizia originală de a întoarce spatele lui Dumnezeu, nu poți începe să umbli pe calea spirituală. Cum ai putea începe procesul ascensiunii înapoi în împărăția lui Dumnezeu dacă tu continui să fugi de acea împărăție? Ar trebui să fie evident că acest lucru nu este posibil.

Nu poți servi la doi stăpâni. Nu poți intra într-o casă cât timp tu fugi de acea casă. Nu te poți deplasa înainte atât timp cât tu pășești înapoi. Nu mă poți urma atât timp cât murmuri la înțepături (kicking against the pricks). Ceea ce încerc să te ajut să vezi aici este că multe ființe umane se văd în prezent în impas. Ele s-au autocondus pe o alee oarbă, pe un capăt de drum sau ceea ce s-ar putea numi un catch-22 spiritual. Atât de mulți oameni sunt nefericiți de situația lor prezentă și simt că viața este doar un șir continuu de suferință. Însă ei nu sunt dispuși să ia singura decizie care le va da startul pe calea spirituală prin care ei pot scăpa de mizeria şi suferinţa conştiinţei morţii.

Situaţia este simplă. Dacă vrei cu adevărat să-ţi îmbunătăţeşti viaţa, trebuie să iei o decizie. Trebuie să alegi ce stăpân vei servi. Vei servi stăpânul, tiranul, conştiinţei morţii? Sau vei servi adevăratul Stăpân al conştiinţei Cristice? Vei alege conştiinţa morţii sau viaţa minţii Cristice?

Eu, Isus, spun cum a făcut Moise înaintea mea : "Alege Viaţa!" Alege adevărata viaţă a conştiinţei Cristice. Alege să-ţi concentrezi atenţia pe mine şi să accepţi Pâinea Vieţii pe care ţi-o ofer, pâinea conştiinţei Cristice care sunt. Ia, mănâncă – acesta este corpul meu (corpul minţii Cristice) care este rupt pentru tine.

CAPITOLUL 6. PROBLEMA PE PLANETA PĂMÂNT

Să ducem aceste considerații la o scală a lumii. Cel mai uluitor fenomen pe planeta Pământ astăzi este fără îndoială comportamentul inuman al ființelor umane. Însă, când înțelegi caracteristica conștiinței morții, câștigi o perspectivă nouă asupra barbariei umane.

Caracteristica principală a conștiinței morții este relativitatea. Pentru conștiința morții, nimic nu este absolut. Prin urmare, pentru o persoană prinsă în conștiința morții, nu există un lucru de genul "absolut drept" sau "absolut greșit", și nu există un lucru cum ar fi "prea mult".

Când oamenii sunt prinși în conștiința morții, ei nu pot fi niciodată pe deplin satisfăcuți. De aceea vezi oameni angajați într-o țintă de o viață pentru câștigarea a mai multă bogăție, a mai multă iubire umană, a mai multă putere, mai mult sex, mai multe posesii, mai multă recunoaștere, etcetera, etcetera, etcetera.

Poți vedea oameni azi care au dobândit bogății și putere uimitoare, totuși acești oameni încă nu sunt satisfăcuți. Simplul fapt este că atât timp cât oamenii sunt prinși în conștiința morții, nimic nu îi va satisface.

Am menționat mai devreme că lifestream-ul are o memorie implementată, memorie a originii sale spirituale. Nimic nu te poate satisface în afară de contactul direct cu iubirea infinită și necondiționată a lui Dumnezeu. Prin urmare, nici o cantitate de bogăție, putere, recunoaștere sau iubire umană nu poate satisface lifestream-ul pe deplin.

Ce spun aici este că lifestream-ul tău are o năzuință pentru ceva ce este final, ultim și absolut. Când combini asta cu relativitatea conștiinței morții, obții un cocktail foarte periculos. Vezi tu, pentru conștiința morții nu există nimic absolut, și în consecință nu există nici o limită. Pentru conștiința morții, totul este relativ. Astfel, conștiința morții pur și simplu nu se poate stopa singură. Conștiința morții nu are abilitatea să spună : "Am mers prea departe". Conștiința morții nu poate pătrunde ideea că ar putea viola cumva o lege absolută deoarece conștiința morții nu poate recunoaște nici o lege absolută.

În consecință, ai acum un lifestream care țintește experiența finală însă caută acea experiență finală prin relativitatea conștiinței morții. Dacă un suflet este complet identificat cu conștiința morții, el este pregătit să facă orice pentru a-și satisface ținta de experiență finală. Conștiința morții nu înțelege ce vrea lifestream-ul, dar este pregătită să facă orice pentru a satisface năzuința sufletului. Sufletul este ca și seful criminal care vrea banii, iar ego-ul uman este ucigasul angajat care va face orice să obțină banii. Această alianță profană este o rețetă pentru dezastru.

Conștiința morții poate justifica orice

Problema este că folosind relativitatea conștiinței morții, ego-ul își poate justifica mereu acțiunile. Dacă ar fi să examinezi obiectiv unele din cele mai crunte atrocități comise pe această planetă, vei descoperi ceva cu adevărat năprasnic. Este ușor să crezi că atrocitățile, cum ar fi Holocaustul, au fost cauzate de ființe rele.

Însă contrar aparențelor exterioare, nu există lifestream-uri rele. În realitate, toate lifestream-urile au fost create de Dumnezeu, și au fost create după chipul și asemănarea lui Dumnezeu. Dumnezeu nu a creat vreodată ceva imperfect deoarece Dumnezeu nu are abilitatea de a imagina nimic imperfect. Ochii săi nu pot vedea inechitatea.

Poți indica orice număr de figuri istorice care au comis atrocități și care cu ușurință pot fi caracterizate drept rele. Însă dacă ai putea intra în mintea acestor oameni (așa cum eu pot), vei realiza că ele nu se văd pe sine ca persoane rele care comit fapte rele. De fapt, ele au crezut că acțiunile lor au fost necesare, rezonabile și că ar putea fi justificate în acord cu un standard final.

Știu că această idee va părea șocantă multor oameni, dar sunt aici să-ți spun că nici o faptă rea nu a fost vreodată comisă pe planeta Pământ. Toate faptele aparent rele au fost rezultatul unui singur lucru, și doar unui singur lucru : ignoranța. În realitate, răul este un concept creat de conștiința morții ; nu este un concept creat de Dumnezeu sau acceptat de Dumnezeu. Ochii săi nu pot vedea inechitatea. Pentru Dumnezeu, nu există un asemenea lucru cum ar fi răul ; acesta pur și simplu nu există.

Ceea ce spun aici este că chiar oamenii care comit cele mai rele fapte nu cred că au comis ceva rău. Ei cred că faptele lor sunt justificate. Cum poate o ființă umană să justifice în vreun fel uciderea a milioane de oameni? Când operezi din standardul relativ al conștiinței morții, poți justifica orice. Cum poți spune că ceva este absolut greșit sau absolut corect? Pentru conștiința morții, nu există nimic care să fie absolut greșit sau absolut corect. În fapt, s-ar putea spune că pentru ego-ul uman nu există asemenea lucruri ca greșit sau corect.

Ego-ul are doar o singură grijă : atinge asta scopul meu, sau nu? Ego-ul este pregătit să facă orice ca să-și atingă scopul. El nu are nici un standard pentru care să spună că chiar și cel mai nobil scop nu poate justifica anumite fapte. Odată ce ego-ul este setat pentru obținerea unui anumit scop, orice mijloace devin acceptabile. Ego-ul nu întreabă : "Este corect?". El doar întreabă : "Este eficace?". Motto-ul ego-ului este : "Dacă merge, fă-o!"

Standardul relativ al conștiinței morții este ce s-ar putea numi un standard egocentric. Definește acest standard în baza a ceea ce aceasta vede ca fiind în cel mai bun interes al său. Prin urmare, o persoană se poate simți complet justificată în comiterea unui act care în gândirea altei persoane este total greșit. În fapt, o persoană și-ar putea defini acțiunile ca fiind absolut corecte. Ai putea observa că tocmai ce am spus că pentru conștiința morții nimic nu este absolut. Înțelesul este că conștiința morții nu poate înțelege absolutul, realitatea nedivizată a lui Dumnezeu. Conștiința morții își definește propriul standard relativ și apoi îl ridică la statutul de absolut. Astfel, nu este cu adevărat absolut, dar este absolut în mintea persoanei care este orbită de conștiința morții.

Când oamenii sunt prinși în acest chenar relativ al minții, nu există literalmente nici o limită pentru cât de departe pot merge ei. Dacă te simți complet justificat în urmărirea unui scop care vrea purificarea rasei umane, uciderea a șase milioane de oameni în lagăre de concentrare nu este greșită.

Capitolul 6. Problema pe Planeta Pământ 89

Este un act justificabil. Daca te simți complet justificat în răspândirea ideologiei de comunism în întreaga lume, uciderea a 21 de milioane de oameni din propriul popor este perfect justificată. Motivul fiind că pentru ego-ul uman scopul scuză mijloacele.

Ego-ul nu are abilitatea să spună : "Chiar dacă eu cred că scopul meu este just, nu pot folosi anumite mijloace pentru obținerea lui". Pentru ego, această evaluare este fără semnificație. Pentru ego, orice merge.

Standardul Cristului

Începi acum să vezi cum ființele umane pot justifica cele mai cumplite fapte. Egoul uman nu ia în considerare justul și injustul, dar lifestream-ul poate. Însă când lifestream-ul însuși se identifică cu egoul, acesta poate evalua justul și injustul numai în baza unui standard relativ. Egoul vede justul și injustul ca și concepte relative. Cu alte cuvinte, justul este în opoziție cu injustul, și binele este în opoziție cu răul. Când creezi o scală care are două extreme, orice pe acea scală este relativ la una din acele extreme. Dacă ceva este bun, este bun numai în relație cu răul. Acesta nu este un standard absolut. Acesta nu este un standard care vine de la Dumnezeu.

Standardul lui Dumnezeu este complet diferit de standardul relativ al conștiinței morții. În realitate, există doar o singură întrebare relevantă : "Ține de Dumnezeu, sau nu ține de Dumnezeu?" Se află în cadrul definit de legile pe care Dumnezeu le-a folosit la crearea acestui univers, sau în afara cadrului acestor legi?

Standardul relativ al ego-ului uman este egocentrat. Acesta își definește standardul bazat pe ceea ce, la un moment dat, pare să fie în cel mai bun interes al său. Prin urmare, standardul ego-ului se poate modifica mai repede decât nisipurile deșertului. Standardul lui Dumnezeu nu este egocentrat ; este centrat pe Dumnezeu. Prin urmare, nu se schimbă niciodată. Este absolut și invariabil.

Ființele umane adesea interpretează greșit conceptul de lege a lui Dumnezeu. Datorită culturii fricii promovată de multe religii (despre care vom vorbi mai mult mai târziu), mulți oameni socotesc legea lui Dumnezeu ca pe o restricție a libertății lor. În realitate, este exact opusul. Legea lui Dumnezeu este cea care-ți dă oportunitatea să-ți exprimi individualitatea.

Legea lui Dumnezeu asigură că universul material (ca și întreg, nu neapărat planeta Pământ la momentul acum), se dezvoltă într-un mod care e sustenabil. Cu alte cuvinte, datorită legii lui Dumnezeu, universul nu se va autodistruge brusc, și astfel lifestream-ul tău se poate baza pe o platformă stabilă pe care tu să-ți poți construi individualitatea. Pericolele de pe planeta Pământ nu sunt rezultatele legii lui Dumnezeu. Ele există numai datorită umanității, care în ignoranța ei, s-a depărtat de legea lui Dumnezeu și prin urmare a creat o spirală autodistructivă.

Când un lifestream se identifică cu egoul, el trăiește în ignoranță. Lifestream-ul este ignorant față de legile lui Dumnezeu, și prin urmare nu poate să vadă ce este cel mai bine pentru el. Cum poate un lifestream să scape de ignoranță? Trebuie să ajungă să cunoască legile lui Dumnezeu așa încât lifestream-ul să poată vedea ce este cel mai bine pentru el.

Am afirmat că nu există lifestream-uri rele. Dacă un lifestream înțelege cu adevărat ce este cel mai bine pentru el, el nu va face nimic care să-l rănească sau să-l distrugă. Lifestream-ul are liber arbitru, și în consecință are potențialul să se autodistrugă. Însă deoarece lifestream-ul este creat după

Capitolul 6. Problema pe Planeta Pământ 91

chipul și asemănarea lui Dumnezeu (este proiectat după un șablon divin) el nu va alege conștient să se autodistrugă. Un lifestream poate să comită acte de autodistrugere numai ca rezultat al ignoranței.

Cum poate un lifestream să cunoască legile lui Dumnezeu? Poate face asta numai printr-o experiență directă, interioară. Lifestream-ul nu poate obține această experiență prin conștiința morții sau prin simțurile fizice. Lifestream-ul poate cunoaște legile lui Dumnezeu numai prin conștiința Cristică. Singurul mod posibil prin care un lifestream poate scăpa de ignoranță este să dobândească conștiința Cristică.

Deja ai discernământ

Te-ai putea gândi : "Dar cum aș putea eu, o ființă umană aflată în corp muritor, să cunosc standardul absolut al lui Dumnezeu?" În realitate, acest lucru nu este chiar atât de dificil precum crezi.

Aruncă o privire la istoria umanității. Numeroase atrocități au fost comise de ființele umane. Aceste atrocități atrag adesea atenție excesivă. În realitate, mult mai multe fapte bune și dezinteresate au fost comise de ființele umane.

Este un fapt că toate ființele umane de pe planeta Pământ au decăzut într-o stare de conștiință mai joasă decât cea cu care au fost construite inițial de Dumnezeu. Însă nu toți au devenit complet pierduți în conștiința morții. Dacă privești umanitatea azi, vei observa că oamenii pot fi puși pe o scală. La o extremă a scalei vei găsi oameni care sunt complet absorbiți, identificați cu conștiința morții. Acești oameni cred că scopul poate justifica mijloacele, și nu există nici o limită pentru cât de departe pot merge în urmărirea scopurilor pe care ei le simt justificate. Pe măsură ce te îndrepți către cealaltă extremă a scalei, vei găsi oameni care sunt afectați de conștiința morții, însă ei nu pot totuși accepta ideea că scopul poate justifica mijloacele. De ce există oameni care nu sunt completamente absorbiți în egoismul și relativitatea conștiinței morții? Ce le dă acestor oameni abilitatea să spună : "Acest lucru pur și simplu nu este just."

Abilitatea de a te opri în a comite un act de egoism, autodistrugător, realmente nu poate veni de la conștiința morții. Egoul nu va putea face niciodată această determinare. Carnea și sângele conștiinței morții pur și simplu nu pot releva lifestream-ului ceea ce este just în acord cu un standard mai înalt. Prin urmare, există doar o singură explicație posibilă pentru faptul că atât de mulți oameni au abilitatea să spună : "De-ajuns! Acest lucru nu este just!"

Explicația este că fiecare ființă umană are implementată abilitatea de a ajunge dincolo de relativitatea conștiinței morții. Această abilitate interioară este ușa deschisă pe care nici un om nu o poate închide. Este adesea numită "vocea mică și liniștită din interior" sau pur și simplu intuiția. În realitate, aceasta reprezintă mult mai mult decât percep majoritatea oamenilor.

În realitate, abilitatea de a ajunge dincolo de vibrațiile joase ale conștiinței morții poate veni doar dintr-o singură sursă – conștiința Cristică universală.

Salvatorul exterior și interior

Ți-am spus că există o diferență în vibrație între universul material și lumea spirituală. Când ființele umane decad, ele decad în conștiința morții. Cănd lifestream-ul este capturat în această stare joasă de conștiință, el realmente nu poate ajunge dincolo de vibrațiile acestei conștiințe. De aceea lifestream-ul

Capitolul 6. Problema pe Planeta Pământ 83

are nevoie de un salvator din afara lui. Acel Salvator este conștiința Cristică. Conștiința Cristică reprezintă mediatorul dintre o ființă umană orbită de conștiința morții și conștiința superioară a lui Dumnezeu. Conștiința Cristică este singurul Fiu născut al lui Dumnezeu, și este menită să servească ca și mediator între Dumnezeu și vlăstarele lui Dumnezeu, incluzând, dar nelimitându-se la ființele umane.

Conștiința Cristică nu a fost ceva creat accidental. Nu a fost ceva ce Dumnezeu a creat fiindcă anumite lifestream-uri au decăzut într-o stare mai joasă de conștiință. Conștiința Cristică a fost creată de Dumnezeu la fundația lumii. Conștiința Cristică a fost implementată în sistem de la bun început.

Nici un lifestream nu ar putea deveni complet pierdut în această lume. Înăuntrul lifestream-ului se află ușa deschisă pe care nici un om nu o poate închide. Acea ușă deschisă reprezintă potențialul individual al lifestream-ului de a dezvolta conștiința Cristică.

Pentru a înțelege pe deplin funcția conștiinței Cristice, ai nevoie să înțelegi că Dumnezeu a creat o lume foarte complexă. Lumea creată de Dumnezeu are numeroase nivele. Casa Tatălui meu are multe camere.

Dacă pornești de la cel mai înalt nivel, vei găsi un tărâm spiritual care este construit din vibrații extrem de înalte. Lumea spirituală cea mai înaltă vibrează în cadrul unui anumit spectru de frecvențe. Mai jos de această lume, vei găsi altă lume care vibrează într-un spectru de frecvențe ceva mai coborâte. Cu alte cuvinte, lumea spirituală cea mai înaltă are vibrațiile cele mai înalte iar nivelele succesive ale creației lui Dumnezeu au fost create prin micșorarea treptată a vibrației Luminii pure a lui Dumnezeu. Această micșorare treptată a vibrației continuă peste tot în universul material.

Universul material este construit din vibrații care sunt foarte joase comparativ cu octava spirituală cea mai înaltă.

În lumea spirituală cea mai înaltă, este usor de văzut că totul este creat din esența lui Dumnezeu, lumina lui Dumnezeu. Pe măsură ce intri în lumile spirituale mai joase, devine mai dificil de observat Dumnezeu cel fără formă dincolo de forma exterioară. În universul material, nu este evident imediat că orice este creat din energiile spirituale ale lui Dumnezeu. Prin urmare, un lifestream poate în mod potențial să devină pierdut în această lume.

Ți-am spus mai înainte, că Grădina Edenului a fost o școală în care lifestream-urile erau pregătite pentru viață în lumea materială. Înainte ca un lifestream să poată coborî în siguranță în lumea materială, acesta are nevoie să dezvolte un anumit nivel de conștiință Cristică. Lifestream-ul are nevoie de ceva ca o punte peste gaura dintre vibrațiile mai înalte ale lumii spirituale și vibrațiile mai joase ale lumii materiale. În consecință, scopul real al Grădinii Edenului a fost să-ți antreneze lifestream-ul pentru a dobândi conștiința Cristică. Conștiința Cristică poate fi dobândită în etape, dar în final devine o stare de conștiință permanentă în care tu poți trăi în această lume materială, dar nepierzând nici un moment din vedere că ești un fiu sau o fiică a lui Dumnezeu. Te afli realmente în această lume, dar nu al acestei lumi.

Unui lifestream nu i-a fost permis sa părăsească Grădina Edenului până când nu a dobândit un anumit nivel de conștiință Cristică. Din nefericire, un numar de lifestream-uri a decis să violeze această lege. Acestea "au mușcat" din fructul cunoașterii binelui și răului relativ, si astfel au devenit pierdute în conștiința mortii.

Capitolul 6. Problema pe Planeta Pământ 95

Potențialul tău pentru Christhood

Ceea ce încerc să te ajut să vezi aici este că fiecare lifestream are potențialul de a dezvolta conștiința Cristică. Este o abilitate implementată care este un dar de la Dumnezeu. Această abilitate nu a fost pierdută când lifestream-ul a decăzut. Această abilitate nu poate fi niciodată pierdută ; este ușa deschisă pe care nici un om nu o poate închide.

Fiecare lifestream care a intrat în Grădina Edenului era în procesul dezvoltării conștiinței Cristice. Chiar și lifestream-urile de pe planeta Pământ sunt în procesul realizării acestui lucru, deși puține sunt conștiente de acest fapt. Datorită densității acestei lumi, dezvoltarea conștiinței Cristice este mai dificilă decât era în mediul protejat din Grădina Edenului. Însă nu este câtuși de puțin imposibil. În fapt, miliarde de ființe umane au dobândit deja o anumită măsură de conștiință Cristică. Aceasta este ceea ce îți dă abilitatea să spui : "Asta realmente nu e just ; scopul nu poate justifica mijloacele".

Esența mesajului meu este că conștiința Cristică nu este ceva ce este deasupra sau dincolo de tine. Poți dobândi conștiința Cristică completă. Poți păși pe Pământ ca o ființă Cristică în timp ce te afli încă în corpul tău fizic. Dovada acestui lucru este că deja ai dobândit o anumită măsură din conștiința Cristică. Dacă nu ai fi dobândit această măsură, ai fi o persoană complet ego-centrată, și aproape sigur nu ai citi această carte. Prin urmare, dacă ai și cea mai ușoară recunoaștere a părții spirituale a vieții, această recunoaștere reprezintă o dovadă directă că deja ai dobândit o anumită măsură din conștiința Cristică. Carnea și sângele ego-ului uman nu ar putea să recunoască partea spirituală a vieții. Numai conștiința Cristică îți poate da această recunoaștere.

Mesajul meu către tine este : Te rog, ia decizia conştientă de a accepta faptul că deţii potenţialul de a dobândi conştiinţa Cristică! Te rog recunoaşte că ai potenţialul să urmezi paşii lui Isus Cristos şi să faci faptele pe care eu le-am făcut. Te rog acceptă că ai potenţialul să urmezi îndemnul lui Paul : "Lasă acea minte să fie în tine, care a fost, şi este, şi în Isus Cristos".

Dobândirea conştiinţei Cristice nu este ceva extraterestru, scop depărtat care se află deasupra şi dincolo de tine. Deja deţii o măsură a acestei conştiinţe Cristice, pur şi simplu trebuie să o dezvolţi mai departe. Ai nevoie să permiţi sămânţei conştiinţei Cristice pe care deja am plantat-o în fiinţa ta, să înflorească şi să crească. Ai nevoie să laşi acea sămânţă să devină plămădeala care va creşte vibraţia întregii tale conştiinţe.

Când am venit pe Pământ acum 2000 de ani, majoritatea oamenilor decăzuseră într-o conştiinţă atât de joasă, încât erau efectiv consumaţi de conştiinţa morţii. Fiecare avea totuşi uşa deschisă adânc înăuntrul lifestream-urilor lor. Însă acea uşă deschisă era acoperită de atât de multe nivele ale conştiinţei morţii încât era realmente imposibil pentru oameni să descopere acea uşă de unii singuri.

Oamenii erau atât de denşi încât aveau nevoie de ceva să-i scoată din densitatea conştiinţei lor. Aveau nevoie de un înviorător al conştiinţei lor aşa încât să poată fi capabili să vadă dincolo de mintea joasă şi să înţeleagă ideea conştiinţei Cristice şi potenţialul pentru dezvoltarea acesteia. Iubiţii mei, a fost marele meu privilegiu să fiu vestitorul conştiinţei Cristice. Sarcina mea de la Dumnezeu a fost să intru în această lume şi să ofer oamenilor o cunoaştere a propriului lor potenţial de a deveni Crist. Nu am fost în nici un caz menit să apar ca o excepţie. Am fost menit să fiu un exemplu.

Capitolul 6. Problema pe Planeta Pământ 97

Pledoaria mea către tine

Sunt Isus Cristos. Chiar în acest moment, când citești aceste cuvinte, îngenunchez înaintea lifestream-ului tău la nivele interioare.

Stărui pe lânga tine.

Te implor pentru a lua te rog, te rog, decizia conștientă și de liber arbitru de a-mi asculta mesajul interior. Te rog îndrăznește să privești dincolo de cultul idolatriei care a fost construit în jurul persoanei lui Isus Cristos. Te rog ascultă-mi mesajul interior și decide că ești dispus să-mi urmezi pașii.

Când am venit pe Pământ, nu am ascuns nimic față de Dumnezeu. Am sacrificat totul în scopul salvării lifestream-ului tău. Până în această zi, misiunea și sacrificiul meu nu a dat naștere roadelor care au fost plănuite. Motivul lipsei recoltei nu-l reprezintă vreo greșeală de-a mea. Am împărtășit cu adevărat conștiința mea Cristică individuală cu fiecare lifestream de pe această planetă. Am plantat sămânța acestei conștiințe Cristice în interiorul lifestream-ului tău. Motivul pentru care sămânța mea nu a dat roade este că tu nu ai luat încă decizia conștientă și de liber arbitru de a uda sămânța și de a-i permite să crească până când va purta fructul conștiinței Cristice. Nu ai îndrăznit să permiți conștiinței mele Cristice individuale, care a fost împărțită ție, să înflorească în deplinătatea conștiinței tale Cristice.

Iubiții mei, nu am nevoie ca voi să fiți creștini – am nevoie ca voi să fiți Criști! Nu am nevoie ca voi să fiți Criști după ce părăsiți această planetă. Am nevoie ca voi să fiți niște Criști în corp aici pe Pământ, chiar acum, în această eră. Am nevoie ca voi să fiți Criști aici jos așa cum eu sunt Crist aici Sus.

În acest mod, putem deveni unul – ca și Sus, așa și jos. Prin această unitate, putem aduce împărăția Tatălui în manifestare fizică deplină pe această planetă. Este buna plăcere a Tatălui să-ți dea împărăția.

Atât de mulți oameni, necontând religia de care aparțin, subscriu aberației că împărăția lui Dumnezeu poate fi obținută numai în lumea spirituală. În realitate, Dumnezeu dorește să vadă împărăția sa manifestată la fiecare nivel al creației sale. De ce ar vrea Dumnezeu să creeze o lume în care împărăția sa să nu se manifeste? Are realmente această idee sens pentru tine?

Împărăția lui Dumnezeu nu este în prezent manifestată pe planeta Pământ deoarece starea de conștiință a oamenilor este pur și simplu prea joasă pentru ca împărăția lui Dumnezeu să se manifeste. Dumnezeu dorește să schimbe această situație. Eu doresc să schimb această situație. Totuși, nici Dumnezeu, nici eu nu putem schimba situația împotriva liberului tău arbitru. Nu este necesar ca fiecare ființă umană de pe Pământ să fie de acord ca împărăția lui Dumnezeu să se manifeste fizic. Dar este necesar ca un anumit număr de oameni, o masă critică de oameni să ia decizia conștientă și de liber arbitru că ei vor cu adevărat ca împărăția lui Dumnezeu să se manifeste pe această planetă. Și apoi ei trebuie să ia decizia că sunt dispuși să fie instrumentele pentru aducerea acestei împărății pe Pământ. Ei trebuie să fie dispuși să fie Criștii în corp și astfel să fie ușa deschisă prin care Dumnezeu poate aduce împărăția sa.

Există doar un singur mod de a aduce împărăția lui Dumnezeu pe Pământ, și aceasta este prin conștiința Cristică. Există doar o singură cale de a rezolva varietatea aproape infinită de probleme de pe această planetă. Singura soluție posibilă la problemele create de conștiința morții este de a aduce conștiința superioară a minții Cristice.

Capitolul 6. Problema pe Planeta Pământ

Sunt Isus Cristos, și doresc să văd împărăția lui Dumnezeu manifestată pe Pământ. Însă nu sunt în corp pe planeta Pământ. Prin urmare, mâinile îmi sunt legate.

Chiar dacă aș fi în corp, nu este de ajuns ca o singură persoană să decidă aducerea împărăției lui Dumnezeu. Dumnezeu vrea un anumit număr de oameni care să ajungă la cunoașterea conștientă și să ia decizia conștientă că sunt dispuși să dobândească conștiința Cristică și să aducă împărăția lui Dumnezeu. Numai prin această decizie conștientă, Dumnezeu va aduce împărăția sa în această lume.

Dumnezeu ți-a dăruit liber arbitru. Dumnezeu își respectă propria lege. Dacă decizi să ignori, să renegi sau să denaturezi mesajul pe care tocmai ți l-am dat, Dumnezeu va respecta alegerea ta. Dumnezeu pur și simplu va permite umanității să continue să decadă pe spirala autodistructivă pe care și-a creat-o. Dumnezeu va permite civilizației să se autodistrugă prin relativitatea conștiinței morții. Ce altceva poate Dumnezeu să facă fără a-ți viola liberul arbitru?

Totuși, dacă un anumit număr de oameni vor lua decizia conștientă că nu vor permite civilizației să se autodistrugă, atunci acești oameni vor da lui Dumnezeu autoritatea să creeze schimbare pe planeta Pământ.

Te rog nu sta aici și gândi că acest mesaj se aplică altcuiva. Te rog nu lua decizia că deși având convingerea că mesajul meu e adevărat, altcineva va trebui să-l ducă la bun sfârșit. Dacă fiecare va lua această decizie, nimic nu se va întâmpla.

Prin urmare, cheia aducerii unei schimbări pe această planetă, cheia aducerii unei schimbări în viața ta personală, stă în tine și în decizia ta de a dobândi Christhood-ul individual. Nu fi preocupat de alți oameni. Chiar acum, singurul lucru care contează ești tu.

Cum vei răspunde mesajului meu? Vei alege să fii Cristul care ești cu adevărat, sau vei alege să nu fii acel Crist? Vei continua să fii ființa umană muritoare în locul ființei spirituale nemuritoare? Sau vei decide că e timpul să bei noul vin al conștiinței Cristice? Eu, Isus, pot doar să aștept până când tu iei decizia ta.

CAPITOLUL 7. ÎNȚELEGEREA CONȘTIINȚEI CRISTICE

Sunt sigur că începi să realizezi că principala idee a acestor discursuri este să te încurajez să începi procesul dobândirii conștiinței Cristice. Deoarece acesta este un țel foarte important, și deoarece majoritatea oamenilor au fost îndoctrinați cu variate convingeri care sunt în opoziție directă cu acest țel, doresc să-ți dau o înțelegere mai detaliată a conștiinței Cristice. Pentru a-ți da această înțelegere, avem nevoie să facem un pas în spate și să ne gândim cum a creat Dumnezeu lumea formelor.

Pentru un lifestream care este complet sau parțial înghițit de conștiința morții, Dumnezeu va părea inevitabil ca un mister. Însă pe măsură ce începi să îmbraci conștiința Cristică, misterul începe să dispară până când este înlocuit de cunoaștere.

Sunt conștient că ar putea fi dificil pentru tine să înțelegi ideile ce urmează. Prin urmare, îți cer să eviți să faci o judecată despre validitatea acestor idei. Nu permite ego-ului tău uman să te facă să respingi aceste idei fiindcă ele merg cumva dincolo sau contrazic doctrina exterioară pe care ai ajuns s-o accepți ca infailibilă. În schimb, îți cer să contempli la aceste idei cu o minte și o inimă deschisă. Permite-mi să dezvălui adevărul acestor idei direct în inima ta.

Pentru o ființă umană, este adesea dificil de acceptat că Dumnezeu are atât un aspect impersonal cât și unul personal. Majoritatea oamenilor îl văd pe Dumnezeu ca pe o Ființă care este mult depărtată de ei. Prin urmare, ei tind să gândească că Dumnezeu nu are personalitate sau individualitate. Această idee este corectă și incorectă în același timp.

Ce este Dumnezeu?

Să considerăm întrebarea : "Ce este Dumnezeu?" În sens ultim, Dumnezeu este o stare de Ființă pură. Această stare de Ființă pură nu are nici o formă, nici o expresie, nici o individualitate sau personalitate. Este efectiv imposibil să descrii această Ființă pură prin cuvintele și conceptele care se află în universul material. Multe învățături spirituale au descris această stare a lui Dumnezeu ca fiind "vidul" în încercarea de a indica că nu poți proiecta imagini materiale peste Dumnezeu. Dumnezeu este dincolo de cuvintele și imaginile din această lume. Acesta este un motiv pentru care conștiința morții, care gândește în cuvintele și imaginile acestei lumi, nu-l poate înțelege pe Dumnezeu.

S-ar putea spune că Ființa pură a lui Dumnezeu pur și simplu este. Și asta e tot ce poate fi spus despre asta.

Starea de Ființă pură este fără formă. Tu trăiești într-o lume în care totul are un anumit gen de formă, și o numesc "lumea formelor". Starea de Ființă pură nu a creat lumea formelor. Această lume a fost creată de alt aspect al lui Dumnezeu care s-ar putea numi "Creatorul".

Capitolul 7. Înțelegerea conștiinței Cristice

Creatorul este o ființă care este conștientă de propria existență și de abilitatea sa de a crea. Am spus că pentru a crea trebuie să fii capabil să faci alegeri. Dumnezeu are imaginație nelimitată, și înainte de crearea lumii formelor, Dumnezeu a putut să-și imagineze o varietate infinită de opțiuni. De ce a ales Dumnezeu să creeze această lume și nu una din multele celelalte opțiuni? De ce este această lume proiectată așa cum este și nu în alt mod? Răspunsul este că Creatorul a proiectat lumea în modul în care este deoarece Dumnezeu realmente și-a exprimat individualitatea. Dumnezeul care acționează ca și Creator este diferit de aspectul impersonal al Ființei pure. Creatorul este o individualizare a stării de Ființă pură. Asta nu înseamnă ca Dumnezeu are o personalitate care se aseamănă cu personalitatea unei ființe umane. Este important ca să nu raționezi invers (n.t. : să presupui că concluzia e adevărată și să raționezi înapoi către dovadă) și să proiectezi calități umane peste Dumnezeu. Însă asta înseamnă că Dumnezeu are individualitate, și este această individualitate pe care o vezi exprimată în lumea formelor în care trăiești.

Când Dumnezeu a început procesul creativ, a spus : "Să fie Lumină." În timpul acestui proces, Creatorul a extras din starea de Ființă pură o substanță, numită lumină, care poate fi modelată în orice formă dorită. Această lumină nu era fundamental diferită de Ființa pură. Ființa pură este o formă de conștiință. Creatorul este o formă de conștiință. Prin urmare, Lumina lui Dumnezeu este de asemenea o formă de conștiință, o stare de a fi.

Ce vedem acum este că întreaga lume a formelor este rezultatul unei interacții dintre două ființe sau două expresii ale conștiinței lui Dumnezeu. Ai putea observa că până în acest punct nu am atașat vreun gen lui Dumnezeu. Starea de Ființă pură este dincolo de toate diviziunile sau clasificările. În consecință, este fără sens să spui că starea de Ființă pură are gen. Creatorul este o stare activă de conștiință și acționează asupra elementului pasiv pe care l-am numit lumină. Cea mai simplă, însă frumoasă ilustrare a acestei polarități între un element activ și unul pasiv este un simbol găsit în religia Taoismului. Acest simbol este numit Tai-Chi. El înfățișează două elemente, yang-ul, elementul activ sau bărbătesc, și yin-ul, elementul pasiv sau femeiesc. Este interacțiunea dintre aceste două elemente care dă naștere întregii lumi a formelor. În tradiția iudeo-creștină, oamenii au atașat traditional genul masculin lui Dumnezeu. În realitate, Dumnezeu este atât masculin cât și feminin. S-ar putea spune că Creatorul este Tatăl, iar acea lumină este Mama. Prin urmare, lumea este creată de Dumnezeu Tată-Mamă.

Dumnezeu are individualitate

Creatorul a format matricea de bază a acestei lumi, și această matrice este o structură ierarhică cu numeroase nivele. Am descris-o mai devreme ca un continuum de vibrații. Continuumul poate fi divizat într-o serie de octave sau sfere. Ai putea vizualiza asta ca o serie de sfere concentrice care radiază exact din centrul Ființei. Nu spun că această vizualizare este pe de-a-ntregul precisă, dar nici o imagine materială nu poate descrie în mod precis creația lui Dumnezeu.

În centrul creației este o sferă în care locuiesc cei mai înalți reprezentanți ai lui Dumnezeu în lumea formelor. Aceste două ființe sunt numite Alfa și Omega. Ele nu sunt singurele ființe spirituale din acea sferă. S-ar putea spune că Dumnezeu Tată-Mamă a creat fii și fiice ale lui Dumnezeu.

Dincolo de sfera centrală există un număr de alte sfere care se întind din centrul Ființei lui Dumnezeu până la

Capitolul 7. Înțelegerea conștiinței Cristice

universul material în care tu trăiești. Sfera centrală este creată din lumină de foarte înaltă vibrație. Pe măsură ce te depărtezi de centru, intri în sfere care sunt create din lumină de vibrații succesiv mai coborâte.

Fiecare sferă este locuită de un număr de ființe spirituale. Fiecare ființă spirituală este creată după chipul și asemănarea lui Dumnezeu. Cu alte cuvinte, fiecare din ființele spirituale din creația lui Dumnezeu are conștiință, individualitate și abilitatea de a crea. Fiecare lifestream are o individualitate unică, și s-ar putea spune că scopul vieții este de a exprima acea individualitate prin crearea unei părți din creația lui Dumnezeu.

Imaginea pe care încerc s-o comunic este că întreaga lume a formelor nu a fost creată de o singură ființă. Ființele de la fiecare nivel acționează ca și co-creatori și ajută la crearea lumii lor particulare. În procesul ajutării creării lumii lor, aceste ființe ajută de asemenea la crearea sau construirea individualității lor.

Pe Pământ, copiii ar putea avea multe similarități cu părinții lor, dar ei sunt totuși individualități unice. Prin urmare, copiii ar putea decide să se depărteze de casa copilăriei lor. Acesta este și cazul din lumile spirituale. Ființele de la fiecare nivel dau naștere la copii spirituali. Unele din aceste lifestream-uri aleg să-și părăsească lumea lor nativă și să călătorească în alte sfere. Un lifestream poate călători în ambele direcții. Acesta poate alege să ascensioneze într-o sferă superioară sau ar putea coborî într-o sferă inferioară pentru a experimenta viața la acel nivel al creației lui Dumnezeu.

Ierarhia spirituală

Ceea ce încerc să te ajut să înțelegi aici este că lumea formelor este creată de o ierarhie de ființe spirituale care sunt conștiente de propria lor existență și de abilitatea lor de a crea. Ce legătură are acest lucru cu tine?

Te-ai putea privi pe tine însuți ca pe o ființă umană muritoare care este cumva separată de Dumnezeu. În realitate, tu ești o ființă spirituală care este parte a ierarhiei de ființe spirituale care duce înapoi la ființele spirituale cele mai înalte, și anume Alfa și Omega. Lifestream-ul tău a fost creat ca parte a acestui lanț ierarhic. Într-un fel, tu ești un copil al Creatorului. Însă lifestream-ul tău nu a fost în mod necesar creat direct de Creator sau de Alfa și Omega. Multe lifestream-uri de pe Pământ au fost create de ființe spirituale într-unul din celelalte nivele ale lumii spirituale.

Un lifestream nou creat poate fi comparat cu un copil care nu se cunoaște pe deplin pe el însuși sau propriul potențial creator. Prin urmare, când lifestream-ul tău a fost creat, tu te-ai văzut pe tine ca pe un copil al părinților tăi spirituali, dar nu ai văzut că părinții tai spirituali erau vlăstari din Alfa și Omega. Cu alte cuvinte, nu ai realizat că ești parte dintr-un lanț care duce fără rezerve înapoi la Dumnezeu. Nu ai realizat că ești un fiu sau o fiică a lui Dumnezeu.

Nu este intenția lui Dumnezeu, așa cum nu este intenția părinților tăi spirituali, ca lifestream-ul tău să rămână pentru totdeauna în ignoranța adevăratei tale identități. Este intenția lui Dumnezeu ca lifestream-ul tău să construiască gradual un sens de identitate ca fiind o individualizare a lui Dumnezeu. Cum poate un lifestream să construiască acest sens de identitate? El poate face asta numai prin perceperea unei conexiuni directe între el însuși și Dumnezeu.

Capitolul 7. Înțelegerea conștiinței Cristice 107

Cum poate un lifestream să vadă o conexiune directă între el însuși și cea mai înaltă expresie a lui Dumnezeu? El poate face asta numai privind dincolo de nivelul lumii formelor la care este creat. Ce oferă unui lifestream abilitatea să privească dincolo de orice aspect al lumii formelor și să vadă că, indiferent de aparențele exterioare, totul este creat din esența lui Dumnezeu? Lifestream-ul poate face asta numai prin conștiința Cristică.

Singurul Fiu născut

Conștiința Cristică universală este singurul Fiu născut al lui Dumnezeu Tată-Mamă. Este numit singurul Fiu născut deoarece el singur își cunoaște moștenirea. Cu alte cuvinte, conștiința Cristică poate vedea că toate manifestările din lumea formelor sunt pur și simplu expresii ale realității mai adânci a lui Dumnezeu. Conștiința Cristică poate vedea dincolo de orice aparență exterioară. Poate vedea chiar dincolo de lumea formelor și poate percepe starea de Ființă pură. Conștiința Cristică este o stare universală de conștiință. Prin asta vreau să spun că nu este individualizată. Este individualizată numai când o ființă spirituală (un fiu sau fiică a lui Dumnezeu) ia o decizie de liber arbitru de a se uni cu acea minte Cristică și astfel să ajungă la o recunoaștere deplină a identității și originii sale spirituale.

Alfa și Omega au creat personal un numar de ființe spirituale. Chiar și aceste ființe spirituale nu au fost create cu conștiința Cristică completă. Ele au trebuit să treacă printr-un proces gradual de îmbrăcare a acestei conștiințe Cristice. Însă pentru o ființă spirituală creată de individualizările cele mai înalte ale lui Dumnezeu, îmbrăcarea conștiinței Cristice nu este un proces dificil. Totuși, o astfel de ființă spirituală trebuie să facă o alegere de a îmbrăca conștiința Cristică.

Evident, pe măsură ce te îndrepți către nivelele inferioare ale lumii spirituale, lifestream-urile create la acele nivele trebuie să treacă printr-un proces mai dificil de îmbrăcare a conștiinței Cristice individuale. Însă orice lifestream creat la orice nivel are capacitatea de a îmbrăca măsura completă a conștiinței Cristice personale.

După chipul și asemănarea lui Dumnezeu

Orice lifestream, orice ființă spirituală, este creată după chipul și asemănarea lui Dumnezeu, însemnând că i-a fost dat liber arbitru și abilitatea de a imagina și crea. Evident, un lifestream nou și neexperimentat nu deține abilitățile creative complete ale lui Alfa și Omega. Dacă le-ar avea, literalmente ar putea distruge întregul univers doar având un gând greșit. Prin urmare, un lifestream nou trebuie să treacă printr-un proces în care crește gradual în înțelegere și maturitate. Lifestream-ul învață să-și exprime individualitatea într-un mod care nu este distructiv pentru el însuși sau alte ființe din creația lui Dumnezeu. Pe măsură ce un lifestream trece prin acest proces, abilitățile sale creative vor crește. Pe măsură ce un lifestream se arată a fi credincios peste câteva lucruri, Dumnezeu îl va face stăpân peste mai multe lucruri.

Acest proces este un drum prin care lifestream-ul îmbracă conștiința Cristică și în cele din urmă ajunge la realizarea deplină că este un fiu sau o fiică a celui mai înalt Dumnezeu. Când acea stare de conștiință este dobândită, conștiința Cristică universală a devenit individualizată prin unirea lifestream-ului cu mintea Cristică universală.

Capitolul 7. Înțelegerea conștiinței Cristice

Ideea de a-ți spune această lungă poveste este de a te ajuta să realizezi că universul material nu a fost creat de cea mai înaltă individualizare a lui Dumnezeu. El a fost creat de anumiți reprezentanți ai lui Dumnezeu. În acord cu biblia evreiască, Pământul a fost creat de Elohim. În evraică, Elohim este un cuvânt la plural.

Cu alte cuvinte, un număr de ființe spirituale (șapte mai exact), au creat planeta Pământ. Totuși, Elohim nu a terminat creația acestei planete (în creația mereu în expansiune a lui Dumnezeu, nimic nu este vreodată terminat). Ei au creat Pământul doar ca și platformă. Un număr de ființe spirituale, ceea ce ai numi ființe umane, au decis să coboare pe această planetă și să ia corpuri umane. Inițial, aceste ființe spirituale erau menite să fie co-creatori cu Elohim. Cu alte cuvinte, erau menite să continue creația acestei planete și să umple detaliile unei picturi mai largi create de Elohim. Locuitorii Pământului sunt meniți să fie parte din ierarhia de ființe spirituale care duce fără rezerve înapoi la Alfa și Omega.

Pentru un timp îndelungat, locuitorii Pământului și-au ocupat locul lor în lanțul ființei. Ei au făcut un sincer efort de a dobândi Christhood-ul și și-au folosit abilitățile creative în acord cu legile lui Dumnezeu. Prin urmare, planeta Pământ a fost un astru strălucitor pe firmamentul Ființei lui Dumnezeu. Apoi a urmat Decăderea din grație, și lucrurile au început să se schimbe.

Cunoscându-ți adevărata identitate

Prin conștiința Cristică, o persoană își va recunoaște identitatea sa. Prin conștiința Cristică, o persoană va câștiga o percepție directă a legilor și principiilor pe care Dumnezeu le-a folosit în crearea unui univers sustenabil care nu se va auto-distruge. Prin urmare, acea persoană poate co-crea cu Dumnezeu într-un mod prin care el sau ea nu se va auto-distruge. Dacă destui oameni se străduiesc pentru conştiinţa Cristică, umanitatea nu se va autodistruge.

Când îţi cunoşti originea spirituală şi când ştii legile lui Dumnezeu, ai fundaţia perfectă pentru a-ţi exprima individualitatea într-un mediu sigur în care nu te vei distruge pe tine sau pe fraţii şi surorile tale. De asemenea, nu vei distruge platforma materială creată de părinţii tăi spirituali.

Este esenţial pentru tine să realizezi că cunoaşterea şi urmarea legilor lui Dumnezeu nu reprezintă o restricţie a individualităţii tale sau a expresiei tale creative. Cunoaşterea identităţii tale adevărate reprezintă exact cheia exprimării individualităţii tale. Chiar acum, te-ai putea identifica cu o fiinţă cu multe caracteristici umane. În realitate, eşti mult mai mult decât corpul tău fizic şi personalitatea ta exterioară.

În spatele acestei faţade exterioare se află o incredibil de frumoasă fiinţă spirituală. Lifestream-ul tău a fost creat de doi părinţi spirituali care nu şi-au imaginat altceva decât frumuseţe şi perfecţiune. Părinţii tăi spirituali ţi-au dat o individualitate unică. Tu eşti diferit de oricare alt lifestream din lumea formelor. Şi îţi pot spune că există nenumărate lifestream-uri care locuiesc lumea formelor.

Partea II.

Întrebări eliberatoare

ÎNDRĂZNEȘTE SĂ PUI ÎNTREBĂRI

Dacă citești aceste cuvinte, presupun că ai luat decizia că ești dispus să-ți realizezi Christhood-ul. Sunt pe deplin conștient că ai fi putut lua această decizie în mod ezitant, și acest lucru e acceptabil. Sunt în mod special conștient că ai mai putea avea multe idei sau convingeri care fac dificil pentru tine să-ți accepți identitatea ta divină și potențialul tău de a-ți manifesta Christhood-ul. Este de asemenea de înțeles și acceptabil, atât timp cât ai o minte și o inimă deschisă și o consimțire de a-mi permite să împart cu tine adevărul interior care te va elibera.

Următoarea secțiune este dedicată aducerii la lumină a unei părți din adevărul care te va elibera. Sunt conștient că mulți oameni au nevoie să treacă printr-un proces de purificare înainte ca ei să-și poată accepta potențialul de a deveni ființe Cristice. Nu mă aștept ca tu să treci prin acest proces peste noapte. Totuși, mă aștept că nu-ți va lua restul vieții pentru a trece prin acest proces.

Sunt Isus Cristos.

Sunt o ființă spirituală.

Sunt în viață, și sunt dispus să intru în comuniune cu ai mei.

Singurul lucru care separă lumea materială de lumea spirituală este un văl subțire de energie. Eu sunt de această parte a vălului, iar tu de cealaltă parte. Tu probabil crezi că sunt de cealaltă parte. Pot intra in comuniune cu tine prin văl dacă tu ești dispus. În fapt, partea dificilă pentru tine nu este să-mi auzi cuvintele. Partea dificilă este chiar ascultarea cuvintelor și acceptarea faptului că sunt cuvintele mele.

Sunt pe deplin conștient că mulți oameni găsesc dificil să accepte învățăturile mele adevărate, interioare. Această dificultate răsare din faptul că de-alungul acestor ultimi 2000 de ani, multe au fost înlăturate și multe au fost adăugate la învățăturile mele exterioare.

Lumea s-a schimbat

Deja ți-am spus că atunci când am pășit pe Pământ, am predat la două nivele diferite. Am avut învățături generale pentru mulțime, și am avut învățături tainice pentru aceia care erau pregătiți să primească deplinătatea adevărului meu. Învățăturile mele tainice nu au fost niciodată scrise, și nu au fost prezervate într-o formă fizică. Motivul fiind că planeta, sau mai degrabă umanitatea, pur și simplu nu era pregătită să primească acele învățături tainice. Situația acum s-a schimbat, și azi milioane de oameni sunt gata să primească învățăturile mele ascunse.

Învățăturile mele externe, din care fragmente au fost realmente scrise, conțin chei importante în descoperirea învățăturilor mele tainice. Din nefericire, majoritatea acestor chei au fost înlăturate din relatarea scrisă a vieții mele.

Îndrăznește să pui întrebări 115

În același timp, idei false au fost adăugate acelei relatări scrise. La origine, învățăturile mele externe erau menite să reprezinte o trambulină. Dacă oamenii ar fi urmat și aplicat sincer învățăturile mele externe, și-ar fi ridicat nivelul de conștiință în punctul în care aș fi putut începe comunicarea către ei a învățăturilor mele secrete. Aș fi făcut asta direct în inimile lor.

Din cauza a ceea ce a fost înlăturat și adăugat învățăturilor mele externe, acest scop original a fost cumva subminat. Învățăturile mele externe erau menite să fie o trambulină către descoperirea învățăturilor mele secrete. Însă majoritatea oamenilor nu au fost capabili să faca asta, pur și simplu din cauză că învățăturile externe nu mai conțin cheile necesare.

Dacă învățăturile exterioare ar fi fost prezervate în forma lor originală, nu ai citi această carte. Nu aș fi avut nevoie să aduc la lumină această carte deoarece ți-aș fi dat învățăturile mele secrete direct în inima ta. Aduc la lumină această carte dintr-un singur motiv, și anume că învățăturile mele externe au fost distorsionate până în punctul în care majoritatea oamenilor nu le pot folosi ca pe o trambulină pentru descoperirea învățăturilor mele secrete. Prin urmare, această carte este în principal menită să fie ca un memento. Vreau să-ți accelerez memoria, memoria ta interioară, a potențialului tău de a descoperi, accepta și incorpora învățăturile mele tainice.

În capitolele următoare, voi comenta despre ce a fost înlăturat și ce a fost adăugat la învățăturile mele adevarate. Pe parcursul acestui proces, voi dezvălui și aspecte ale învățăturilor mele secrete. Mai devreme am afirmat că este uluitor pentru mine că atât de mulți creștini nu pun anumite întrebări despre mine și învățăturile mele. În consecință, fiecare din secțiunile următoare vor fi focusate pe una din întrebările pe care cred că toţi discipolii mei, chiar şi acei discipoli care nu aparţin religiei creştine, le-ar pune.

CAPITOLUL 8. A FOST ISUS CRISTOS SINGURUL FIU AL LUI DUMNEZEU?

Într-un sens, deja am răspuns la această întrebare. Totul în lumea formei este creat din substanța lui Dumnezeu. Fara El nimic nu a fost făcut din ce a fost făcut. Prin urmare, fiecare lifestream este un fiu sau o fiică a lui Dumnezeu.

Totuși, există mulți creștini devotați care simt foarte puternic că eu am fost unul special, și există ceva validitate în această convingere. Nu spun prin asta că agreez complet această convingere, spun mai degrabă că este de înțeles de ce atât de mulți creștini se agață de această convingere. Să explic.

Ce înseamnă cu adevărat să fii un fiu sau o fiică a lui Dumnezeu? Dumnezeu ți-a oferit liber arbitru, și Dumnezeu ți-a dat abilitatea de a crea. La origine, lifestream-ul tău a fost creat după chipul și asemănarea lui Dumnezeu, însemnând că avea o individualitate unică. Totuși, părinții tăi spirituali nu ți-au creat individualitatea ca pe ceva bătut in cuie. Deții liber arbitru și potențial creativ în a-ți construi individualitatea peste fundația pusă de părinții tăi spirituali. Aceasta este cu adevărat ceea ce ești menit să faci.

În consecință, viața poate fi vazută ca pe un proces prin care lifestream-ul tău își construiește constant sensul de identitate. Într-un sens general, ești menit să continui construcția sensului tău de identitate până când atingi punctul în care realizezi că ești o individualizare a lui Dumnezeu și că deții puterile creative complete ale lui Dumnezeu însuși. De aceea am spus : "Voi sunteți Dumnezei".

Totuși, când un lifestream decade într-o stare de conștiință mai joasă și își uită originea spirituală, lifestream-ul începe să-și construiască un fals sens de identitate, o pseudo-identitate. Din punctul de vedere al lui Dumnezeu, această identitate falsă, ca și ființă umană muritoare, nu este reală. Însă atât timp cât lifestream-ul tău acceptă această stare de identitate, pseudo-identitatea devine singura realitate pe care o cunoști. În consecință, acel sens de identitate devine realitatea lifestream-ului. Deoarece lifestream-ul nu știe nimic altceva, acesta nu realizează că pseudo-identitatea este ireală și temporară. Pentru lifestream, acesta este unicul sens de identitate care există.

Punctul de vedere al lifestream-ului

Din punctul de vedere al lui Dumnezeu, un lifestream pierdut este încă unul din fiii și fiicele lui. Însă dacă intri in cutia lifestream-ului, înăuntrul sensului său de identitate, acel lifestream nu se vede ca fiind un fiu sau o fiică a lui Dumnezeu. Prin urmare, aici și acum, lifestream-ul nu acționează ca un fiu sau o fiică a lui Dumnezeu. Dacă lifestream-ul nu-și acceptă originea divină, acesta nu-și

Capitolul 8. A fost Isus Cristos singurul Fiu al lui Dumnezeu

poate exprima potențialul divin. Dacă lifestream-ul nu-și acceptă potențialul de a fi Crist atunci lifestream-ul nu poate fi Cristul în acțiune.

Când am apărut pe Pământ acum 2000 de ani, doar puțini oameni ajunseseră la o realizare deplină a Christhood-ului lor. Prin urmare, s-ar putea spune ca eu am apărut pentru a fi unicul Fiu al lui Dumnezeu pe Pământ. Realizasem pe deplin calitatea de fiu și în consecință am fost și am acționat ca un Fiu al lui Dumnezeu. Cu alte cuvinte, când privești situația dintr-un punct de vedere specific, este posibil să spui ca Isus Cristos a fost cu adevărat unicul Fiu al lui Dumnezeu care a apărut într-un loc particular într-un timp particular. Astfel, pot înțelege că unii creștini au sentimente puternice pentru această idee. Nu spun că împărtășesc aceste sentimente. Din nefericire, majoritatea oamenilor nu au înțeles niciodată că afirmația că am fost unicul Fiu al lui Dumnezeu este corectă doar dintr-un anumit punct de vedere. Conștiința morții are o tendință de a crea idoli. În consecință, oamenii au fost sprinteni în a mă transforma într-un idol și a începe să creadă că afirmația că am fost unicul Fiu al lui Dumnezeu este universal adevărată.

Permite-mi să fac clar faptul că fiecare lifestream în viață este, în realitate, un fiu sau o fiică a lui Dumnezeu. Dacă lifestream-ul nu se identifică pe sine ca fiind un fiu sau o fiică a lui Dumnezeu atunci acel lifestream nu-și poate exprima deplinătatea potențialului său divin. Prin urmare, dintr-un punct de vedere pământean, lifestream-ul nu este un fiu sau o fiică a lui Dumnezeu. Lifestream-ul are potențialul să acționeze ca un fiu sau o fiică a lui Dumnezeu, dar acest potențial nu este realizat. Însă vreau să fac clar faptul că eu nu sunt singura persoană care am apărut pe Pământ având recunoașterea deplină a originii și identității divine.

Nu sunt singura persoană care am apărut în deplinătatea Christhood-ului.

Au existat alții înaintea mea și vor mai fi, sper sincer, alții după mine. În fapt, sper ca unii dintre cititorii acestei cărți se vor număra printre ei.

Doctrina exclusivismului

De ce doctrina că am fost unicul Fiu al lui Dumnezeu a devenit doctrina oficială a bisericii creștine? Ți-am dat deja o parte din răspuns, și anume conștiința morții și tendința ei de a crea idoli. Să explic asta mai în detaliu.

Pentru conștiința morții, totul este relativ. Nimic nu este absolut ; nimic nu este final. Consecința este că conștiința morții nu poate niciodată să-și asume responsabilitatea pentru nimic. Ego-ul uman realmente nu poate ajunge să realizeze că : "Am făcut o greșeală, am greșit și eu sunt cel care am nevoie să mă schimb." Conștiința morții reprezintă ultimul stăpân când vine vorba de a crea scuze pentru o persoană că nu trebuie să se schimbe. Dacă privești la istoria umanitățîi, vei observa acest mecanism psihologic în joc în numeroase circumstanțe. Ființele umane au o foarte mare rezistență la schimbare. Aruncă o privire la încarnarea mea pe Pământ, și vei vedea cât de adesea i-am mustrat pe aceia care nu erau dispuși să interiorizeze învățăturile mele și să-și schimbe sensul de identitate. Nu am spus eu : "Vai de voi, învățători ai legii! Voi nu ați intrat în voi (nu ați fost dispuși să lăsați adevărul să vă schimbe), iar pe cei ce voiau să intre, i-ați împiedicat să intre (în încercarea de a construi cazul că dacă nimeni altcineva nu se schimbă, nici tu nu trebuie)."

De ce sunt ființele umane rezistente la schimbare? Mai devreme am afirmat că toate problemele umane se nasc din

Capitolul 8. A fost Isus Cristos singurul Fiu al lui Dumnezeu 121

ignoranța. Dacă oamenii ar înțelege cu adevărat că acțiunile lor îi rănesc pe ei înșiși, ei și-ar schimba comportamentul. Problema este că atât timp cât un lifestream se identifică pe sine cu ego-ul uman, lifestream-ul nu va ști niciodată, nu va realiza niciodată, că o acțiune îl rănește pe el însuși. Motivul fiind că relativitatea conștiinței morții poate mereu veni cu o explicație care pare să justifice acțiunile și convingerile persoanei respective. Dacă totul este relativ, nimic nu poate fi vreodată complet greșit. Prin urmare, se poate mereu veni cu un anume gen de justificare pentru o acțiune. Și dacă o acțiune poate fi justificată atunci de ce ar trebui să te schimbi?

Atât timp cât un lifestream se identifică pe sine cu conștiința mortii, acel lifestream va respinge adevărul lui Dumnezeu. Lifestream-ul va respinge adevărul deoarece dacă l-ar accepta, va trebui să se schimbe. Dacă lifestream-ul ar ști mai bine, el ar trebui să se schimbe corespunzător. Ce se întamplă când o persoană este confruntată cu o afirmație adevărată, cum ar fi învățăturile mele externe? Deoarece ego-ul nu vrea ca lifestream-ul să scape de sub control, conștiința morții va căuta să găsească un anume tip de justificare relativă pentru a demonstra de ce ideea nu este adevărată sau nu se aplică persoanei. De aceea vezi atât de mulți oameni, chiar mulți oameni care se consideră creștini devotați, care vin cu argumente incredibil de încâlcite pentru a justifica de ce ei nu trebuie să urmeze un aspect particular al învățăturilor mele exterioare. Desigur, astfel de oameni găsesc de asemenea motive ample pentru a respinge învățăturile mele tainice, și de aceea ei realmente nu pot descoperi acele învățături.

Sabia Cristului

Sper că observi ce încerc să explic aici. Atât timp cât lifestream-ul se identifică cu ego-ul, persoana nu vede nici un motiv să se schimbe. De aceea am spus : "Nu am venit să aduc pace, ci o sabie". Sabia pe care venisem s-o aduc este Sabia Adevărului care desparte realul de ireal. Acea sabie este conștiința Cristică.

Pentru conștiința morții, nimic nu este realmente greșit și nimic nu este realmente corect. Totul este relativ. Pentru mintea Cristică există un standard absolut pentru determinarea justului și injustului.

Mintea Cristică pur și simplu întreabă : "Ține de Dumnezeu sau nu ține de Dumnezeu?" Dacă ceva nu ține de Dumnezeu atunci este ireal, și trebuie schimbat chiar acum, chiar aici. În mintea Cristică, nu există variație sau cotitură, și nu există spațiu pentru argumente complicate care să justifice orice. Dacă ceva nu ține de Dumnezeu, o ființă Cristică îl va lăsa imediat în urmă.

Când lifestream-ul începe să sa unească cu conștiința Cristică, persoana devine dispusă să se schimbe. Prin conștiința Cristică, lifestream-ul poate câștiga o perspectivă ultimă în ceea ce privește necesitățile de schimbare. De îndată ce lifestream-ul primește înțelegerea că un act sau o idee particulară e greșită atunci acea persoană imediat va lăsa în urmă obiceiurile vechi și va îmbrăca o noua înțelegere. Ți-ai putea reaminti povestea strângerii discipolilor mei. Imaginează-ți că ești un pescar la Marea Galilee. Este o zi obișnuită, și tu îți vezi de treburile zilnice cu curățarea plaselor. Brusc, un străin apare în fața ta și-ți spune : "Părăsește-ți plasele, te voi face pescar de oameni!"

Cum crezi că o persoană identificată cu ego-ul va reacționa la această situație? Persoana va începe imediat

Capitolul 8. A fost Isus Cristos singurul Fiu al lui Dumnezeu

să evalueze, să judece, să interpreteze și să lămurească semnificația situației. Persoana va veni cu tot felul de scuze pentru a justifica de ce nu trebuie să urmeze Cristul, sau de ce nu trebuie să urmeze Cristul chiar acum.

Îți spun că au existat cu adevărat oameni care au reacționat în acest mod când am venit la ei. Am chemat mai mult de 12 oameni să-mi fie discipoli, însă nu toți au răspuns chemării. Cei care au răspuns chemării au făcut asta deoarece deja dobândiseră o anumită măsură de conștiință Cristică și erau dispuși să-mi urmeze înțelegerea interioară. Astfel, când am apărut în fața lor, ei m-au recunoscut ca și Crist încarnat și au fost dispuși să mă urmeze.

Aceste binecuvântate lifestream-uri nu au argumentat sau interpretat nimic. Ei m-au recunoscut instantaneu și peste acea recunoaștere ei au luat imediat decizia de liber arbitru de a lăsa totul în urmă și de a mă urma pe mine, Cristul Viu (încarnat).

Când un lifestream este identificat cu ego-ul, el nu poate recunoaște Cristul, și prin urmare nu poate urma Cristul. Persoana realmente nu-și poate părăsi încurcătura de plase a structurii vieții. Astăzi, mai multe lifestream-uri ca niciodată sunt gata să-și părăsească plasele și să urmeze Cristul. Însă acum 2000 de ani nu era cazul. Doar câțiva prețioși dobândiseră acel nivel de conștiință, iar mulțimile erau încă identificate cu conștiința morții încât ei realmente nu vroiau să fie plictisiți de apariția Cristului Viu. Ei doreau să rămână în ignoranță așa încât să nu fie perturbați și să fie nevoiți să-și schimbe obiceiurile.

În consecință, acești oameni erau mai mult decât fericiți să accepte ideea că Isus Cristos a fost unicul Fiu al lui Dumnezeu. De ce este așa? Deoarece asta le oferea scuza ultimă pentru a-și continua stilul de viață. Dacă eram unicul Fiu al lui Dumnezeu ei practic nu puteau să-mi urmeze pașii.

Prin urmare, ei nu puteau face nimic pentru a-și rezolva propria salvare. Ei pur și simplu trebuiau să aștepte un salvator exterior, și anume pe mine, care să vină să-i salveze.

Dacă aș fi fost un exemplu de urmat, atunci oamenii trebuiau să aibă o responsabilitate în a mă urma. Cu alte cuvinte, dacă ar fi avut potențialul să devină ființe Cristice, și făcând asta ar fi necesitat ca ei să facă un efort, ar fi trebuit ca ei să-și schimbe obiceiurile. Ar fi trebuit să-și părăsească plasele.

Observi cum ideea că eu am fost unicul Fiu al lui Dumnezeu poate deveni scuza ultimă care oferă oamenilor justificarea perfectă pentru a-și continua obiceiurile?

Ființele umane sunt ființe psihologice. Poți privi la istoria umanității, și poți încerca să găsești explicații la întrebarea de ce oamenii au făcut ce au făcut. Mulți oameni de știință și istorici moderni au încercat să explice istoria umanității în termeni de factori exteriori, fie ei economici, sociali sau politici. În realitate, singurul mod de a explica istoria umanității este de a privi în interiorul psihicului uman.

Totul ia naștere dintr-un proces care are loc în interiorul psihicului uman. Comportamentele exterioare ale oamenilor sunt realmente efectul a ceea ce se întamplă în interiorul psihicului. Dacă vrei să înțelegi efectul, trebuie să înțelegi cauza. Dacă vrei să înțelegi de ce anumite imagini apar pe ecranul unui film, nu-ți poți limita investigația la ecranul de film însuși. Până când nu vei intra în camera proiectorului și vei investiga ce este pe rola de film, cum poți înțelege ce apare pe ecranul filmului?

Lupta umană continuă pentru putere

Ți-am oferit explicația lăuntrică la întrebarea de ce atât de mulți oameni au acceptat ideea că eu am fost unicul Fiu al lui Dumnezeu. Să-ți ofer acum explicația periferică.

De ce crezi că autoritățile iudaice au vrut să mă execute? A fost deoarece m-au văzut ca pe ultima amenințare la puterea lor asupra oamenilor. Dacă privești la istoria omenirii, vei vedea că unii oameni au avut o dorință avidă pentru putere și control. Această dorință pentru control este bazată pe o nevoie psihologică, dar nu voi intra în asta acum. Să admitem faptul că în orice timp al istoriei au existat oameni care au avut dorință pentru putere. Acești oameni aveau o dorință de a dobândi putere absolută peste ceilalți.

Trebuie să înțelegi că pentru acești oameni religia a fost mereu o amenințare. Ceea ce membrii acestei elite a puterii vor, este să obțină puterea ultimă aici pe Pământ. Ei vor să se stabilească pe ei înșiși ca fiind autoritatea ultimă, o autoritate care nu poate fi chestionată sau pusă la îndoială.

Cea mai mare problemă pe care o întâmpină elita puterii este că majoritatea oamenilor cu încăpățânare refuză să renunțe la ideea că există o autoritate ultimă care se află deasupra și dincolo de acest Pământ. Atât timp cât oamenii cred într-un Dumnezeu care este deasupra și dincolo de orice forță de pe Pământ, nici o persoană nu poate vreodată să obțină puterea ultimă pe această planetă. Nu contează ce fac regii și împărații, ei vor fi mereu în plan secund la comandă. Ei ar putea fi capabili să exercite mare putere asupra oamenilor, dar nu pot niciodată obține puterea ultimă. Motivul pentru care majoritatea oamenilor de pe Pământ nu înțeleg existența și metodele unei astfel de elite a puterii este că majoritatea oamenilor pur și simplu nu au o dorință insațiabilă pentru putere. Prin urmare, ei nu-și pot imagina că cineva ar face absolut orice să dobândească putere.

Știu că acesta este un subiect dificil la care mai degrabă nu te-ai gândi. Însă pentru moment, încearcă să-ți imaginezi cum această elită a puterii gândește. Prima și cea dintâi dorință a lor este să măture complet religia de pe această planetă. O planetă fără religie este visul lor ultim pentru că pe o astfel de planetă ei au potențialul să se înființeze ca și autoritate ultimă. Astăzi, ei își urmăresc cu agresivitate acest ideal, și folosesc știința ca unealtă a lor principală pentru realizarea acestui scop. Însă populația generală refuză cu îndărătnicie să renunțe la credința în Dumnezeu.

Dacă nu-i poți face pe oameni să abandoneze credința în Dumnezeu, atunci care sunt opțiunile tale? Poți urma motto-ul: "Dacă nu poți să-i învingi, alătură-te lor". Cu alte cuvinte, dacă nu poți să-i faci pe oameni să-și abandoneze credința în Dumnezeu, caută să folosești acea credință ca o unealtă pentru dobândirea puterii asupra oamenilor. Cum poți face asta? O poți face folosind religia organizată. Începi promovând ideea că o biserică particulară reprezintă unica biserică adevărată, însemnând că aceasta furnizează singurul drum către salvare. Majoritatea oamenilor au o nevoie de a se simți mai bine ca alții așa că această idee este sigură în a găsi suport larg. Apoi, te stabilești ca lider al acelei biserici. În final, promovezi credința că liderul acelei biserici este mediatorul, singurul mediator, între Dumnezeu și ființele umane și că lumea lui este fără greșeală.

Dacă poți face oamenii să accepte că biserica ta este singura cale adevărată către salvare, și că liderul acelei biserici este singurul mediator adevărat între ei și Dumnezeul lor, atunci te-ai stabilit ca și autoritate ultimă pe Pământ. Chiar dacă oamenii continuă să creadă în Dumnezeu, ei cred că pot cunoaște voința Domnului numai prin tine, și prin urmare ai devenit o autoritate care nu poate fi chestionată sau contrazisă. Dacă ai fi o persoană care ai o ţintă ultimă pentru putere, unde ţi-ai fi dorit să fii în aceşti ultimi 2000 de ani? Îţi voi spune că acolo unde un astfel de suflet ar vrea să se încarneze. Acesta ar vrea să fie Papa bisericii catolice. Înainte de asta, un suflet înfometat de putere ar fi vrut să fie unul din preoţii sinagogii religiei iudaice deoarece şi ei s-au stabilit ca autoritate ultimă între oameni şi Dumnezeul lor.

Dumnezei pe Pământ

Dacă vrei să înţelegi adevăratele mele învăţături, trebuie să recunoşti existenţa unei elite a puterii constând în oameni care vor să se stabilească pe ei înşişi între Dumnezeu şi umanitate. Trebuie să înţelegi că a fost această elită a puterii care a pus la cale moartea mea. Trebuie de asemenea să înţelegi ca parte a misunii mele galileene a fost să pricinuiesc judecata acestei elite a puterii. De aceea am spus : "Pentru judecată am venit".

De mii de ani un grup mic de suflete au complotat în mod repetat pentru a se autostabili ca o autoritate între oameni şi Dumnezeul lor. Venisem să judec pe unii din această elită a puterii, şi prin actul lor de ucidere a Cristului încarnat, ei şi-au primit cu adevărat judecata. Aceste suflete nu mai sunt pe planeta Pământ, dar asta nu înseamnă că întreaga elită a puterii a fost îndepărtată de pe această planetă.

De ce biserica a creat doctrina cum că eu am fost unicul Fiu al lui Dumnezeu? Esenţa mesajului pe care l-am adus acum câteva mii de ani este că unicul mediator adevărat între Dumnezeu şi fiinţele umane este conştiinţa Cristică. Conştiinţa Cristică universală este uşa deschisă pe care nici un om nu o poate închide. În consecinţă, fiecare fiinţă umană are potențialul să dobândească Christhood-ul individual, și prin acest Christhood individual fiecare ființă umană poate comunica direct cu Dumnezeu.

Când oamenii au dobândit un anume nivel al Christhood-ului, ei nu mai au nevoie de o ierarhie exterioară sub forma unei biserici organizate. Nu spun prin asta că o biserică organizată sau exterioară devine necesară. Ce spun este că oamenii nu au nevoie de liderii unei biserici care servesc ca legătură de comunicații între ei și Dumnezeu. Ei nu au nevoie să aibă lideri bisericoși care să le transmită lor Cuvântul lui Dumnezeu sau să le interpreteze Cuvântul lui Dumnezeu. Ei pot recepționa Cuvântul viu al lui Dumnezeu direct în inimile lor, și ei pot înțelege acel cuvânt prin conștiința lor Cristică individualizată.

Acesta este adevăratul mesaj pe care l-am adus pe Pământ. Elita puterii a religiei iudaice știa asta foarte bine, și de aceea m-au ucis la prima oportunitate posibilă. Această elită a puterii a sperat că prin uciderea corpului meu fizic, ei mi-au ucis și învățăturile.

Această speranță a fost spulberată de faptul că aveam abilitatea să comunic cu ai mei chiar dacă corpul meu fizic nu mai pășea pe Pământ. Unele dintre scrierile creștine vechi, cum ar fi Pistis Sophia, înregistrează că am apărut discipolilor mei la câțiva ani după crucificarea mea. Acesta este adevărul. Am apărut realmente lor, și prin urmare învățăturile mele nu au murit odată cu corpul meu fizic.

Mulți ani după crucificarea mea, mișcarea creștină nu a avut o biserică clar definită și organizată. Nu a fost clar definită și organizată deoarece nu-mi instruisem discipolii să creeze o biserică oficială sau să proclame o doctrină oficială. În schimb, mi-am instruit discipolii să îmbrace Christhood-ul lor individual și apoi să-mi asculte vocea așa cum le vorbeam înăuntrul inimilor lor. Pentru un anumit timp, mișcarea creștină a fost o rețea liber împletită de oameni, care au urmat, în variate moduri, calea Christhood-ului personal. Astăzi, această mișcare este adesea referită ca mișcarea Gnostică. Bisericile creștin ortodoxe adesea consideră această mișcare ca fiind haotică și dominată de false învățături și idei periculoase. Mișcarea Gnostică a fost într-adevăr cumva haotică și dezorganizată. Însă în acea mișcare au fost indivizi și grupuri de oameni care mi-au urmat cu adevărat învățăturile tainice.

După o perioadă surprinzător de scurtă, ceva foarte special a început să se întâmple. O biserică organizată a început să se formeze. Această biserică gradual a devenit mai puternică, și a început să definească și să impună o doctrină oficială care prin supoziție stabilea adevăratele învățături ale Cristului. În mod interesant, această doctrină nu conținea ideea Christhood-ului individual sau a unei căi individuale către salvare. În schimb, singura cale către salvare trecea prin sacramentele și doctrinele controlate de o biserică organizată.

Dacă vrei să știi reacția mea personală imediată la această desfășurare, aceasta este: "Din ce iad a venit această idee?" Scuzati grosolănia acestei expresii. Dar o folosesc cu un bun motiv. Motivul fiind că acel iad este exact locul de unde a venit acea idee. Te pot asigura că ideea nu a venit din Rai deoarece sus aici, toți știm că drumul către salvare este o cale a Christhood-ului personal și că reprezintă o cale interioară. Prin urmare, această idee ar fi putut fi originată doar într-o stare de conștiință bazată pe negarea lui Dumnezeu, negarea sinelui și negarea sinelui ca și Dumnezeu.

În realitate, această idee a venit de la aceeași elită a puterii care de mii de ani a încercat să se autostabilească ca și autoritate ultimă pe Pământ. La început, puterile au încercat cu agresivitate să distrugă mișcarea creștină. Când au realizat că acest lucru nu poate fi făcut, au decis să se alature mișcării creștine și să o folosească ca și unealtă pentru obținerea puterii.

Biserica opresivă

Dezvoltarea bisericii creștine care a fost proiectată să fie o unealtă pentru dobândirea puterii ultime a luat ceva timp. Nu a ajuns realmente în câștig până când împăratul roman Constantin nu a decis să folosească biserica creștină ca pe o unealtă în vederea unirii imperiului său beteag sub o singură religie. Imperiul roman era construit pe o idee simplă. Această idee afirma că împăratul roman era singurul reprezentant al lui Dumnezeu pe Pământ. Prin urmare, împăratul roman era ultima personalitate autoritativă, și nu putea fi chestionată sau pusă la îndoială, chiar dacă comitea acte în mod clar demente.

Nu ți se pare ciudat că după formarea bisericii catolice romane, liderul acestei biserici brusc devine unicul reprezentant al lui Dumnezeu pe Pământ? Sunt conștient că biserica creștină organizată conținea anterior conceptul de vicar al Cristului. Însă după formarea bisericii catolice romane Papa dobândea statutul de reprezentant unic și ultim al lui Dumnezeu pe Pământ. De asemenea, după formarea bisericii catolice, aceasta a început impunerea (prin mijloace excesiv militare) doctrinei care spunea că Isus Cristos a fost unicul Fiu al lui Dumnezeu.

Ce încerc să te ajut să vezi aici este că învățăturile mele ascunse au fost îndepărtate de oameni. În același timp, acele învățături tainice au fost înlocuite de doctrine exterioare aflate în directă opoziție cu învățăturile mele tainice.

Învățăturile mele tainice afirmau că fiecare ființă umană deține potențialul să manifeste Christhood-ul.

Prin urmare, Isus Cristos nu a fost unicul Fiu al lui Dumnezeu. Isus Cristos a fost exemplul menit să arate că toți oamenii au potențialul să-și revendice moștenirea divină. Fiecare fiu și fiică are potențialul să pășească pe Pământ ca o ființă Cristică.

Dacă aparții unei elite a puterii care vrea putere ultimă aici pe Pământ, realizezi că o ființă Cristică este amenințarea ultimă pentru autoritatea ta. O ființă Cristică recunoaște numai autoritatea lui Dumnezeu. O ființă Cristică va urma o autoritate pământeană numai dacă aceasta se află în aliniament cu voința lui Dumnezeu. Și deoarece ființa Cristică cunoaște voința lui Dumnezeu, ființa Cristică nu poate fi niciodată prostită de afirmații false ale autorității pământene.

Acum imaginează-ți că o ființă Cristică, și anume eu însumi, apare brusc pe Pământ și îi provoacă pe cei care s-au autoproclamat între oameni și Dumnezeu. Elita puterii încearcă să facă față acestei amenințări ucigându-mi corpul fizic. Însă chiar înainte să aibă timp să se felicite între ei, eu încep să le vorbesc discipolilor mei și să-i încurajez să devină ca mine.

Elita puterii întâlnește acum situația serioasă că în loc să aibă de-a face cu o singură ființă Cristică, ar putea potențial să aibă de-a face cu mii de ființe Cristice. Ei știu că dacă asta se întâmplă, ar însemna sfârșitul dominației lor pe această planetă. Dacă alți oameni ar începe să întrupeze adevăratele învățături ale lui Isus Cristos și să îmbrace Christhood-ul individual, elita puterii pur și simplu nu ar mai fi capabilă să stopeze creșterea torentului care în cele din urmă le-ar curăța imperiile lor de putere. Prin aceste ființe Cristice, Dumnezeu i-ar putea coborî pe cei puternici din locurile lor și înălța pe cei mici.

Prin urmare, elita puterii a trebuit să facă un efort determinat pentru a distruge și distorsiona învățăturile mele tainice. Ei trebuiau să fie siguri că nici o altă ființă umană nu ar putea sau îndrăzni să-mi urmeze pașii.

Dragii mei, observați că asta este exact ce au făcut cu învățăturile mele? Până acum, au reușit în mare măsură să împiedice alți oameni să-mi urmeze pașii. Este dorința mea cea mai adâncă, și este dorința cea mai adâncă a Tatălui meu din Rai, să schimbe această situație. Cheia schimbării acestei situații o reprezintă trebuința ca tu să faci alegerea de a îmbrăca Christhood-ul tău individual.

CAPITOLUL 9. CE FEL DE PERSOANĂ ESTE ISUS?

Cum vine faptul că atât de mulți creștini nu au luat niciodată serios în considerare ce fel de persoană am fost? De ce nu meditează la ce tip de personalitate și individualitate am exprimat eu în timpul misiunii mele?

Un motiv evident este că ei mă consideră ca fiind Fiul lui Dumnezeu. Din cauza intensului cult al idolatriei construit în jurul meu, oamenii găsesc dificil de imaginat că am avut individualitate și personalitate. Am fost născut totuși de o femeie, și am crescut ca orice alt copil. De ce nu aș fi fost născut cu o anumită individualitate, și de ce nu aș fi dezvoltat o personalitate distinctă în anii mei formativi?

Ceea ce încerc să te ajut să vezi aici este că majoritatea oamenilor mă consideră ca fiind aproape o non-persoană. Ei cred că Fiul lui Dumnezeu nu ar trebui să aibă personalitate sau individualitate. Realmente nu este cazul.

Mai devreme am spus că este periculos să raționezi invers. Motivul fiind că atât timp cât lifestream-ul este prins în conștiința morții, acesta va proiecta calitățile umane asupra lui Dumnezeu. Prin urmare, lifestream-ul va dezvolta o imagine falsă despre Dumnezeu. Însă nu este nimic greșit în a raționa că Fiul lui Dumnezeu posedă individualitate.

Motivul pentru care aduc în discuție asta este că fiecare lifestream a fost creat original cu o individualitate distinctă. Lifestream-ul posedă o dorință interioară foarte adâncă de a conserva și dezvolta acea individualitate. Această dorință interioară este forța motoare din spatele a ceea ce oamenii numesc instinctul de supraviețuire. Instinctul tău de supraviețuire spiritual este o dorință de a-ți conserva individualitatea adevărată așa încât aceasta să nu fie distrusă de nici o influență exterioară.

Datorită acestui instinct de supraviețuire, nici o ființă umană nu va vrea să îmbrace Christhood-ul dacă crede că îmbrăcarea Christhood-ului înseamnă să-ți pierzi individualitatea sau personalitatea. De aceea, este important pentru mine să te ajut să înțelegi că nu-ți pierzi individualitatea îmbrăcând Christhood-ul tău.

Îmbrăcând noul om al Christhood-ului tău, dezbraci vechiul om al conștiinței morții și al pseudo- identității tale. Prin urmare, într-un sens ai putea pierde unele dintre caracteristicile pe care momentan le consideri a fi parte din personalitatea ta. Pentru un lifestream care este foarte identificat cu conștiința morții, acest lucru ar putea părea ca o pierdere. Însă, pe măsură ce lifestream-ul începe să-și ridice sensul de identitate către conștiința Cristică, acel sentiment de pierdere va dispărea repede.

Imaginează-ți că te plimbi pe o stradă și întâlnești un om îmbrăcat în haine scumpe. Omul te întreabă dacă ai un ban, și tu îi arăți o monedă. Omul îți spune apoi că dacă îi dai lui banul, el îți va da în schimb un milion de dolari. Pierzi ceva

Capitolul 9. Ce fel de persoană este Isus? 135

în această afacere? Da, ai pierde într-adevăr un ban, dar va fi o pierdere adevărată?

Când pășeam pe Pământ, am fost ca și omul care oferea oricui un milion de dolari cît valora conștiința Cristică, în schimbul măruntului din buzunar al personalității umane. Era cu adevărat afacerea vieții, însă îmi pare rău să spun că majoritatea oamenilor mi-au respins oferta.

Atât de mulți oameni au preferat să se agațe de personalitatea ego-ului uman în loc să îmbrace personalitatea adevărată ce le-a fost dată de Dumnezeu.

Te rog să nu te agăți de câțiva bani și astfel să pierzi Împărăția lui Dumnezeu. Nu-ți vei pierde adevărata individualitate îmbrăcând Christhood-ul tău. În schimb, vei găsi personalitatea ta dăruită de Dumnezeu și te vei elibera de închisoarea falsei individualități care îți chinuie constant sufletul.

Cel care este dispus să-și piardă viața (sensul mortal de identitate) de dragul meu (de dragul dobândirii conștiinței Cristice), acela o va găsi. Va găsi viața eternă prin individualitatea dăruită de Dumnezeu.

Posed o personalitate distinctă

Vreau ca tu să înțelegi că eu am realmente o personalitate distinctă. Am exprimat această personalitate în timpul misiunii mele în Galileea. Prin urmare, învățăturile mele sunt într-o anume măsură afectate de personalitatea mea.

Adevărul lui Dumnezeu este dincolo de această lume. Acest adevăr este universal, însă când tu încerci să exprimi adevărul prin cuvinte, nu poți niciodată exprima pe deplin adevărul universal al lui Dumnezeu. Cuvintele nu sunt foarte potrivite pentru exprimarea adevărului spiritual. Astfel, orice expresie de adevăr va fi, din necesitate, afectată de personalitatea, individualitatea și cunoașterea persoanei care spune adevărul.

Asta nu înseamnă că există ceva în neregulă cu adevărul pe care îl exprimăm. Totuși, modul în care am exprimat versiunea mea de adevăr nu este singurul mod prin care adevărul lui Dumnezeu ar putea fi posibil exprimat.

Ceea ce încerc să te ajut să vezi aici este că dintr-un punct de vedere mai înalt există doar un singur adevăr. Însă există multe moduri prin care acest adevăr universal poate fi exprimat aici pe Pământ. Acest lucru este important din mai multe motive :

- Creștinismul nu este singura învățătură adevărată sau singura religie adevărată existentă pe planeta Pământ. Există multe moduri de a exprima adevărul lui Dumnezeu. Voi vorbi mai târziu despre asta în detaliu mai mare, dar vreau ca tu să recunoști că există mai mult de un mod de exprimare a adevărului universal al lui Dumnezeu. Am afirmat mai devreme că nu există nici un mod de expresie a conștiinței Cristice universale pe Pământ. Aceasta poate ajunge să fie exprimată numai când este individualizată. Acest lucru se aplică și adevărului lui Dumnezeu, care reprezintă conștiința Cristică universală. Orice expresie de adevăr este individualizată, și prin urmare nu reprezintă singurul mod posibil de a exprima adevărul.

- Nu există nici o exprimare a adevărului care complet și cu acuratețe să descrie adevărul universal al lui Dumnezeu. Nu există nici o cale automată către salvare. Pentru a merge pe calea către salvare,

Capitolul 9. Ce fel de persoană este Isus?

trebuie să absorbi adevărul lui Dumnezeu. Totuși, nu poți absorbi acel adevăr pur și simplu memorând o învățătură exterioară. Dacă privești la viața mea, vei vedea că în mod repetat i-am mustrat pe aceia care memoraseră doctrinele exterioare, dar care nu făcuseră niciodată un efort de a dobândi o înțelegere interioară a adevărului din spatele acelor doctrine. Prin urmare, trebuie mereu să privești dincolo de învățăturile exterioare. Trebuie să folosești învățăturile exterioare numai ca pe o trambulină pentru dobândirea unei înțelegeri interioare a adevărului universal din spatele acelei expresii particulare de adevăr.

Exprimarea mea particulară a adevărului a fost afectată de individualitatea și personalitatea mea. Ai auzit zicala : "Nu împușca mesagerul". Mi-ar place să parafrazez această zicală astfel : "Nu folosi personalitatea mesagerului ca pe o scuză pentru a respinge învățăturile".

Când pășeam pe Pământ, au existat într-adevăr oameni care mi-au respins învățăturile deoarece nu le-a placut personalitatea mea. Încă o dată, conștiința morții caută în mod constant o scuză pentru a nu-și schimba practicile. Ei bine, adevărul lui Dumnezeu poate fi exprimat în această lume numai printr-o persoană în corp fizic. În consecință, acea persoană va deține inevitabil personalitate și individualitate. Ca rezultat, conștiința morții poate mereu să găsească vreo imperfecțiune în personalitatea sau comportamentul persoanei și să o folosească ca pe o scuză pentru respingerea învățăturilor. Mulți oameni au găsit imperfecțiuni în personalitatea și acțiunile mele. Gândește-te cum am fost criticat pentru vindecarea unei persoane bolnave de Sabbath. Unii oameni literalmente au folosit acest exemplu ca pe o scuză pentru a-mi respinge întregul meu mesaj.

Ce trist este să vezi un lifestream care este gata să-și piardă locul în Împărăția lui Dumnezeu datorită unei imperfecțiuni percepute în personalitatea mesagerului lui Dumnezeu. Aș vrea să fi putut ajuta acei oameni care mi-au respins învățăturile datorită personalității mele exterioare. Însă ei au avut liberul lor arbitru, și eu am respectat acel liber arbitru. Sper ca tu să nu-mi respingi învățăturile datorită personalității mele sau personalității mesagerului care aduce această carte.

Doresc să știi că personalitatea mea nu este bătută în piatră. Ca și orice alt fiu sau fiică a lui Dumnezeu, mă aflu într-un proces constant de învățare și creștere. Sunt foarte fericit să văd ridicarea mișcării self-help, care în ultimele decade a încurajat oamenii să-și urmeze creșterea personală ca niciodată înainte.

Vreau să știi că există mult mai mult în ce privește Împărăția Tatălui nostru decât șederea pe un nor roz și cântatul la harpă. Lumea formelor este o scoală gigantică care oferă studentului o oportunitate aproape nesfârșită de a învăța și a crește. În ultimii 2000 de ani, nu m-am culcat pe lauri. Am urmat activ oportunitățile de creștere existente în lumea spirituală.

Într-un fel, am devenit un învățător mai gentil și mai înțelegător. Nu mai sunt atât de zorit în a-mi confrunta studenții cu imperfecțiunile și necredința lor. Însă nu te lăsa amăgit că am devenit moale.

Sunt un Maestru foarte direct. Nu mă învârt în jurul cozii. Nu fac pe placul conștiinței morții sau ego-ului uman al nimănui. Ți-am oferit esența conștiinței Cristice care sunt. Când am pășit pe Pământ, mulți oameni au fost ofensați de directivitatea mea. Ei au folosit-o ca pe o scuză pentru a mă respinge pe mine și învățăturile mele.

Capitolul 9. Ce fel de persoană este Isus?

Nu sunt delicat

Sunt îngrijorat de faptul că atât de mulți oameni au construit o imagine a lui Isus Cristos ca fiind un Maestru sensibil. Realmente nu înțeleg de unde vine această imagine. N-ar putea veni dintr-un studiu al vieții mele, chiar și din înregistrările fragmentate din scripturi.

Aruncă încă o privire la scripturi și vezi de câte ori am fost deschis și direct în confruntările cu oamenii despre absurditățile din obiceiurile lor. Am venit să aduc Sabia Adevărului și să despart realul de ireal așa încât discipolii mei să poată vedea prin relativitatea conștiinței morții și să îmbrace Adevărul Viu al conștiinței Cristice. Sunt aici azi să aduc aceeași Sabie a Adevărului, și în ultimii 2000 de ani aceasta a fost doar ascuțită. Sper că nu-mi vei folosi directivitatea ca pe o scuză să-mi respingi mesajul. Sunt Isus Cristos, și am fost în preajma acestei planete pentru foarte multă vreme. Am auzit toate scuzele imaginabile pentru a nu urma Christhood-ul. Am auzit aceste scuze iar și iar. Să clarific situația. Am ascensionat în împărăția Tatălui meu, și prin urmare am devenit un locuitor permanent al acestei împărății. Împărăția Tatălui durează la nesfârșit, și prin urmare am tot timpul din lume. Aș putea sta aici pentru alți 2000 de ani și să ascult minunatele voastre scuze de a nu putea îmbrăca Christhood-ul. Nu e nici o diferență pentru mine personal pentru că eu sunt deja salvat.

Tu nu ai ascensionat încă în Împărăția Tatălui. Nu ești încă salvat. Dumnezeu este un Dumnezeu milostiv, și El îi va oferi unui lifestream pierdut un timp foarte lung pentru a-și schimba drumurile și a începe să pășească pe calea Christhood-ului personal. În fapt, Tatăl meu este de departe mai răbdător decât mine.

Însă Dumnezeu nu-ți acordă îngăduință la nesfârșit. În consecință, tu realmente nu ai timp să continui să concepi scuze în loc să-ți dirijezi toată energia și atenția către urmarea Christhood-ului tău.

Sunt un Maestru direct. Vreau ca tu să renunți la canapea, să închizi TV-ul și să urmezi Christhood-ul în loc să-ți irosesti energia în preocupări fără rost de amuzament și plăcere. Cei care au urechi de auzit, să-mi audă cuvintele.

Dacă vei privi la cele mai adânci nivele ale lifestream-ului tău, vei gasi că ai obosit demult făcând lucrurile acestei lumi. La nivele adânci ale lifestream-ului tău, ești gata pentru ceva mai mult.

Ești gata pentru Christhood-ul personal, și nimic altceva nu-ți va satisface năzuința intimă a lifestream-ului tău. Prin urmare, recunoaște acea năzuință și renunță la tot ce stă în drumul tău pe măsură ce pășești pe calea Christhood-ului personal.

Te chem să vii mai sus. Pur și simplu începe să pășești, iar eu îți voi arăta drumul. Căt timp stai pe gard, nu pot face nimic pentru tine.

CAPITOLUL 10. CE RELIGIE A URMAT ISUS?

Puțini oameni se gândesc să pună o astfel de întrebare deoarece ei presupun că eu am crescut ca și israelit și apoi am devenit creștin. Însă nu este cazul de față.

În realitate, nu m-am văzut aparținând vreunei religii oficiale sau exterioare. Am fost, și încă sunt, un discipol al religiei universale a lui Dumnezeu, și aparțin Bisericii Vii Interioare a lui Dumnezeu.

Nu spun prin asta că există ceva greșit cu religiile sau bisericile exterioare. Nu toate ființele umane sunt gata să urmeze calea interioară. Prin urmare, mulți oameni au nevoie de o organizație exterioară care-i poate conduce treptat la descoperirea misterelor ascunse ale lui Dumnezeu. Însă intenția lui Dumnezeu aflată în spatele inspirării unei religii exterioare este ca oamenii s-o folosească numai ca trambulină. Religia exterioară și doctrinele ei nu trebuie să devină niciodată o temniță mentală care-ți încătușează mintea. Cu alte cuvinte, o religie exterioară este menită să te ajute să descoperi adevărata religie interioară.

Adevărata religie interioară este o religie universală. Pentru a înțelege asta, trebuie să realizezi că în Rai nu există diviziuni. Poți ascensiona în Rai numai când realizezi că tot și toate sunt create din substanța lui Dumnezeu. Prin această realizare, vezi clar că totul își are originea din aceeași sursă. Prin urmare, diferențele individuale nu sunt văzute ca o sursă a diviziunii și conflictului. În Rai, toți suntem unul.

Diviziunile de pe Pământ nu vin de la Dumnezeu. Ele vin de la conștiința morții, precum și de la relativitatea acesteia și de la sensul de separare. Conștiința morții nu poate vedea unitatea din spatele diversității. Prin urmare, pentru ego-ul uman diferențele trebuie inevitabil să conducă la diviziune și conflict. Pentru conștiința morții diferențele sunt de asemenea sursa de judecată a valorii. Cu alte cuvinte, conștiința morții mereu caută să determine că o anumită persoană este mai bună decât alta sau că o anumită biserică este mai bună decat alta.

Din cauza identificării oamenilor cu conștiința mortii, oamenii au o dorință de a defini că o biserică este singura biserică adevărată. Din punctul de vedere al lui Dumnezeu, aceasta este o dorință complet falsă și nenecesară.

În realitate, o biserică adevărată este biserica care conduce oamenii la descoperirea căii interioare a Christhood-ului. În realitate, multe din bisericile de pe Pământ s-au calificat ca și adevărate. Din nefericire, unele din ele s-au calificat numai în stagiile lor inițiale, și ulterior au fost pervertite și folosite în eterna luptă umană. Cu toate acestea, este esențial pentru tine să realizezi că ideea unei biserici unice realmente nu vine de la Dumnezeu.

Nu există catolici, israeliți, protestanți, budiști, musulmani sau taoiști în Rai. În Rai găsești numai fii și fiice ale lui Dumnezeu deoarece odată ce te afli aici, realmente nu contează ce cale ai urmat să ajungi aici. Odată ce pășești pe

Capitolul 10. Ce religie a urmat Isus? 143

poarta dreaptă și îngustă, lași în urmă toate diviziunile umane exterioare. Sau poate ar trebui să spun că înainte de a păși pe poarta îngustă, trebuie să lași în urmă în mod voluntar toate diviziunile umane.

Sunt un mistic creștin

În ultimii 2000 de ani, unii oameni au avut curajul să meargă dincolo de doctrinele definite de biserica ortodoxă. Acești oameni au fost adesea catalogați ca mistici creștini. Dacă ar fi să-mi pun o etichetă, aș folosi termenul "mistic". Am fost un student al misterelor lui Dumnezeu.

Sunt încă un student al misterelor lui Dumnezeu. Vreau ca tu să știi că în timp ce eram în corp fizic, am studiat cu adevărat și am aplicat mai multe religii diferite. Ai putea să-ți reamintești că scripturile nu pomenesc nimic despre ce am făcut între 12 și 30 de ani. Am dispărut din scripturi, și motivul este că dispărusem din Galileea. Am fost într-un pelerinaj care m-a dus foarte departe de locul nașterii. Am fost în Egipt și am fost în Orientul Îndepărtat. În ambele locuri am studiat și aplicat religiile mistice găsite acolo.

În fapt, există înregistrări istorice care atestă călătoriile mele în Orient. Am călătorit în Persia, India, Tibet și Kashmir. Oriunde am fost, am studiat și practicat religia locală. Totuși, în adevărul personalității și misiunii mele, nu am urmat religia ortodoxă. Am urmat și aplicat versiunea mistică interioară a religiei exterioare.

În câteva locuri am început să predic același adevăr universal pe care l-am predicat în Galileea. În anumite locuri, preoții ortodocși au încercat în final să mă reducă la tăcere, și în unele cazuri a trebuit să fug ca să-mi salvez viața.

India are o linie foarte veche de învățători spirituali și guru. În timpul călătoriilor mele în această țară, am întâlnit cu adevărat un învățător spiritual care mi-a servit pentru scurt timp ca și Guru personal. El era parte a unei vechi tradiții și a unei descendențe care duce înapoi către milenii nespuse.

Această tradiție își are originea la Dumnezeu, și este menită să reliefeze pe Pământ un proces care are loc în Rai. Acest proces este relația Guru – student.

Când un lifestream nou este creat, el nu este lăsat pur și simplu de capul lui. Îi este oferită o cale graduală care-l conduce către o înțelegere și maturitate spirituală mai mare. Ca și parte a acestei căi, unui lifestream îi este oferit un învățător personal sau un Guru. Fiecare lifestream are un Guru personal. Fiecare ființă umană de pe Pământ are un Guru personal sub forma unui învățător spiritual care rezidă în lumea spirituală. Unii oameni întâlnesc adesea un învățător spiritual încarnat care le servește drept Guru al lor personal pe Pământ. Totuși, mulți oameni nu au nevoie de un Guru exterior. Ei au nevoie să-și descopere Gurul lor interior, spiritual.

India este unul din puținele locuri de pe Pământ unde extensia fizică a relației Guru – student a fost păstrată. Însă ideea învățătorului spiritual care învață un numar de studenți este un principiu universal care duce cu toate drumurile înapoi la Dumnezeu.

Eu sunt o parte din această linie universală. Servesc ca și Guru personal pentru milioane de lifestream-uri de pe această planetă. Există și alți Guru, și prin urmare nu fiecare lifestream de pe această planetă este studentul meu personal.

Cu toate acestea, fiecare ființă umană este discipolul meu în sensul că ei sunt meniți să pășească calea Christhood-ului personal, o cale pe care am venit s-o arăt tuturor oamenilor de pe Pământ.

Capitolul 10. Ce religie a urmat Isus?

Dețin de asemenea un oficiu spiritual ca și reprezentant al Cristului universal pentru toți oamenii de pe Pământ. Prin urmare, toate ființele umane, necontând de care religie exterioară aparțin ele, trebuie să treacă prin Inima mea Sacră pentru a intra în împărăția Raiului.

Ideea pe care vreau s-o punctez este că mă văd pe mine ca aparținând unei religii universale, interioare. Nu am nici o dorință să-ți spun ce religie exterioară ar trebui sau nu să urmezi. Totuși, am o dorință de a te ajuta să recunoști calea universală interioară din spatele tuturor religiilor exterioare.

Vreau de asemenea să înțelegi că pentru a mă urma nu trebuie să fii membru al vreunei biserici creștine exterioare. A fi discipolul meu, chiar a fi studentul meu personal, nu este un lucru periferic. Am discipoli din fiecare religie de pe Pământ. Ciudat ar putea părea, am mulți discipoli care nu aparțin nici unei religii exterioare. Am chiar câțiva discipoli care se consideră ei înșiși ca fiind atei. Din nefericire, majoritatea acestor discipoli găsesc dificil să se ridice deasupra unui anumit nivel de înțelegere spirituală.

Sper că-ți vei deschide mintea și inima către ideea de religie universală, interioară. Dacă vei face asta, vei descoperi calea interioară. Dacă ai curajul să urmezi această cale, vei realiza că religia este menită să fie o plimbare personală cu Dumnezeu. Religia este o cale a auto-descoperirii. În cele din urmă, această cale te va conduce la descoperirea sinelui tău adevărat, sine care este Dumnezeu individualizat.

CAPITOLUL 11. EXISTĂ O SINGURĂ RELIGIE ADEVĂRATĂ?

Am comentat deja această întrebare ca parte a răspunsului la întrebarea precedentă. Însă vreau să-ți dau o înțelegere mai adâncă. Răspunsul la întrebarea dacă există doar o singură religie adevărată este: "Da și nu".

Există doar o singură religie adevărată, dar acea religie este religia universală, interioară a lui Dumnezeu. Pe planeta Pământ, nu există un asemenea lucru ca și religie adevărată unică. Există multe religii adevărate deoarece există multe religii care predică elemente ale căii universale.

Am afirmat mai devreme că există multe moduri de a exprima adevărul lui Dumnezeu. Astfel, pot fi multe religii care toate predică o versiune particulară a adevărului lui Dumnezeu și a căii universale către împărăția lui Dumnezeu.

Nici o religie nu poate în mod posibil să-ți ofere o înțelegere completă a lui Dumnezeu. Această înțelegere este realmente dincolo de cuvinte. Dacă vei cugeta la asta, vei realiza de ce. Scripturile afirmă că dacă tot ce a fost spus sau făcut ar fi pus pe hârtie, lumea însăși nu ar putea conține cărțile ce ar trebui scrise. Aceasta este o ușoară exagerare din partea autorului acelui pasaj particular, cu toate acestea afirmația se aplică adevărului lui Dumnezeu.

Dumnezeu a creat întreaga lume a formelor, o lume atât de vastă încât nici o ființă umană nu ar putea în mod posibil să înțeleagă grandoarea creației lui Dumnezeu. Dacă cineva ar fi să pună pe hârtie o descriere completă a tot ce înseamnă Dumnezeu, planeta Pământ efectiv nu ar putea să conțină cărțile ce ar trebui scrise. Totuși, nu ar putea fi posibil să exprimi în cuvinte umane totalitatea Ființei lui Dumnezeu. Misterele interioare ale lui Dumnezeu pur și simplu nu pot fi exprimate prin cuvinte. Nici o religie nu ar putea oferi o descriere precisă a lui Dumnezeu. Importanța acestei afirmații este că singura cale de a-l cunoaște pe Dumnezeu este să privești dincolo de învățăturile exterioare și doctrinele existente în orice religie. Singura cale de a-l cunoaște pe Dumnezeu este să descoperi calea universală, interioară din spatele religiei exterioare.

Un singur adevăr, multe religii

De ce există multe religii în lume? Mai devreme am afirmat că Dumnezeu nu are nevoie de religie. Dumnezeu este o ființă spirituală autonomă. Dumnezeu nu are nevoie să fie venerat, Dumnezeu nu are nevoie să fie admirat, Dumnezeu nu are nevoie să fie de temut. Prin urmare, Dumnezeu nu produce o religie particulară deoarece Dumnezeu ar avea nevoie de acea religie. Dumnezeu produce o religie particulară deoarece un grup particular de oameni au nevoie de acea religie.

Capitolul 11. Există o singură religie adevărată?

Aruncă o privire la planeta Pământ azi, și apoi la istoria umanității. Dacă ar fi să caracterizezi experiența umană cu un singur cuvânt, acel cuvânt ar trebui să fie "diversitate". Această mică planetă a fost martoră la o diversitate incredibilă sub forma multor grupe diferite de oameni. În baza experienței mele personale ca și învățător spiritual, este evident pentru mine că pur și simplu nu ar fi posibil să proiectezi o religie care să se potrivească tuturor oamenilor din toate timpurile. În consecință, o religie exterioară particulară este dată de Dumnezeu în încercarea de a atrage un grup specific de oameni care trăiesc într-o anumită perioadă. În unele cazuri, o religie este menită să aibă o viață scurtă. În alte cazuri, Dumnezeu speră ca acea religie să aibă o calitate mai de lungă durată. Însă trebuie să înțelegi că Dumnezeu nu are absolut nici o dorință să vadă o religie înlocuind sau suprimând toate celelalte religii.

Conflictul religios este fără sens

Am o dorință foarte adâncă să te ajut să înțelegi că cel mai fără de sens conflict dintre toate conflictele umane este conflictul religios. Toate religiile adevărate, însemnând toate religiile care sunt inspirate de Deasupra, au doar un singur și un singur scop. Religia este menită să servească ca o scară care va ajuta oamenii să ascensioneze în împărăția Tatălui nostru. Cu alte cuvinte, adevărata religie este menită să te ajute să absolvi școala Pământului cât mai repede posibil.

Așa cum deja am spus, cheia intrării în împărăția Raiului este să recunoști unitatea din spatele diversității și astfel să depășești tot sensul de separare și diviziune. Prin urmare, nimic nu este mai trist decât să vezi oameni folosind religia ca pe o sursă de diviziune și conflict. Când relativității conștiinței morții îi este permis să pervertească atitudinea oamenilor în ce privește religia, religia devine inevitabil o sursă de conflict. Acest conflict leagă oamenii chiar mai ferm decât conștiința morții, și îi împiedică să ascensioneze înapoi în Rai. Prin urmare, conflictul religios este mereu în directă opoziție cu scopurile lui Dumnezeu. Conflictul religios mereu lucrează împotriva motivului lui Dumnezeu de a aduce religia pe această planetă.

Dacă te consideri o persoană religioasă sau spirituală, trebuie să depășești tot sensul de diviziune și conflict în ce privește religia. Trebuie să ai un respect intransigent pentru dreptul altor oameni de a urma o religie care este diferită de a ta.

Este perfect acceptabil să împărtășești convingerile și experiențele tale religioase cu alți oameni în încercarea de a-i inspira. Însă, nu doresc să-mi văd discipolii încercând să convertească pe nimeni la o religie particulară exterioară, chiar și religia creștină. Ți-ai putea aminti că le-am spus discipolilor mei să meargă în lume și să-i facă pe toți oamenii discipolii mei. Însă nu înseamna că am vrut ca toți oamenii să devină membrii unei biserici creștine particulare exterioare.

Sunt Isus Cristos, și sunt un discipol al căii mistice, interioare a lui Dumnezeu. Doresc ca toți oamenii să urmeze această cale interioară. Vreau ca toți oamenii să fie discipolii mei, dar numai în sensul în care ei urmează calea universală a Christhood-ului individual. Această cale este o cale interioară, și poți urma această cale indiferent de religia exterioară căreia îi aparții, chiar dacă este o religie non-creștină. Deoarece calea este una interioară, aceasta nu necesită calitatea de membru al unei religii particulare exterioare.

Permite-mi să concluzionez această secțiune, făcând absolut clar un lucru. Reprezentanții lui Dumnezeu sunt

Capitolul 11. Există o singură religie adevărată?

perfect conştienţi de condiţiile care se găsesc pe planeta Pământ. Noi ştim cum conştiinţa morţii poate transforma o afirmaţie adevărată într-o doctrină relativă. Noi ştim despre elita puterii care va face orice pentru a câştiga puterea absolută. Prin urmare, suntem perfect conştienţi de riscul asociat cu aducerea unei religii pe această planetă. Datorită acestui risc, noi pur şi simplu nu acordăm un brevet nici unei fiinţe umane sau organizaţie umană. Nici o religie nu a avut vreodată un brevet asupra lui Dumnezeu şi nici unei religii nu-i va fi acordat vreodată un astfel de brevet.

Motivul pentru care atât de mulţi creştini cred că creştinismul trebuie să fie singura religie adevărată este că ei cred că eu am fost unicul Fiu al lui Dumnezeu. Dacă am fost unicul Fiu al lui Dumnezeu atunci evident că biserica fondată de mine trebuie să fie singura biserică adevărată. Sper că acum ai realizat că ideea că eu sunt unicul Fiu al lui Dumnezeu este falsă. Prin urmare, ar trebui să fie uşor să accepţi că creştinismul nu este singura religie adevărată de pe planeta Pământ.

Permite-mi să fac clar un lucru. Oricine se angajează în conflict religios nu este unul dintre discipolii mei adevăraţi. Nimic nu e mai trist decât să vezi o fiinţă umană folosind religia pentru a justifica uciderea unuia din fraţii săi. Sper că vei realiza că nu există un asemenea lucru numit război sfânt. Ideea de a justifica uciderea cuiva în numele lui Dumnezeu îşi poate avea originea numai în relativitatea şi egoismul conştiinţei morţii. Nu are absolut nici o realitate în Dumnezeu.

Dacă te consideri a fi unul din adevăraţii mei discipoli atunci fă pace cu toţi fraţii şi surorile tale care urmează o religie diferită de a ta. Dacă nu poţi sau nu vei face pace cu fraţii şi surorile tale, cum poţi spera să faci în vreun chip pace cu Dumnezeul tău? Dacă nu ai făcut pace cu Dumnezeul tău, cum ai putea spera să intri în vreun mod în împărăția lui?

CAPITOLUL 12. ESTE ISUS SINGUR ÎN PARADIS?

Această întrebare ar putea părea naivă, dar mi-ar place să o iei în considerare. Motivul fiind că atât de mulți creștini par să presupună că eu sunt singur cuc aici sus cu Dumnezeu. Din cauza cultului idolatriei construit în jurul persoanei mele exterioare, mulți oameni cred în idei ce ar părea să indice că eu sunt un anume gen de persoană care caută să-și crească importanța de sine. Dacă ei cred că eu sunt unicul Fiu al lui Dumnezeu, urmează că ei cred că sunt cea mai importantă ființă din Rai și că vreau ca toți oamenii să mă vadă așa. Aceasta este o idee complet greșită.

Biblia însăși conține afirmația : "Dumnezeu nu respectă rangul persoanei". Înțelesul acestei afirmații este că Dumnezeu nu ține cont de cei ridicați și de cei puternici pe Pământ, însă asta se aplică de asemenea și ființelor din Rai.

În Rai nu există favoriți. Nici o ființă spirituală nu este mai importantă decât vreo altă ființă spirituală. Dumnezeu nu are nici un fiu favorit. Pentru Dumnezeu, toți fiii și fiicele sale sunt favoriți.

Cum ar putea exista favoritism și rivalitate în Paradis când noi toți recunoaștem că fiecare reprezintă o individualizare a lui Dumnezeu? Cum ar putea o individualizare a lui Dumnezeu să fie mai importantă decât altă individualizare a lui Dumnezeu? Acest lucru pur și simplu nu are sens.

Încă o dată, problema este că ființele umane folosesc modalitatea de "gândire inversă" (reason backwards) și proiectează calitățile umane, și anume favoritismul și judecățile de valoare care răsar din conștiința morții, asupra lui Dumnezeu. Vreau să fiu absolut sigur că realizezi că eu nu sunt singur în Paradis. Vreau de asemenea să înțelegi că nu sunt singura ființă spirituală care lucrează cu planeta Pământ. Nu sunt singurul învățător spiritual care a apărut vreodată în umanitate.

Sunt un jucător de echipă

Mă văd ca făcând parte dintr-o echipă, și nu sunt liderul acelei echipe. Noi suntem un grup de ființe spirituale care lucrează constant pentru inspirarea ființelor umane (ceea ce noi numim ființe spirituale neascensionate) pentru a-și ridica nivelul de conștiință. Aceasta este o frăție spirituală. Nu există nici o competiție sau rivalitate între noi. Suntem cu adevărat unul în dorința noastră de a-l servi pe Dumnezeu și de a ajuta la aducerea a toți fiii și fiicelor sale înapoi acasă.

Vei vedea această echipă spirituală adresată în Biblie ca și "Casa Paradisiacă". De-alungul erelor, echipa noastră spirituală a lucrat cu oameni din multe culturi diferite. Echipa noastra a inspirat toate religiile adevărate aflate pe această planetă, și astăzi continuăm să inspirăm pe oricine este dispus să-și ridice conștiința și să asculte.

Capitolul 12. Este Isus singur în Paradis? 155

Unele ființe spirituale din echipa noastră nu au coborât niciodată pe planeta Pământ pentru a lua un corp fizic. Totuși, majoritatea membrilor echipei noastre au coborât pe Pământ, așa cum am făcut eu, și au purtat același tip de corp fizic pe care tu-l porți acum. Îți spun asta deoarece vreau să înțelegi că noi care suntem învățătorii tăi spirituali, nu suntem diferiți de tine.

Ființele umane sunt repede dispuse să transfome în idol pe oricine se ridică deasupra mulțimii. Nu avem nici o dorință să devenim idoli umani, dar avem o dorință să fim văzuți ca exemple de urmat pentru toți. Când o ființă spirituală coboară pe planeta Pământ, acea ființă spirituală îmbracă același tip de corp fizic pe care tu-l porți. Acea ființă spirituală înfruntă aceleași provocări pe care tu le înfrunți.

Multe din ființele spirituale care sunt cu mine acum în Rai au trecut prin același proces prin care treci și tu. Ele au căzut într-o stare mai joasă de conștiință și și-au pierdut memoria originii lor divine. Ele au urmat o cale sistematică care le-a permis să urce treptat înapoi într-o stare de conștiință în care au putut în cele din urmă să ascensioneze înapoi în Rai.

Ceea ce a făcut unul, toți pot face

Îți spun asta deoarece vreau să realizezi că ce a făcut o ființă umană, toate ființele umane au potențialul să facă. Am coborât într-un corp fizic, și a trebuit să trec printr-un proces înainte de a mă putea califica pentru ascensiunea mea. Contrar credinței populare, ascensiunea mea nu a fost garantată. A fost supusă liberului meu arbitru (my free will), și am avut chiar potențialul de a eșua.

Da, vreau ca tu să realizezi că Isus Cristos pe care tu-l consideri a fi deasupra și dincolo de tine a avut într-adevăr potențialul de a rata. Aș fi putut refuza să merg pe calea spirituală și să dobândesc conștiința Cristică. Aș fi putut refuza să trec prin crucificare, și de fapt chiar i-am cerut lui Dumnezeu să nu trec prin asta. Însă de asemenea am spus : "Nu vrerea mea, ci a ta să fie îndeplinită."

Prin grația lui Dumnezeu, și propriile alegeri în baza liberului arbitru, am mers pe cale, am dobândit conștiința Cristică și am ascensionat înapoi în împărăția Tatălui nostru. Dar pentru a face asta, a trebuit să urmez exact aceeași cale pe care tu o urmezi acum – chiar dacă nu realizezi că urmezi calea spirituală. A trebuit să iau corp fizic, și a trebuit să fac alegeri la fel cum tu faci acum alegeri.

Vreau ca tu să realizezi că există multe ființe în Rai și mi-ar place ca tu să le consideri ființe ascensionate sau maeștrii ascensionați. Aceste ființe nu sunt fundamental diferite față de tine. Ele au fost odată încarnate pe planeta Pământ, și au înfruntat aceleași procese și provocări pe care tu le înfrunți. Te pot asigura că unele din aceste ființe au făcut aceleași, și în unele cazuri mai severe greșeli decât ai făcut tu. Ele au înfruntat situații la fel de dificile ca cele pe care le înfrunți tu. Însă faptul că aceste lifestream-uri au fost capabile să se întoarcă acasă demonstrează că și tu te poți întoarce acasă.

Permite-mi să menționez doar câțiva oameni din Biblie care acum sunt ființe ascensionate și parte din echipa din care și eu fac parte. Iubita mea mama, Maria, este astăzi un maestru ascensionat, perechea feminină a Arhanghelului Rafael. Iubitul meu tată, Iosif, este astăzi un maestru ascensionat, si mai tarziu vă voi povesti mai mult despre el. Iubita mea Magda este un maestru ascensionat, și la fel este iubitul meu Paul. Același lucru e adevărat pentru Ion Baptistul și Ioan Botezătorul și Ioan cel Iubit. În ultimii 2000 de ani, un număr de oameni au ascensionat, și unii dintre

Capitolul 12. Este Isus singur în Paradis?

ei au fost chiar creștini. Cel mai cunoscut este iubitul meu Francisc de Assisi.

Există de asemenea mulți maeștrii ascensionați care nu au fost creștini. Cel mai cunoscut este fără îndoială iubitul meu Frate de Lumină, Gautama Buddha. Da, nu există firește nici o rivalitate între mine și fondatorul frumoasei filozofii a Buddhismului. Unul din alți Frați ai mei de Lumină a fondat filozofia Taoismului, iar altul filozofia Confucianismului. Sunt de asemenea fratele Lordului Krishna, care este echivalentul meu Estic. Krishna a adus cunoașterea conștiinței Cristice în Est, așa cum eu am adus-o în Vest.

În Rai, suntem toți frați și surori. Pe Pământ, ființele umane au permis relativității conștiinței morții să-i dividă. Vorbesc pentru toți frații și surorile mele când spun că dorim să vedem formarea unei frății universale pe planeta Pământ

Asta nu înseamnă că dorim să vedem toți oamenii alăturându-se unei religii particulare exterioare. Din contră, dorim să vedem oameni din fiecare religie decizând să urmeze calea interioară universală pe care o descriu în această carte. Dorim să vedem oameni din fiecare domeniu al vieții să recunoască că o persoană care urmează acea cale universală este unul din frații și surorile lor în Spirit. Dorim ca tu să-i iubești pe acești frați și surori așa cum te iubești pe tine.

Sunt Isus Cristos, și doresc ca tu să-ți iubești frații și surorile așa cum eu te-am iubit și încă te iubesc. În Rai, toate interacțiunile sunt bazate pe iubire. Dacă împărăția lui Dumnezeu e să se manifeste pe Pământ, cineva trebuie să înceapă să întruchipeze acea iubire divină. Acel cineva trebuie să fie o persoană care recunoaște calea interioară și care îndrăznește să urmeze acea cale interioară.

Inima mea iubită, acel cineva ai putea fi tu.

CAPITOLUL 13. ISUS ȘI REÎNCARNAREA

Subiectul reîncarnării poate părea șocant pentru mulți creștini, însă am un bun motiv pentru a-ți cere să îl iei în considerare. Să începem cu faptele istorice. Conceptul reîncarnării a fost parte a vieții religioase pe această planetă cât timp se întinde istoria înregistrată (și cu adevărat mult mai mult). Când pășeam pe Pământ, existau multe grupuri și secte în Israel care credeau în reîncarnare. Descoperirile arheologice recente au arătat că am fost afiliat comunității Essene la Qumran. Esenienii credeau în reîncarnare.

Ți-am spus că am călătorit către Est și am studiat și practicat religiile hinduistă și buddhistă. Aceste religii propăvăduiesc reîncarnarea. Prin urmare, cred că majoritatea creștinilor ortodoxi ar trebui să fie capabili să accepte ideea că Isus Cristos a fost într-adevăr familiar cu conceptul reîncarnării. Acum, să extindem chestiunea noastră un pic și să vedem dacă există ceva indicii despre reîncarnare în scripturi. Consideră pasajul care descrie cum am vindecat un om care era orb din naștere. După vindecare, discipolii mei m-au întrebat : "Cine a păcătuit, acest om sau parinții lui?"

Analizează de ce mi-ar pune o astfel de întrebare discipolii mei? Evident, discipolii mei trebuie să fi crezut că a fost posibil ca acel om să-și fi provocat el însuși orbirea. Însă omul s-a născut orb. Când e posibil să fi păcătuit? Știu că unii teologi vor raționa că el trebuie să fi păcătuit în pântecele mamei sale, dar are acest lucru sens pentru tine, onest vorbind? Cum ar putea un copil nenăscut să comită un păcat atât de serios care să justifice pedeapsa orbirii? Ar putea un Dumnezeu just și iubitor să impună o asemenea pedeapsă?

Dacă iei în considerare legea Vechiului Testament a ochiului pentru ochi, ar însemna că orbirea ar fi o pedeapsă pentru distrugerea văzului unei alte ființe umane. Cum ar putea un copil nenăscut să pricinuiască orbirea altcuiva?

O explicație simplă

În locul unor argumente teologice controversate, nu ar fi mai simplu să spui că omul a păcătuit într-o viață anterioară? S-a născut orb ca rezultat al acțiunilor ce le-a comis în acea viață. Las răspunsul la latitudinea ta.

Acum reflectează la alt pasaj din Biblie. Am afirmat că Ioan Baptistul a fost într-adevăr Elias venit din nou. Dacă Ioan a fost Elias, cum ar fi putut să vină din nou? Ioan nu a apărut deodată ca rezultat al unui anume tip de miracol. Ioan a fost conceput și născut de o femeie la fel ca orice alt copil care a fost vreodată născut pe această planetă. În consecință, nu ar părea logic că Ioan Baptistul a fost reîncarnarea profetului Elias?

Capitolul 13. Isus și reîncarnarea 161

Evident, Ioan a fost asociat îndeaproape misiunii mele. Pare imposibil că fiinta spirituală care a fost profetul Elias a putut alege să se reîncarneze pentru a sprijini misiunea mea galileană? Astăzi, Ioan Baptistul este într-adevăr un maestru ascensionat, și este parte din echipa noastră. Această echipă a existat de foarte mult timp, și unii din membrii echipei au descins pe Pământ cu mult înainte de încarnarea mea ca Isus Cristos. Ei au venit să așeze o fundație pentru misiunea mea. Ți-am oferit aceste gânduri deoarece știu că mulți creștini au fost programați împotriva ideii de reîncarnare.

A predat Isus reîncarnarea?

Oricine se sinchisește să sape în înregistrările istorice ale vechii biserici va vedea că între secolele 4 si 6 biserica romano-catolică a emis un număr de decrete care efectiv au condamnat ideea de reîncarnare ca fiind erezie. Această informație este disponibilă pentru oricine se sinchisește să facă puțină cercetare. În fapt, unii teologi sunt conștienți că edictul de banare a reîncarnării ca și erezie nu a primit aprobare papală. Prin urmare, unii argumentează că acest edict nu este o doctrină bisericească oficială.

Faptul că biserica a făcut un efort determinat să baneze reîncarnarea demonstrează că conceptul reîncarnării a fost parte a creștinismului vechi. Acesta este pur și simplu un fapt istoric pe care nimeni, cel puțin nimeni dispus să înfrunte realitatea, nu îl poate nega. Dacă reîncarnarea a fost într-adevăr parte a creștinismului vechi atunci cum a putut această idee să fie adusă în credința creștină? Este posibil ca ideea să fi fost parte a vechiului creștinism pentru că a fost introdusă chiar de către persoana care a fondat creștinismul, și anume eu însumi?

Înainte de a răspunde acestei întrebări, să considerăm de ce există atâta opunere ideii de reîncarnare. Așa cum a fost cazul cu ideea că eu sunt singurul Fiu al lui Dumnezeu, există un motiv interior și unul de suprafață.

Opoziția de interior împotriva reîncarnării

Motivul interior pentru respingerea reîncarnării este ego-ul uman și refuzul său complet de a-și asuma responsabilitatea pentru orice. Atât timp cât o persoană se identifică cu ego-ul, acea persoană caută în mod constant moduri să-și justifice acțiunile. Asta poate fi mai degrabă o afirmație dificilă.

Tu trăiești într-un univers care e ghidat de o lege naturală la care știința modernă face referire ca Legea Cauzei și Efectului. Cu alte cuvinte, trăiești într-un univers în care toate acțiunile tale au anumite forme de consecințe. Fiecare religie de pe această planetă descrie, într-o formă sau alta, această lege universală. Biblia nu face excepție deoarece ea arată asta prin zicala : ce un om seamănă, aia va culege. Sunt sigur că realizezi că această afirmație biblică se aplică de asemenea și femeilor.

Este o realitate a vieții că acțiunile tale produc consecințe și că acele consecințe te vor afecta într-un anume mod. Prin urmare, când ego-ul caută să justifice o acțiune particulară, el trebuie să găsească un mod prin care să renege Legea Cauzei și Efectului. Dacă accepți ideea că fiecare acțiune are consecințe atunci nu poți justifica anumite acțiuni pentru că realizezi că nu poți scăpa de consecințe.

Totuși, ego-ul are o modalitate de ieșire din această dilemă. Majoritatea oamenilor experimentează că ei pot

Capitolul 13. Isus și reîncarnarea

într-adevăr comite un act rău și să evite a suferi consecințele. Dacă comiți un act rău și nimeni nu află despre el sau nu poate dovedi că actul a fost comis de tine atunci tu poți (în aparență) "să scapi". Ego-ul folosește această experiență pentru a aduce argumentul că este posibil să comiți un act rău și să scapi de consecințele acelui act. Cu alte cuvinte, dacă ești destul de inteligent să eviți detecția, atunci poți de asemenea evita consecințele acțiunilor tale. Ego-ul crede că acest lucru este perfect logic și sună ca o linie de motivare. Milioane de oameni au fost atât de consumați de relativitatea conștiinței morții încât au crezut la modul serios această linie de motivare. Cum reacționează o astfel de persoană când este confruntată cu ideea reîncarnării?

Esența de bază a ideii reîncarnării este că tu nu poți scăpa niciodată de consecințele acțiunilor tale. Ai putea fi capabil să ascunzi un act rău de alte ființe umane așa încât să nu suferi vreo consecință a acelui act în această viață. Totuși, nu poți ascunde nimic de Dumnezeu, și prin urmare vei suferi inevitabil consecințele acțiunilor tale. Dacă nu vei simți aceste consecințe în această viață, le vei simți într-una viitoare.

Conceptul reîncarnării reprezintă o lovitură severă raționamentului ego-ului cum că ar fi posibil să scapi de consecințele acțiunilor tale. Astfel, o persoană care și-a bazat întreaga viață pe ideea că este posibil să scapi fără pedeapsă, nu e tocmai probabil să fie pozitivă ideii de reîncarnare. Această idee plasează toată responsabilitatea pe individ, și asta poate fi un lucru de speriat pentru unii oameni.

Ce încerc să te ajut să vezi aici, este că mulți oameni au căzut pradă mecanismului psihologic care îi predispune să ignore, respingă sau să combată conceptul de reîncarnare.

Opoziția de exterior împotriva reîncarnării

Acum să vedem motivul exterior al respingerii reîncarnării. Este un fapt istoric că una din persoanele care a fost instrumentul renegării ideii de reîncarnare de către biserică a fost soția împăratului roman, Iustinian. Numele ei era Teodora, și nu i-a placut ideea că ar putea fi pedepsită pentru acțiunile ei într-o viață viitoare. Prin urmare, și-a folosit considerabila influență pentru a duce la bun sfârșit procesul care în cele din urmă a făcut ca biserica romano-catolică să îndepărteze toate urmele, sau aproape toate urmele reîncarnării din creștinism. Teodora a fost exemplul viu la cum răspunde elita puterii ideii de reîncarnare. Întâi de toate, membrilor acestei elite a puterii nu le place ideea că ei nu pot scăpa nepedepsiți. Însă dincolo de această îngrijorare personală, ei au alt motiv pentru care nu vor ca oamenii să creadă în ideea de reîncarnare.

Ideea reîncarnării afirmă că poți fi pedepsit pentru acțiunile tale într-o viața viitoare. Totuși, cealaltă parte a monedei este că ai mai mult de o viață pentru a lucra la salvarea ta. Această idee nu prezintă interes pentru elita puterii care vrea să folosească religia pentru câștigarea puterii absolute asupra oamenilor.

Modul de operare a elitei puterii este să stabilească o biserică organizată și să afirme că această oferă singura cale către salvare. Această idee lucrează cel mai bine dacă oamenii cred că ei dispun de o singură viață pentru a-și securiza salvarea. Dacă oamenii cred că este acum ori niciodată, ei sunt mult mai probabili să urmeze edictele bisericii exterioare. Dacă crezi că ai mai mult decât o șansă să te califici pentru salvare atunci ceva din urgență dispare. Nu mai ești probabil să urmezi litera bisericii, și nu mai ești probabil să accepți orbește afirmațiile făcute de aceasta.

Capitolul 13. Isus și reîncarnarea 165

Permite-mi să ilustrez asta cerându-ți să iei în considerare un exemplu istoric. Când creștinismul a început să se răspândească în Europa, Europa avea o foarte veche cultură centrată pe proprietatea pământului. Proprietarul unei bucăți de pământ continua să lase moștenire acel pământ copiilor săi pentru a le asigura supraviețuirea. Când biserica catolică romană a început să-și răspândească influența pretutindeni în Europa, biserica nu deținea mult pământ. Însă după numai câteva secole, biserica catolică devenise cel mai mare proprietar de pământ din Europa. Biserica nu a cumpărat pământ și nu a făcut-o, în general, prin uz de forță militară pentru a lua pământ cu forța. Cum a ajuns biserica să fie cel mai mare proprietar de pământ din Europa?

Imaginează-ți că tu ești un proprietar care a trăit o viață bună și prin urmare evident ai comis un număr de acte pe care biserica le-a catalogat drept păcate. În timpul tinereții tale, nu ai fost în mod particular îngrijorat de aceste acte. Totuși, ești acum bătrân și pe patul de moarte. În această situație, majoritatea oamenilor încep să se îngrijoreze ce se va întâmpla cu ei după moarte. Astfel, tu trimiți după preotul catolic care vine la căpătâiul tău. Ai fost educat cu ideea iadului și condamnării eterne, și ai dorința naturală să eviți asta. Preotul îți cere să te confesezi de păcatele tale, și după ce ai făcut asta, realizezi în mod clar că lucrurile nu arată bine. Totuși, preotul îți oferă un mod de scăpare. Dacă vei dona o porțiune din pământul tău bisericii, biserica te va ierta de păcatele tale astfel încât să poți scăpa de eterna condamnare. Brusc, nevoia imediată de a evita pedeapsa eternă poate anihila sentimentul tău de responsabilitate pentru copiii tăi. Pe de altă parte, dacă ai crede că ai mult mai multe vieți pentru a lucra la salvarea ta, nu ai mai avea nici o nevoie "să cumperi" acea salvare de la biserică.

Majoritatea oamenilor sunt conștienți că biserica medievală a vândut într-adevăr privilegii. Asemenea scrisori de iertare au permis unei persoane să cumpere iertarea pentru păcate, și unele au cumpărat scutirea pentru păcate pe care nu le comiseseră.

Nu spun că acest exemplu este singura explicație pentru faptul că biserica catolică a devenit cel mai mare proprietar din Europa. Spun că este parte a motivului, dar ce doresc efectiv să ilustrez este că elita puterii, care vrea controlul absolut, pur și simplu nu poate permite oamenilor să creada în conceptul reîncarnării. Acest concept plasează chestiunea pedepsei în mâinile lui Dumnezeu, o autoritate care este deasupra și dincolo de ființele umane. Elita puterii vrea ca conceptul pedepsei să fie controlat de ei. Cu alte cuvinte, pentru a dobândi controlul absolut asupra oamenilor, elita puterii trebuie să extermine conceptul de reîncarnare. Ei trebuie să te faca pe tine să crezi că ei dețin cheia salvării tale și că aceasta este acum sau niciodată. Dacă nu faci ce spun ei atunci vei merge in iad, și nu există nici o posibilitate de salvare.

De ce este importantă reîncarnarea?

Menționez conceptul de reîncarnare deoarece vreau ca toți adepții mei să ia în considerare acest subiect. Permite-mi să-ți dau motivele pentru care consider acest subiect important.

Conceptul reîncarnării poate explica multe din întrebările la care creștinii nu au fost capabili să-și răspundă până acum. Dacă vei reflecta la acest concept și vei analiza cum se aplică la unele din întrebările pe care le ai despre viață și Dumnezeu, vei găsi multe răspunsuri în inima ta.

Capitolul 13. Isus și reîncarnarea 167

Când privesc creștinismul modern, văd atât de mulți oameni care au făcut un efort sincer și devotat pentru a urma învățăturile mele prin scripturile și bisericile exterioare. Însă deoarece scripturile exterioare nu conțin cheile către învățăturile mele interioare, oamenii au numeroase întrebări care par a nu avea nici un răspuns. Din cauza acestor întrebări fără răspuns, mulți creștini au o foarte adâncă, adesea nerecunoscută mânie, precum și resentimente împotriva mea și a lui Dumnezeu.

Mulți oameni au simțământul că misiunea lui Isus Cristos a fost cumva ca o palmă peste fața umanității. Motivul fiind că creștinismul ortodox fixează un țel, însă nu furnizează nici o cale clar definită pentru atingerea acelui țel. Țelul stabilit de creștinism este viața eternă, însă creștinismul nu furnizează nici o cale logică pentru atingerea vieții eterne.

Sper că acum poți vedea că motivul principal pentru care creștinismul nu furnizează calea către viața eternă este că învățăturile despre Christhood-ul individual au fost înlăturate. Unica cheie prin care se dobândește viața eternă este Christhood-ul individual.

Întorcându-ne la ideea de reîncarnare, permite-mi să spun că această idee te poate ajuta să-ți răspunzi la multe întrebări la care nu ai avut răspuns. De exemplu, mulți oameni au văzut copii născuți cu handicapuri severe, fie ele mentale, emoționale sau fizice.

Dacă nu crezi în reîncarnare, singura ta opțiune este să argumentezi că Dumnezeu a vrut ca acea persoană să fie născută așa. Îți rămâne să te întrebi de ce Dumnezeu ar vrea ca un suflet să vină pe lume, în ce e presupus a fi singura viață a sufletului, cu un așa handicap sever. Dacă adaugi și conceptul de pedeapsă, promovat de biserica ortodoxă, îți rămâne să gândești că Dumnezeu trebuie să fi vrut să pedepsească acel suflet. Însă de ce un Dumnezeu iubitor ar vrea să pedepsească un suflet care nu a avut nici măcar oportunitatea să păcătuiască?

Când accepți conceptul reîncarnării, vezi o explicație. Fiecare ființă umană a trait înainte. Prin urmare, situațiile pe care le experimentezi în această viață sunt efectele cauzelor pe care tu personal le-ai pus în mișcare în viețile anterioare. În forma lui pură, conceptul de reîncarnare nu incorporează ideea de pedeapsă. Permite-mi să explic asta în detaliu mai mare.

Când Dumnezeu a creat lumea, Dumnezeu a spus : "Să fie Lumină!". Lumina este pur și simplu energie. Totul în întreaga lume a formelor este realizat din energia lui Dumnezeu. În consecință, orice faci este făcut cu energia lui Dumnezeu.

Dumnezeu ți-a oferit liber arbitru, și tu poți decide ce să faci cu energia lui Dumnezeu. Totuși, nu ar fi pur și simplu just să creezi un univers în care ființele cu liber arbitru ar putea face orice ar vrea indiferent de consecințele pe care le-ar avea pentru alții. Astfel, Dumnezeu a creat Legea Cauzei si Efectului. Această lege afirmă că energia pe care o emiți în univers îți va fi inevitabil returnată.

Legea Cauzei și Efectului este o lege complet impersonală. Este la fel de impersonală ca și legea gravității. Dacă sari dintr-un avion fără parașută, gravitatea va face ca tu să cazi la pământ și să mori. Moartea ta nu este pedeapsa unui Dumnezeu supărat. Moartea ta este consecința impersonală a unei legi naturale care face ca toate obiectele să cadă. Legea Cauzei și Efectului, sau Legea Karmei cum este numită în Est, nu a fost creată deoarece Dumnezeu are o dorință de a pedepsi ființele umane. A fost creată ca un mecanism de siguranță pentru a preveni folosirea greșită a liberului arbitru. În realitate, Legea Cauzei și Efectului este un învățător substituit.

Capitolul 13. Isus și reîncarnarea

Deja ți-am spus că Grădina Edenului a fost școala proiectată să pregătească lifestream-ul tău pentru viața în universul material. Dumnezeul din Grădina Edenului nu a fost Dumnezeu în ultimul sens al cuvântului. A fost un reprezentant al lui Dumnezeu, și anume o ființă spirituală care în mod voluntar a acționat în capacitate de învățător. Ți-am spus de asemenea că un număr de lifestream-uri, după ce au mâncat fructul interzis, au decis să se ascundă de învățătorul lor.

Când Dumnezeu a creat universul, Dumnezeu a vrut ca lifestream-urile să poată fi mereu parte din lanțul ierarhiei, relația Guru-chela (învățător-student). Cu alte cuvinte, nici un lifestream nu va fi lăsat de izbeliște ; toate lifestream-urile vor avea ghidajul iubitor al unui învățător spiritual. Totuși, Dumnezeu a dat tuturor lifestream-urilor liber arbitru, și astfel Dumnezeu și-a dat seama că unele lifestream-uri ar putea face uz de acel liber arbitru pentru a întoarce spatele învățătorului spiritual. Dacă un lifestream îi întoarce spatele învățătorului spiritual atunci trebuie să existe un anume mecanism ce poate acționa ca un învățător substituit.

Dacă un lifestream respinge învățătorul spiritual, cum poate un lifestream să mai învețe? Poate învăța prin Legea Cauzei și Efectului. Această lege afirmă că universul material e realmente o oglindă care va reflecta înapoi către tine orice emiți.

Dacă emiți ură în univers, energia urii va fi returnată în pragul ușii tale. Dacă emiți iubire în univers, universul va trimite iubire înapoi către tine. Grădina Edenului a fost școala de iubire, de ghidaj spiritual. Legea Cauzei și Efectului este Școala Loviturilor Dure. De aceea Vechiul Testament vorbește de ochi pentru ochi și dinte pentru dinte. Această lege în Vechiul Testament a fost dată oamenilor aflați într-o stare atât de joasă de conștiință la acea vreme, încât nu erau capabili să înțeleagă o lege mai înaltă.

Legea Cauzei și Efectului

Legea Cauzei și Efectului este proiectată să te învețe făcându-te să experimentezi consecințele acțiunilor tale. Când comiți un act, actul în sine începe o reacție în lanț. Acțiunea ta trimite un impuls de energie în univers, și acel impuls de energie va fi inevitabil returnat înapoi către tine. Însă, datorită mecanicii universului material, pe care știința modernă îl va explica într-o anume zi, trebuie un timp înainte ca energia să-ți fie returnată. Imaginează-ți că o persoană ucide o altă ființă umană, dar persoana nu este niciodată identificată cu criminalul. În consecință, persoana nu primește o pedeapsă pământeană pentru acțiunile sale. Persoana moare de bătrânețe fără să experimenteze vreo consecință. Dacă acea persoană ar avea doar o singură viață, ar scăpa nepedepsită.

Cu alte cuvinte, dacă oamenii ar avea doar o singură viață pe Pământ, Dumnezeu ar permite un avantaj nedrept acelora dispuși să mintă și să trișeze. Dacă ai fi un mincinos, ai putea scăpa nepedepsit pentru cele mai cumplite acte, atât timp cât acele acte nu au fost descoperite de alte ființe umane. Stabilind Legea Cauzei și Efectului, Dumnezeu rectifică această aparentă injustitie. Dumnezeu asigură prin asta că nimeni nu ar putea vreodată scăpa de consecințele acțiunilor sale. Totuși, în majoritatea cazurilor oamenii nu vor experimenta aceste consecințe până într-o viață viitoare.

S-ar putea argumenta că întârzierea în experimentarea consecințelor ar face mai dificilă învățarea lecțiilor de către tine. Ar fi mai bine dacă universul te-ar lovi cumva

Capitolul 13. Isus și reîncarnarea

cu un fulger exact în momentul în care ai comis păcatul? Însă această linie de raționament este aplicabilă numai dacă nu ai nici o cunoaștere despre Legea Cauzei și Efectului. Asemenea ignoranță nu a fost niciodată intenția lui Dumnezeu. Dumnezeu a vrut ca oamenii să știe că nu pot scăpa niciodată de consecințele acțiunilor lor. Mai mult, dacă ai o singură viață pe Pământ și dacă ai comis un act care a făcut ca universul să te omoare atunci nu ai avea nici o oportunitate să înveți. În consecință, Dumnezeu a creat un răspuns întârziat, și în realitate acesta este un act de clemență.

Vezi tu, răspunsul întârziat al karmei tale deschide posibilitatea ca Dumnezeu, prin clemența și grația sa, să poată preveni ca tu să suferi de consecințele acțiunilor tale. Pentru a înțelege pe deplin asta, trebuie să renunți la ideea umană învechită cum că Dumnezeu este un Dumnezeu supărat care vrea să te pedepsească pentru orice transgresiune a legii sale. În realitate, Dumnezeu este un Dumnezeu iubitor care vrea doar să te vadă crescând în Christhood. Prin urmare, Dumnezeu are o unică dorință și aceasta e să te vadă învățând lecțiile tale în viață.

Întârziind experimentarea consecințelor acțiunilor tale, Dumnezeu deschide posibilitatea ca dacă ți-ai învățat într-adevăr lecția, și ai abandonat starea de conștiință care a făcut ca tu să comiți un act rău, atunci nu trebuie să suferi consecințele acelui act.

În momentul în care tu comiți un act rău, trimiți un impuls de energie în univers. Totuși, dacă realizezi pe deplin că actul tău a fost rău și astfel te ridici la un nivel de conștiință în care nu ai mai comite niciodată acel act, atunci nu există nici o intenție ca tu să suferi consecințele acelui act. Dumnezeu nu vrea să te pedepsească; Dumnezeu vrea ca tu să înveți. Dacă ți-ai învățat lecția, nu există vreun scop în a te reține din creșterea ta necesitând ca tu să suferi consecințe neplăcute.

Cu alte cuvinte, dacă îți înveți lecția înainte ca impulsul de energie să-ți fie returnat de către univers, Dumnezeu poate, prin grația și iertarea sa, să consume acel impuls de energie înainte să te lovească într-o viață viitoare. În multe cazuri, Dumnezeu permite unuia din frații și surorile tale spirituale să poarte acea povară, să suporte acea karmă, pentru tine. Însă, dacă nu-ți înveți lecția, atunci Dumnezeu va permite universului să returneze impulsul de energie către tine. Astfel primești a doua oportunitate de a învăța (modul dur).

Sunt conștient că mulți oameni vor spune : "Bine, cum pot oamenii învăța dintr-un dezastru când nu au nici o idee că acesta a fost rezultatul acțiunilor lor?" Asta reprezintă o preocupare întemeiată, însă nu are relevanță pentru Dumnezeu și pentru proiectul lui Dumnezeu pentru univers. Dumnezeu a creat Legea Cauzei și Efectului, și Dumnezeu a răspândit numeroase religii care învață oamenii despre Legea Cauzei și Efectului. Faptul că unii oameni au ales să ignore învățăturile lui Dumnezeu și Legea Cauzei și Efectului, realmente nu reprezintă responsabilitatea lui Dumnezeu. Este o consecință inevitabilă a faptului că oamenii continuă să-și folosească greșit liberul arbitru.

Dumnezeu a dorit ca fiecare să aibă întotdeauna un ghidaj iubitor din partea unui învățător spiritual. Când oamenii au întors spatele învățătorului spiritual și au coborât în universul material, Dumnezeu nu i-a lăsat fără sprijin. Dumnezeu a răspândit învățături spirituale care au explicat condițiile pe care oamenii le întâmpină în această lume. Dacă oamenii decid să ignore sau să distorsioneze chiar și aceste învățături atunci Dumnezeu nu are altă opțiune decât să permită ca legea să fie învățătorul lor.

Dumnezeu poate doar spera că oamenii într-o zi vor începe să se întrebe de ce anumite lucruri li se întâmplă.

Capitolul 13. Isus și reîncarnarea

Poate într-o zi vor analiza că sunt doar propriile lor acțiuni care conduc la condițiile pe care le experimentează. Poate umanitatea va realiza într-o zi că se află într-un proces de autodistrugere și că este la latitudinea lor să schimbe această spirală descendentă. Dumnezeu nu poate face nimic să schimbe situația fără să violeze liberul arbitru al oamenilor, iar Dumnezeu respectă acest liber arbitru.

Școala loviturilor dure

Alt motiv pentru care Legea Cauzei și Efectului este un învățător eficace este că oamenii, care și-au pierdut contactul direct cu învățătorul spiritual, adesea învață numai prin experiență. De exemplu, imaginează-ți o persoană născută să fie regele unei țări din Europa medievală. Regele abuzează de puterea sa și își tratează supușii foarte rău. El trăiește într-un lux extravagant în timp ce supușii într-o sărăcie abjectă. Regele își face veacul în palatul său minunat și nu are nici o idee despre cum suferă supușii săi. Prin urmare, lifestream-ul regelui nu va învăța nimic despre consecințele acțiunilor sale.

Însă Legea Cauzei și Efectului va necesita ca sufletul regelui să trebuiască, într-o viață viitoare, să experimenteze situația din partea opusă. Cu alte cuvinte, sufletul trebuie să se nască ca și supus al unui alt rege tiran. Trecând printr-o experiență directă a consecințelor acțiunilor sale de mai înainte, lifestream-ul are o oportunitate să învețe, și în consecință ar putea alege să abandoneze starea de conștiință care conduce la egoism.

Evident, unele lifestream-uri învață greu această simplă lecție. Astfel, ele vor continua să se încarneze iar și iar în aceleași circumstanțe exterioare înainte ca în final să învețe lecția și să treacă la circumstanțe mai bune. Însă dacă un astfel de lifestream este dispus să se orienteze către o învățătură spirituală și un învățător spiritual, lifestream-ul poate repede învăța lecția că egoismul nu duce niciodată la creștere. Lifestream-ul ar putea chiar să învețe lecția finală că trebuie să abandoneze întreaga conștiință a morții și să îmbrace conștiința minții Cristice.

Sunt Isus Cristos, și mi-am dat viața pentru a aduce învățăturile despre conștiința Cristică. Învățătorii spirituali care sunt frații și surorile mele au încercat de asemenea să aducă aceleași învățături în variate contexte. În fapt, nici o ființă umană care a trăit vreodată pe planeta Pământ nu a fost lipsită de acces la o anumită formă de învățătură spirituală. Admit că datorită existenței elitei puterii și datorită relativității conștiinței morții, mulți oameni nu au avut acces la o învățătură spirituală pură. Însă a existat mereu ceva ce o persoană să poată folosi drept trambulină către o înțelegere mai înaltă a vieții. Dacă lifestream-ul a fost dispus să facă uz de ce a fost disponibil, și să privească apoi dincolo de învățăturile exterioare, lifestream-ul a primit într-adevăr învățături mai înalte din interior.

Mesajul esențial cu care vreau să cuprind această secțiune este că Dumnezeu a făcut totul posibil ca să-ți faciliteze învățarea lecției pe care ai nevoie s-o înveți în viață. Însă relativitatea conștiinței morții este fără sfârșit. Ego-ul poate găsi o varietate infinită de scuze pentru a nu accepta sau urma adevăratele învățături spirituale.

Dumnezeu ți-a oferit liber arbitru, și este la latitudinea ta să alegi dacă vei urma drumul adevărat care-și are originea în ierarhia spirituală a Luminii sau dacă vei urma drumul fals, drumul care pare drept ego-ului.

Înainte de a lăsa subiectul reîncarnării, permite-mi să-ți dau încă un motiv pentru care vreau ca adepții mei să ia în

Capitolul 13. Isus și reîncarnarea 175

considerare acest concept. Vreau să analizezi reîncarnarea deoarece reîncarnarea reprezintă realitatea. Când am apărut pe Pământ, am știut legea Tatălui, și am propăvăduit acea lege adepților mei. Nu am vrut niciodată ca bisericile creștine de mai târziu să înlăture cheile cunoașterii. Prin urmare, spun acelor autorități din biserici care au înlăturat conceptul reîncarnării : "Vai de voi, interpreți în Lege! Căci ați înlăturat cheia cunoașterii ; nici voi n-ați intrat și i-ați împiedicat astfel și pe cei ce intrau".

CAPITOLUL 14. A ȘTERS ISUS PĂCATELE LUMII?

Chestiunea ispășirii pentru altcineva a cauzat multă confuzie printre creștini. Vreau să-ți ofer o înțelegere mai adâncă a acestui concept. Singurul mod de a înțelege deplin acest concept este prin înțelegerea Legii Cauzei și Efectului, incluzând conceptele de reîncarnare și karmă. Când universul îți returnează karmă, vei fi împovărat de acea karmă. Returnarea karmei se poate manifesta în multe moduri diferite, dar toate aceste moduri vor fi o povară pentru tine. Karma ta adesea îți va limita abilitatea de a urma calea spirituală și de a crește în conștiință peste nivelul conștiinței morții.

Când am venit pe Pământ acum 2000 de ani, umanitatea era sever împovărată de karma returnată creată în erele trecute. Devenise clar pentru mine că oamenii ar avea mici șanse de a-mi urma adevăratele învățături în condițiile în care erau atât de încărcați de acea karmă. Astfel, am cerut Tatălui meu în Paradis să permită să port karma returnată a umanității pentru următorii 2000 de ani. Mi s-a acordat acea cerere, și prin urmare am purtat povara karmei umanității în ultimii 2000 de ani. A purta povara karmei cuiva nu este același lucru cu ștergerea permanent a karmei. În consecință, nu este adevărat să spui că Isus Cristos a luat asupra sa păcatele, sau karma lumii. Am dat oamenilor un răgaz temporar în ce privește povara karmei lor. Nu le-am dat o salvare permanentă de la această karmă.

Când analizezi ideea ispășirii pentru altcineva, așa cum este predicată de anume biserici creștine, nu este dificil să înțelegi că există anumite aspecte ale acestei idei care pur și simplu nu au sens. Întâi de toate, există ideea că eu am luat asupra mea nu doar păcatele comise până la încarnarea mea ca Isus, dar și toate păcatele ce s-ar comite după acel moment. Cum aș putea să preiau păcatele ce nu au fost încă comise? Fiindcă nu sunt prins în conștiința morții, eșuez complet în a vedea cum cineva poate da vreun sens unei astfel de idei. Acest fapt ar da oamenilor un cec în alb și le-ar permite să facă orice vor fără să fie confruntați vreodată cu consecințele. Cum ar putea oamenii să învețe din asta?

Sunt un învățător spiritual. Doresc să ajut ființele umane să-și învețe lecțiile cât mai repede posibil. Totuși, chiar esența de a fi învățător este că tu nu poți să înveți lecții în locul altuia. Pur și simplu nu e destul să te învăț că acțiunile umane au consecințe. Tu trebuie să înveți acea lecție pentru tine însuți sau altfel lecția nu te va ajuta cu nimic în viață. Oamenii trebuie să-și învețe propriile lecții, și ei trebuie să facă asta ajungând la o realizare interioară a adevărului acelei lecții. Un învățător poate ajuta oamenii să-și învețe lecțiile, un învățător poate arăta studentului direcția corectă, dar învățătorul nu poate învăța lecția în locul studentului. Acest lucru este exprimat în zicala : "Poți duce un om la apă, dar nu-l poți face să bea."

Capitolul 14. A șters Isus păcatele lumii? 179

Dacă aș fi luat asupra mea toate păcatele lumii, și prin asta să șterg acele păcate, i-aș fi deposedat pe oameni de oportunitatea de a-și învăța lecțiile în viață. Sunt un învățător spiritual adevărat și în consecință nu i-aș priva niciodată pe studenții mei de oportunitatea de a învăța.

Plătindu-ți datoriile către viață

Să-ți spun o mică parabolă pentru a ilustra această chestiune. Doi oameni s-au dus la bancă, și fiecare a primit un împrumut de 10.000$. Nici o persoană nu a trebuit să facă nici o plată pentru următorii 5 ani, dar apoi împrumutul trebuia să fie plătit complet. Unul din oameni și-a cheltuit banii pe o viață desfrânată, și când cei cinci ani s-au scurs nu mai avea nici un ban. Nu și-a putut plăti împrumutul și astfel a fost aruncat după gratii. Cealaltă persoană și-a investit banii într-o afacere, și după cinci ani făcuse 100.000$. Prin urmare, și-a plătit complet datoria și de-abia dacă era observabilă suma scoasă din contul său.

Aceasta este intenția divină pentru întârzierea returnării karmei tale. Ideea este că în timpul dintre comiterea unei acțiuni greșite și culegerea karmei pentru acel act, îți poți îmbunătăți soarta. Când comiți un act rău, îți faci o datorie către viață. La un moment în viitor, tu va trebui să plătești acea datorie. Însă când comiți un act corect, produci karmă bună și strângi comori în Paradis. Dacă-ți folosești în mod înțelept oportunitatea, poți deveni un milionar înainte de a-ți plăti datoria. În acest caz, plata datoriei nu va fi mare lucru.

De asemenea, când în mod voluntar am preluat povara umanității, am intenționat ca oamenii să-și folosească în mod înțelept timpul lor. Am intenționat ca ei să aplice învățăturile mele interioare și astfel să-și mărească comorile pe care le-au strâns în Paradis. Când dispensa mea s-a încheiat, oamenii să necesite purtarea propriei karme și să-și plătească datoriile către viață. Dacă și-au folosit oportunitatea de a strânge comori în Rai, să fie o simplă chestiune de plată a datoriilor totale.

Din nefericire, intenția mea originală nu s-a realizat. Deoarece oamenii au fost deposedați de cheile către învățăturile mele interioare, majoritatea oamenilor nu au devenit milionari spirituali în acești ultimi 2000 de ani. În același timp, majoritatea oamenilor nu au făcut un efort sincer pentru a se ridica deasupra conștiinței morții și a îmbrăca Christhood-ul personal.

Mă confrunt acum cu faptul că cei 2000 de ani au trecut, și Dumnezeu nu-mi mai permite să continui să port karma umanității. În consecință, acea karmă va trebui inevitabil să înceapă să coboare, și deja vezi numeroase semne ale acestui fapt pe Pământ. Dumnezeu îmi dă posibilitatea ca eu, sau unul din frații sau surorile mele spirituale, să poată voluntar prelua karma unei ființe umane care este încă în corp.

Însă asta e permis numai când persoana și-a învățat cu adevărat lecțiile în viață, a abandonat conștiința morții și a făcut un efort sincer de dobândire a Christhood-ului personal. În astfel de cazuri, noi cei din ierarhia spirituală am putea permite să ștergem permanent o porțiune din karma cuiva. Am făcut asta pentru mulți indivizi în trecut, și continuăm s-o facem și azi. Totuși, acest lucru poate fi făcut numai la un nivel individual și doar când o persoană merită iertarea.

Ce îți spun eu aici este că din cauza a ce s-a întâmplat, sau mai degrabă a ce nu s-a întâmplat, de-alungul ultimilor 2000 de ani, umanitatea nu merită ștergerea permanentă a karmei sale. Prin urmare, nu îmi e permis să șterg karma umanității. Am voie să fac asta doar la nivel individual. Returnarea karmei umanității este o problemă serioasă care ar putea cauza multă transformare pe această planetă. Poate ai observat în ultimele decade că a existat o creștere dramatică a numărului de profeții născute din diferite surse.

Cu toate că nu toate aceste profeții sunt adevărate, numărul lor brut îți demonstrează că trăiești vremuri neobișnuite. Motivul creșterii numărului profețiilor îl reprezintă returnarea karmei umanității.

Noi care suntem maeștrii ascensionați suntem preocupați de această situație, dar grația lui Dumnezeu este infinită. Dumnezeu a oferit o soluție la această problemă pe care o voi descrie în ultima parte a acestei cărți.

CAPITOLUL 15. ESTE BIBLIA CUVÂNTUL LUI DUMNEZEU?

Adresez această întrebare deoarece atât de mulți din majoritatea adepților mei devotați și-au permis să devină atât de atașați de Biblie încât nu sunt deschiși să ia în considerare nici o altă învățătură spirituală. În fapt, mulți dintre ei nici nu sunt deschiși să-mi asculte Cuvântul Viu. Evident, nu sunt fericit cu o situație care mă împiedică să comunic cu ai mei. Sunt conștient că mulți dintre acești creștini probablemente nu ar citi această carte. Totuși vreau să adresez această întrebare.

Sunt Isus Cristos și sunt o ființă ascensionată. Orice a avut loc vreodată pe Pământ a fost înregistrat, iar eu am acces total la aceste înregistrări. Când privesc istoria Bibliei, pot spune cu certitudine că Biblia este cea mai complexă lucrare literară pe această planetă.

Originile Bibliei duc atât de mult înapoi încât atât creștinismul ortodox cât și materialismul științific ar ezita să accepte asta. Vechiul Testament izvorăște dintr-o tradiție antică orală care a fost spusă și respusă de-alungul a nenumărate generații. Sunt sigur că observi posibilitatea ca în timpul unui astfel de proces lung unele lucruri să poată fi pierdute, unele să poată fi distorsionate iar unele să poată fi adăugate.

Părți din Vechiul Testament își au originea cu adevărat ca rezultat al inspirației divine. Multe lucruri au fost adăugate lansării originale, și aceste adăugiri au fost de de asemenea Cuvântul lui Dumnezeu prin inspirație divină. Prin urmare, părți din Vechiul Testament sunt cu certitudine inspirație divină. Totuși, pe parcursul lungii sale istorii, Vechiul Testament a fost modificat de oameni care nu au respectat Cuvântul lui Dumnezeu și nu au avut nici un scrupul în ce privește adăugirea, eliminarea sau distorsionarea pentru a conveni scopurilor lor.

Astfel, cel mai bun lucru ce se poate spune despre Vechiul Testament este că acesta conține într-adevăr fragmente din Cuvântul lui Dumnezeu, dar atât de mult din el nu mai este purul Cuvânt al lui Dumnezeu. În același timp, trebuie de asemenea recunoscut că anumite părți ale Vechiului Testament n-au fost niciodată menite să fie Cuvântul lui Dumnezeu. Ele au fost pur și simplu înregistrări istorice care spun o poveste a unui anumit grup de persoane în încercarea de a conserva acele înregistrări pentru posteritate.

Ca și pentru Noul Testament, ți-am spus deja motivele pentru care nu mi-am organizat și scris personal învățăturile. Nu am vrut să lansez o nouă doctrină deoarece știam că ar fi inevitabil distorsionată. Și de ce să fi scos o doctrină oficială exterioară când eu încă transmiteam Cuvântul Viu? Mai mult, am încercat să te ajut să vezi că a fost intenția mea să continui transmiterea Cuvântului Viu pe termen nelimitat.

În consecință, doresc ca tu să accepți că atunci când scriitorii evangheliei originale au scris Noul Testament, ei nu au încercat să furnizeze o povestire completă a vieții mele sau a învățăturilor mele. Scopul lor a fost să conserve o înregistrare istorică a celor mai importante momente din viața mea așa încât mișcarea creștină crescândă să nu aibă dispute despre ce am făcut sau spus. Acesta a fost un scop nobil, dar încă o dată trebuie să-ți spun că dacă oamenii ar fi fost dispuși, ar fi primit acea informație direct de la mine.

Trebuie de asemenea să-ți spun că singurul mod de a rezolva disputele dintre diferitele grupuri de creștini este prin Cuvântul Viu sau conștiința Cristică. Când privești multele secte creștine contemporane, care fiecare afirmă că dețin interpretarea corectă a scripturilor care au fost lansate acum 2000 de ani, sunt sigur că vei fi de acord că nici o înregistrare scrisă nu ar putea în mod posibil rezolva disputele dintre creștini. Conștiința morții poate crea conflict acolo unde nu există nici un conflict, și tu nu poți niciodată rezolva un conflict folosind însuși conștiința morții. Prin urmare, nici o înregistrare scrisă, indiferent de cât de autoritativă ar putea părea, nu ar putea vreodată rezolva disputele și diferențele dintre oameni care sunt învăluiți de conștiința morții.

Vreau ca tu să înțelegi că scriitorii evangheliei originale au avut într-adevăr o anumită măsură de Christhood și că majoritatea din ce au scris a fost scriere inspirată. Evident, Cartea Revelației a fost scoasă prin ispirație directă. Astfel, nu este incorect să spui că Noul Testament, în forma sa originală, a fost Cuvântul lui Dumnezeu. Totuși, ai nevoie să înțelegi ce semnifică expresia "Cuvântul lui Dumnezeu".

Ce este Cuvântul lui Dumnezeu?

Nu este imposibil pentru Dumnezeu să vorbească cu cuvintele lui direct în această lume. Nimic nu este imposibil pentru Dumnezeu. Un reprezentant al lui Dumnezeu a rostit cu adevărat cuvintele : "acesta este iubitul meu Fiu de care eu sunt mulțumit, ascultați-l". Totuși, trebuie să-ți spun că acestea sunt situații rare. Majoritatea timpului Dumnezeu transmite Cuvântul Viu printr-o ființă umană individuală care-și ridică conștiința la nivelul conștiinței Cristice. Astfel, acea persoană devine ușa deschisă prin care Cuvântul Viu poate intra în această lume.

Am fost o astfel de ușă deschisă și la fel au fost apostolii mei și mulți alți oameni înainte și după venirea mea.

Trebuie de asemenea să înțelegi că atunci când Dumnezeu transmite Cuvântul Viu printr-o persoană, acel cuvânt devine individualizat. În sensul său cel mai pur, Cuvântul lui Dumnezeu este conștiința Cristică. Ți-am spus deja că conștiința Cristică universală nu poate intra în această lume în forma ei cea mai pură. Pentru a intra în această lume, conștiința Cristică trebuie să fie individualizată.

Vreau ca tu să înțelegi că individualizarea conștiinței Cristice, sau a Cuvântului lui Dumnezeu, nu reprezintă în mod necesar o degradare a acelui Cuvânt. Însă, individualizarea Cuvântului va fi inevitabil afectată de mintea individului care servește ca și ușă deschisă. Ți-am spus deja că învățăturile mele sunt în multe feluri afectate de personalitatea mea.

Doresc ca tu să înțelegi că Cuvântul lui Dumnezeu poate fi transmis în multe feluri diferite care sunt toate valide și care toate plătesc omagiu adevărului universal de la care acestea vin. În consecință, când spun că învățăturile mele au fost Cuvântul lui Dumnezeu, vreau să înțelegi că aceasta a fost o versiune a Cuvântului lui Dumnezeu și nu unica versiune posibilă a Cuvântului lui Dumnezeu. Vreau ca tu să eviți orice tip de fanatism în ce privește scripturile.

De asemenea vreau ca tu să recunoști că peste tot în istorie au existat situații în care o persoană a fost selectată să transmită Cuvântul lui Dumnezeu, dar acea persoană nu a fost capabilă să fie un instrument complet pur. Astfel, poți găsi învățături spirituale pe această planetă care au fost inspirate de maeștrii ascensionați și totuși conțin anumite idei sau concepte false. Nu voi arăta cu degetul nici o învățătură particulară, doresc pur și simplu ca tu să înțelegi că deși o învățătură este inspirată de Deasupra, e posibil ca o parte din mesajul original să fie pierdut în procesul aducerii acesteia în lumea materială. În toată corectitudinea, trebuie să-ți zic că a fi instrumentul transmiterii Cuvântului lui Dumnezeu nu este un proces ușor.

Adăugare și eliminare

Sper că vei observa că Noul Testament în forma lui originală a fost în mare măsură inspirat de Dumnezeu, și în consecință nu este incorect spus că este Cuvântul lui Dumnezeu, atât timp cât se înțelege ce am afirmat mai sus. Avem nevoie acum să luăm în considerare ce s-a întâmplat cu evangheliile originale în cei aproape 2000 de ani care au trecut de când au fost aduse în această lume.

Încă o dată, eu am acces la înregistrările istorice totale și nimic nu imi este ascuns. La fel de mult cât s-ar putea să te doară, trebuie să-ți spun că evangheliile pe care le ai astăzi sunt doar fragmente din ce a fost original lansat. Prin urmare, ele pur și simplu nu conțin totalitatea a ce vreau ca tu să știi despre mine, despre viața mea și despre învățăturile mele.

Știu că mulți creștini vor fi șovăitori să accepte acest lucru, dar ar trebui să citești scripturile despre care afirmi că sunt Cuvântul lui Dumnezeu. Scripturile însăși spun că dacă tot ce eu am făcut sau spus ar trebui să fie scris, lumea însăși n-ar putea conține cărțile ce ar trebui scrise. Nu e asta o indicație clară că chiar scripturile originale nu conțin totalitatea mesajului meu?

Trebuie să-ți zic că am eșuat complet în a înțelege cum atât de mulți creștini pot ignora acest adevăr evident. Cum pot ei gândi că eu, Isus Cristos, nu mai am nimic să le spun despre împărăția Tatălui meu în afară de ce este înregistrat în evangheliile zilei de azi? Pentru mine, acest lucru este uimitor.

Ce este și mai greu pentru mine să înțeleg este că atât de mulți se agață de scripturile scrise, și se agață de o interpretare particulară a acelor scripturi, închizându-și complet mințile și inimile la Cuvântul Viu, pe care-l transmit aproape continuu de 2000 de ani încoace prin multe surse diferite.

Trebuie să-ți spun că această revelație progresivă, în curs de desfășurare este adevărata mea dorință. Ce crezi că am vrut să însemne când am spus : "Voi fi cu tine mereu"? De ce crezi că am apărut discipolilor mei după crucificarea mea? N-am intenționat niciodată să te las singur într-o lume întunecată unde tot ce ai avut ca și baghetă de ghidare a fost un set de scripturi scrise care au furnizat o poveste fragmentată a vieții și învățăturilor mele. Am dorit să continui să-ți ofer confort și înțelegere prin Cuvântul Viu al lui Dumnezeu care sunt. De aceea am spus : "Am încă multe lucruri să vă spun, dar nu le puteți pricepe acum". De ce cei care se consideră adepții mei îmi resping Cuvântul Viu?

Transmiterea Cuvântului Viu

În acești ultimi 2000 de ani, am transmis Cuvântul meu Viu prin diferiți oameni care au avut curajul să-și deschidă inimile și mințile către mine. Unii din ei au lucrat într-adevăr în cadrul bisericilor creștine ortodoxe. Dar în multe

Capitolul 15. Este Biblia cuvântul lui Dumnezeu?

cazuri, fanatismul bisericii ortodoxe m-a forțat să ies din această biserică pentru a putea aduce la lumină altă piesă din dezvăluirea mea în desfășurare. Această tendință a continuat până în ziua prezentă, și cartea pe care o ții în mâinile tale este doar una dintr-o lungă serie transmisă de mine.

Noul Testament nu reprezintă a fi tot și totul în ce privește transmiterea Cuvântului Meu. Vei găsi acest Cuvânt în multe alte surse. De asemenea, această carte nu e menită să fie vazută ca un tot și toate al transmiterii Cuvântului meu. Este parte a unei tradiții care vine de la momentul când am apărut prima dată discipolilor mei după crucificarea mea. Este parte a unei tradiții prin care Maestrul Viu, Isus Cristos, transmite Cuvântul Viu acelora care îndrăznesc să fie discipolii vii ai lui.

Alege viața. Alege Cuvântul Viu al Cristului în locul cuvântului unei doctrine ortodoxe pline de oasele morților.

Scripturile sunt incomplete

Doresc ca tu să realizezi și să accepți că scripturile scrise pe care le ai astăzi lasă mult de dorit. Multe lucruri au fost extrase din ele din motive politice, nu în ultimul rând ceea ce reprezintă învățătura reîncarnării. Alte lucruri au fost adăugate, iar din motive politice. Mai mult, multe lucruri s-au pierdut din greșeli neintenționate în traduceri sau transcripții.

Nu vreau prin asta să spun că scripturile curente nu au valoare. Ele au firește valoare, și ele conțin într-adevăr chei pe care unele lifestream-uri le-au folosit pentru a-mi descoperi învățăturile tainice. Însă pentru majoritatea oamenilor scripturile curente pur și simplu nu le pot servi ca trambulină pentru descoperirea învățăturilor mele tainice.

Așadar, vreau ca tu să știi ca eu, Isus Cristos, nu vreau ca tu să-ți limitezi studiile la scripturile curente. Vreau ca tu să-ți deschizi mintea și inima și să cauți adevărul oriunde acesta poate fi găsit. Nu limita abilitatea lui Dumnezeu de a aduce adevărul în această lume. Nu limita abilitatea lui Dumnezeu de a aduce adevărul în inima și mintea ta, chiar printr-o sursă neașteptată.

Nu uita să amuzi străinii, pentru că prin asta unii au amuzat îngeri deghizați. Adevărul lui Dumnezeu adesea apare deghizat. Nu respinge adevărul doar pentru că nu-ți place aspectul lui exterior. Aceia care vor adevărul lui Dumnezeu trebuie să privească dincolo de aparențele exterioare către adevărul interior care transcende această lume.

Legea și profeții

Mi-ar place să explic semnificația adevărată din spatele afirmației cum că am venit să împlinesc legea și profeții. Sunt conștient că unii creștini au folosit această afirmație pentru a gândi că implinirea tradiției profeților, însemnând transmiterea Cuvântului lui Dumnezeu printr-o ființă umană individuală, ia sfârșit odată cu mine. Pot înțelege de ce oamenii ar trage această concluzie, și nu condamn pe nimeni care crede această idee. Însă trebuie să-ți spun că această idee este incorectă.

Când m-am referit la "legea și profeții", m-am referit la o perioadă specifică, un ciclu spiritual specific, în istoria Pământului. Acel ciclu spiritual a început pe timpul lui Abraham.

Învățătura spirituală care a servit ca și baghetă ghid pentru acel ciclu a fost Legea lui Moise. Această lege a fost dată în speranța că, aplicând legea, oamenii își vor ridica nivelul

Capitolul 15. Este Biblia cuvântul lui Dumnezeu?

lor de conștiință. La sfârșitul ciclului spiritual, oamenii ar fi gata să primească o nouă lege. Astfel, împlinirea ciclului la care m-am referit ca și "legea și profeții" a fost lansarea unei legi mai înalte pe care am adus-o la lumină într-adevăr pe Muntele Sermon împreună cu alte învățături. Cu alte cuvinte, prin împlinirea legii și profeților, am inițiat următorul ciclu de 2000 de ani. Asta nu a însemnat că venisem să aduc un sfârșit transmiterii Cuvântului Viu al lui Dumnezeu.

Transmiterea Cuvântului Viu al lui Dumnezeu se întâmplă atât timp cât există oameni pe această planetă. Atâta vreme cât oamenii sunt dispuși să-și crească conștiința lor așa încât ei să poată fi ușa deschisă pentru transmiterea acelui Cuvânt, transmiterea Cuvântului Viu al lui Dumnezeu va continua indefinit. Nu am avut nici o intenție oarecum de a pune stop transmiterii Cuvântului Viu. Cred că dovada ar trebui să fie chiar faptul că am continuat să apar discipolilor mei după crucificarea mea.

Sper că aceste cuvinte nu vor cădea pe urechile surzilor și că adepții mei, aceia care afirmă că sunt creștini, își vor deschide mințile și inimile către Cuvântul Viu al lui Dumnezeu așa cum este transmis azi și cum va fi transmis în viitor.

Așa cum i-am spus lui Saul pe drumul către Damasc, acum îți spun ție : "Încetează să murmuri la înțepături."

CAPITOLUL 16. ESTE DUMNEZEU UN DUMNEZEU SUPĂRAT ȘI JUDECĂTOR?

Una dintre cele mai mari probleme pe Pământ astăzi este că atât de mulți oameni au ajuns să accepte o imagine falsă despre Dumnezeu. Există multe imagini false, dar cea care mă îngrijorează cel mai mult este ideea că Dumnezeu este un Dumnezeu supărat și judecător care e gata să pedepsească cea mai ușoară abatere de la legea sa.

Am dictat mult pentru a explica Legea Cauzei și Efectului, incluzând reîncarnarea și karma. Dacă vei medita la explicația mea cu o inimă deschisă, vei realiza că Dumnezeu nu pedepsește în mod conștient și activ păcatele oamenilor.

Realitatea situației este că deoarece Dumnezeu a oferit oamenilor liber arbitru, Dumnezeu a trebuit să furnizeze un mecanism de siguranță așa încât un lifestream să nu devină pierdut prin folosirea greșită a acestui liber arbitru. A fost intenția originală a lui Dumnezeu ca toate lifestream-urile să-și exprime individualitatea și să-și folosească liberul arbitru într-un mod care să nu violeze legile pe care Dumnezeu le-a utilizat în crearea acestui univers. Evident, dacă trăiești în acest univers și violezi legile pe care universul a fost construit, te vei auto-distruge în mod inevitabil.

Este important pentru tine să înțelegi că legea lui Dumnezeu nu-ți limitează exprimarea ta creativă. De exemplu, uită-te la situația de pe planeta Pământ. Ți s-a dat o frumoasă planetă care este perfect capabilă pentru susținerea unui mare număr de oameni. Însă acum vedem o poluare a mediului care în cele din urma ar putea distruge acest mediu și astfel să te împiedice să-ți exprimi orice tip de creativitate și libertate. De asemenea, ființele umane au dezvoltat arme nucleare și un razboi nuclear la scară largă ar putea distruge mediul și să-ți limiteze exprimarea creativă. Evident, poluarea și razboiul nuclear nu sunt în acord cu legile lui Dumnezeu. Este perfect posibil pentru ființele umane să trăiască pe planeta Pământ fără să-și distrugă mediul. Este perfect posibil pentru ei să faca asta în așa mod încât să mai aibă destul loc pentru o exprimare creativă.

Nu este intenția lui Dumnezeu să-ți limiteze creativitatea, și legea lui nu este o restricție a libertății tale. Dacă ai cunoaște legea lui Dumnezeu, ai alege în mod natural să-ți exprimi creativitatea într-un astfel de mod care nu te-ar auto-distruge. Problema este, desigur, că deoarece oamenii au decăzut în conștiința morții și sunt dominați de ego, ei nu mai cunosc legea lui Dumnezeu. Acest lucru nu l-a intenționat Dumnezeu, însă doarece Dumnezeu ți-a dat liber arbitru, Dumnezeu nu a putut face nimic să te stopeze.

Ce ar fi putut face Dumnezeu cu un grup de lifestream-uri care au decăzut într-o stare mai joasă de conștiință și și-au uitat originea divină? Ei bine, Dumnezeu ar fi putut distruge aceste lifestream-uri, și asta e exact ce ar fi făcut un Dumnezeu supărat și judecător. Chiar faptul că te afli în viață demonstrează că Dumnezeul tău nu este un Dumnezeu supărat și judecător. Dumnezeul tău este un Dumnezeu al clemenței și compasiunii, și prin urmare El le-a oferit oamenilor o a doua șansă. De fapt, El le-a oferit oamenilor de mai multe ori o a doua șansă.

Dumnezeu nu te pedepsește

Ideea mea aici este că Dumnezeu nu te pedepsește pentru greșelile tale. Când Dumnezeu ți-a dat liber arbitru, El pur și simplu a stabilit un mecanism de securitate așa încât dacă tu-ți folosești greșit liberul arbitru, nu te vei auto-distruge automat și imediat. Dumnezeu a creat o lege impersonală care returnează toată energia către tine cu aceeași calificare avută când tu ai transmis acea energie. Prin urmare, vei culege ceea ce ai semănat.

Evident, dacă toate circumstanțele tale curente sunt consecințele propriilor tale acțiuni, și dacă toate acțiunile tale, trecute sau prezente, sunt rezultatele alegerilor pe care tu le-ai făcut cu liberul arbitru, atunci nu are sens să spui că condițiile curente pe planeta Pământ sunt rezultatul pedepsei lui Dumnezeu.

Aceste condiții nu au fost create de Dumnezeu și ele nu sunt ceea ce Dumnezeu vrea pentru copiii lui. Condițiile curente de pe această planetă au fost create de ființele umane. Admit în mod liber că majoritatea oamenilor au creat aceste condiții prin ignoranță. În fapt, oamenii au fost înșelați în mare măsură în crearea mizeriei actuale pe Pământ. Ei au fost păcăliți în crearea acestei mizerii de către o elită a puterii, un mic grup de suflete care deliberat și voit s-au revoltat împotriva legii lui Dumnezeu.

Cu toate acestea, faptul sumbru este că ființele umane se auto-pedepsesc și continuă să se auto-pedepsească pentru că ele continuă să-și permită să rămână ignorante în ce privește legea lui Dumnezeu. Dumnezeu a trimis mulți profeți, învățători spirituali și mesageri în încercarea de a-i face pe oameni să-și schimbe căile.

Însă până în acest moment, mesajul lui Dumnezeu a fost ignorat de atât de mulți oameni încât Dumnezeu nu poate aduce schimbări majore pe planeta Pământ. Dumnezeu trebuie pur și simplu să aștepte până când mai mulți oameni ajung la un nivel dincolo de conștiința morții și încep să îmbrace Christhood-ul lor personal.

Fiecare ființă umană are potențialul să pună stop acestei spirale descendente și să atingă nivelul conștiinței Cristice. Voi admite că acest potențial nu a fost cunoscut de masa mare a oamenilor. Cu toate acestea, nu este intenția mea cu această carte să lamentez cu ceea ce ar fi putut fi. Este intenția mea să-ți demonstrez ce poate fi, acum și în viitor.

Dacă nu-ți place ce vezi în viața ta personală, preia responsabilitatea pentru situația ta și recrează-te după chipul și asemănarea lui Dumnezeu. Dacă nu-ți place ce vezi pe această planetă, preia responsabilitatea pentru această situație și recrează Pământul după chipul și asemănarea Împărăției lui Dumnezeu.

Sunt Isus Cristos, și sunt parte din echipa ființelor spirituale care și-au închinat viețile pentru a ajuta ființele umane să iasă din mizeria lor curentă. Noi vrem să vedem Împărăția lui Dumnezeu și viața îmbelșugată manifestate pe această planetă. Avem imensă putere, și stăm gata să te ajutăm în orice moment. Însă trebuie să respectăm Legea Tatălui nostru a Liberului Arbitru. Dacă alegi să rămâi în ignoranță, dacă alegi să nu-ți asumi responsabilitatea pentru viața ta și pentru planetă ca întreg, atunci noi trebuie pur și simplu să așteptăm până când iei o decizie mai bună.

Am venit să-ți spun că este timpul să iei acea decizie. Chiar dacă un mic număr de oameni ar lua decizia să urmeze calea Christhood-ului individual, noi maeștrii ascensionați am putea imediat să aducem schimbări dramatice pe această planetă. Noi suntem gata și în așteptare ; avem doar nevoie de chemarea ta. Mai târziu am să te învăț cum să faci acea chemare.

Fă pace cu Dumnezeu

Am pășit personal pe Pământ, și cunosc cum e să te afli sub imensa greutate a karmei umanității. Însă acum locuiesc în Paradis, și prin urmare știu diferența incredibilă între starea de conștiință aflată în Paradis și starea de conștiință care momentan domină Pământul. Știu de asemenea că Dumnezeu vrea ca fiecare ființă umană să se ridice la starea de conștiință pe care noi o avem în Rai, și anume conștiința Cristică. Totuși, pentru a obține această stare de conștiință, trebuie să vindeci relația ta cu Dumnezeu. Cum poți moșteni împărăția lui Dumnezeu și să dobândești conștiința Cristică atât timp cât ți-e frică sau îl displaci pe Dumnezeu? Dacă ești dispus să începi vindecarea relației tale cu Dumnezeu, dacă vrei să depășești ideea că Dumnezeu este un Dumnezeu supărat și judecător, atunci ai nevoie să-ți ridici conștiința deasupra nivelului ego-ului uman și al conștiinței morții. Dacă vei face un efort în acest sens, îți promit că este posibil pentru tine să experimentezi pacea, bucuria și iubirea care există în Rai.

Dacă ești dispus să începi acest proces de vindecare, îți sugerez să începi citirea învățăturilor de pe website-ul meu (www.askrealjesus.com) și unele din multele cărți inspiraționale aflate în librării și biblioteci. Unele din aceste cărți descriu experiențele aproape de moarte în care oamenii și-au părăsit corpul fizic și au călătorit în tărâmurile spirituale. Astfel de cărți pot fi de o mare inspirație, dacă le citești cu o inimă deschisă.

Există de asemenea multe alte cărți spirituale și religioase, din fiecare religie majoră sau fără nici o religie particulară, care descriu experiențe religioase și mistice care îți vor da o licărire a stării de conștiință pe care noi o avem în Paradis.

În Paradis nu găsești nimic din vacarmul pe care-l experimentezi pe Pământ. Găsești pace. Găsești iubire, și acea iubire e diferită de iubirea pe care majoritatea oamenilor o experimentează pe Pământ. Iubirea lui Dumnezeu este cu adevărat necondiționată. Știu că atît timp cât o persoană este învăluită în conștiința morții, aceasta nu poate aprofunda conceptul iubirii necondiționate. Însă când începi să pășești pe calea Christhood-ului personal, vei experimenta, mai devreme sau mai târziu, o străfulgerare a iubirii necondiționate a lui Dumnezeu.

Trebuie să înțelegi că noi, maeștrii ascensionați, nu dorim nimic mai mult decât ca tu să experimentezi și să accepți iubirea necondiționată pe care noi o simțim pentru tine. Ți-ai putea aminti că scripturile conțin conceptul de iubire perfectă care alungă toată frica. Iubirea perfectă la care se face referire este iubirea necondiționată a lui Dumnezeu. Dacă ai experimenta măcar o licărire din această iubire necondiționată, viața ta ar fi permanent transformată.

Nu spun prin asta că instantaneu ai fi transformat într-o ființă umană perfectă. Spun că ai realiza că există o alternativă la starea de conștiință pe care o experimentezi pe Pământ. Această experiență ți-ar oferi motivația și impulsul de a-ți urmări Christhood-ului personal cu toată sârguința și ardoarea inimii tale. Odată ce ai experimentat iubirea necondiționată a lui Dumnezeu, pur și simplu nu vei mai permite nici unei condiții umane, fie din interiorul sau din exteriorul psihicului tău, să stea în calea pasului tău interior către conștiința Cristică.

Conștiința Cristică reprezintă mediatorul dintre Paradis și Pământ. Este mediatorul între starea de conștiință experimentată de ființele spirituale aici în Paradis și nivelul de conștiință experimentat de ființele umane care sunt pierdute în relativitatea conștiinței morții. Cea mai mare dorință a mea este să-ți pot oferi experiența iubirii necondiționate a lui Dumnezeu și să te ajut să accepți cu adevărat că creatorul acestui univers are o iubire infinită pentru tine personal. Atât de mulți oameni cred că nu merită iubirea lui Dumnezeu. Atât de mulți oameni se tem să-l abordeze pe Dumnezeu deoarece și-au permis să creadă că până când nu se ridică la un standard definit de anumite autorități religioase, ei vor fi respinși de Dumnezeu. Simplul fapt este că lifestream-ul tău nu va fi niciodată respins de Dumnezeu. Dumnezeu te vrea pe tine, fiul sau fiica lui, să moștenești totalitatea împărăției lui de iubire necondiționată.

Ajungând la Dumnezeu

Oricum, trebuie să înțelegi că carnea și sângele conștiinței morții nu pot moșteni împărăția Raiului. Nu poți experimenta iubirea lui Dumnezeu prin conștiința morții. Problema este că deoarece oamenilor nu li s-a spus despre Chrishood-ul individual, atât de mulți oameni sinceri și binevoitori încearcă să-l abordeze pe Dumnezeu de la nivelul conștiinței morții. Când îl abordezi pe Dumnezeu din acea stare de conștiință, Dumnezeu nu realizează ca este abordat pentru că ochii lui nu pot zări inechitatea conștiinței morții. Prin urmare, oamenii se simt respinși de Dumnezeu.

Permite-mi să-ți spun o parabolă care explică situația. Imaginează-ți că încerci să ajungi la o persoană care locuiește în New York. Ai un telefon și o carte de telefon. Dacă ai văzut vreodată o carte de telefon a orașului New York, știi că aceasta conține milioane de numere. Nu cunoști numele persoanei la care încerci să ajungi, și astfel nu ai nici o modalitate de a-i găsi numărul de telefon. Însă tu știi că dacă nu formezi numărul corect, nu vei ajunge la acea persoană.

Ce poți să faci? Poți începe de la început formând fiecare număr din carte. Însă dacă faci așa, vei avea inevitabil multe încercări nereușite, și se poate să-ți ia mult timp să găsești persoana dorită. Simplul fapt este că majoritatea oamenilor religioși încearcă să ajungă la Dumnezeu fără a avea numărul lui de telefon. În consecință, ei nu reușesc și se simt descurajați și respinși.

Sunt aici să-ți spun că nu este dificil să afli numărul de telefon al lui Dumnezeu. Pentru a-l găsi, tu pur și simplu ai nevoie să atingi nivelul conștiinței Cristice. Ți-am spus deja că dacă citești această carte, ai deja manifestat un anumit nivel de conștiință Cristică. Astfel, deja deții potențialul să experimentezi acea stare de conștiință. Poți experimenta iubirea necondiționată și foarte personală a lui Dumnezeu pentru tine. Mai târziu îți voi arăta un proces mai sistematic de experimentare a conștiinței Cristice. Între timp, te rog să meditezi la conceptul de iubire necondiționată.

Dumnezeul Bibliei

Sunt conștient că unii creștini vor gândi că ideile pe care le exprim aici contrazic imaginea lui Dumnezeu dată de

Capitolul 16. Este Dumnezeu un Dumnezeu supărat și judecător 201

Biblie. Prin urmare, mi-ar place ca tu să participi într-un mic experiment de gândire. Mi-ar place ca tu să-ți imaginezi ce ar fi dacă ai fi un învățător spiritual care locuiește aici în lumea spirituală. Privești acum către umanitate și întrebarea care ai nevoie s-o iei în considerare este cum ai putea ajuta oamenii să se ridice la un nivel mai înalt de conștiință.

Nu este dificil de observat că unii oameni se află într-o foarte joasă sau densă stare de conștiință. Ei au devenit atât de învăluiți de relativitatea conștiinței morții încât ei cred literalmente că au dreptul să facă orice vor altor oameni. Ei mai cred că vor scapa, făcând orice vor.

Din avantajul punctului tău de vedere ca ființă spirituală, tu vezi clar că datorită Legii Cauzei și Efectului, acești oameni sunt pe pista rapidă de auto-distrugere. Ei pur și simplu creează un munte de karma, și este doar o problemă de timp până când o avalanșă va aluneca acel munte și îi va îngropa. Însă acești oameni sunt atât de întăriți în starea lor de conștiință încât este imposibil să ajungi la ei cu vreun tip de mesaj spiritual.

Cum ai putea tu să ajungi la astfel de oameni? Cum ai putea să-i scuturi de starea lor curenta de conștiință și să-i faci să realizeze că până când nu-și vor schimba modurile de operare, se vor auto-distruge inevitabil? Sunt sigur că realizezi că unicul mod de a ajunge la astfel de oameni este cu un mesaj foarte direct și aspru.

Unii oameni au coborât realmente într-o astfel de stare joasă de conștiință încât unicul mod de a-i scutura de această stare este prin frică. Acești oameni nu-și vor schimba modurile de operare până când nu se vor teme de consecințele acțiunilor lor. Cu alte cuvinte, unii oameni se vor schimba numai de frica pedepsei.

Când ajungi la această înțelegere, realizezi dilema în care ne găsim noi, maeștrii ascensionați. Noi nu dorim ca oamenii să se teamă de noi. Totuși nu vrem să-i vedem pe frații și surorile noastre auto-distrugându-se. Dacă singurul lucru care-i poate motiva pe oameni să-și schimbe modurile de operare este prin frică, atunci ce să facem?

Noi maeștrii ascensionați suntem foarte serioși în ce privește salvarea oamenilor și aducerea fiecărui lifestream acasă. Ne va lua mult timp să trezim un suflet și să facem acea persoană să realizee că trebuie să-și schimbe modurile de operare. Dacă un suflet poate fi trezit numai prin frică atunci noi vom îmbrăca aparența unui Dumnezeu supărat.

Dacă un suflet are nevoie să fie motivat prin pedeapsă atunci noi vom căuta să facem lumea să vadă amenințarea unei astfel de pedepse. Deoarece Legea Cauzei și Efectului îi face pe oameni să se auto-pedepsească, această amenințare este foarte reală. Este esențial pentru tine să înțelegi că ceea ce vezi în Biblie nu reprezintă învățătura spirituală cea mai înaltă pe care Dumnezeu vrea s-o aducă pe această planetă.

Ce vezi atât în Vechiul cât și în Noul Testament este un răspuns cumpănit care este proiectat să corespundă stării de conștiință pe care oamenii o aveau la momentul lansării învățăturii. Deja ți-am spus despre revelația progresivă. Legea lui Moise a fost dată oamenilor aflați într-o stare foarte joasă de conștiință. Prin urmare, ei aveau nevoie de un mesaj foarte sever.

Evident, predica mea de pe Munte a reprezentat un mesaj mai gentil. Însa a fost foarte direct. A fost mereu speranța maeștrilor ascensionați că umanitatea va crește la nivelul de conștiință în care pot recepționa adevăratele învățături ale lui Dumnezeu, și anume învățăturile despre iubirea necondiționată a lui Dumnezeu.

Asta nu înseamnă că Biblia este expirată. Chiar și azi, mulți oameni se află încă în starea de conștiință care necesită Legea lui Moise. Însă azi mulți oameni sunt pregătiți pentru învățături mai înalte despre iubire. Dacă citești această carte, ar trebui să te numeri printre ei.

A fost speranța mea inițială ca oamenii să-mi folosească învățăturile pentru a păși pe calea Christhood-ului personal. Dacă o masă critică de oameni ar păși pe această cale și ar obține o anume măsură de Christhood, ar fi posibil pentru mine să eliberez cele mai înalte învățături despre iubirea lui Dumnezeu.

Cred că suntem în preajma timpului când aceste învățături trebuie să apară. Dacă o masă critică de oameni vor lua aminte la îndrumările mele din această carte și vor ținti Christhood-ul lor personal, atunci nu peste mult timp pot lansa adevăratele învățături despre iubirea necondiționată a lui Dumnezeu.

Nu e nevoie de vină

Vreau să înțelegi că Dumnezeu te-a creat după chipul și asemănarea sa. Dumnezeu ți-a dat liber arbitru și ți-a dat dreptul să experimentezi cu acest liber arbitru. Dumnezeu a realizat că este inevitabil ca unii dintre fiii și fiicele sale să nu-și folosească liberul lor arbitru ca să-i violeze legile. Evident, Dumnezeu nu vrea ca tu să faci alegeri care sunt auto-distrugătoare.

Însă Dumnezeu nu e supărat pe tine fiindcă ai făcut astfel de alegeri și nu te condamnă pentru ele. Astfel, Dumnezeu nu vrea să te simți vinovat sau condamnat deoarece ai făcut astfel de alegeri. Dumnezeu nu are nici o dorință să te vadă trăind o întreagă viață, sau chiar mai multe vieți, cu sentimentul că ești un păcătos mizerabil care este nedemn să-l abordeze pe Dumnezeu.

Dumnezeu nu vrea ca tu să te simți prost deoarece ai făcut o greșeală. Dumnezeu vrea ca să te simți liber să admiți că ai făcut o greșeală, să accepți iertarea lui Dumnezeu și să încetezi să mai faci greșeli viitoare.

Problema pe planeta Pământ azi este că atât de mulți oameni au acceptat ideea că ei sunt păcătoși mizerabili, și prin urmare nu îndrăznesc nici să-l abordeze pe Dumnezeu și să-i ceară iertare. Ca rezultat, ei continuă să facă alegeri bazate pe conștiința morții, și astfel continuă să construiască un perete între ei înșiși și iertarea și iubirea lui Dumnezeu. Asta nu e ce Dumnezeu dorește să vadă întâmplându-se. Dumnezeu vrea ca toți fiii și fiicele sale să iasă din spirala negativă prin care ei se îndepărtează din ce în ce mai mult de împărăția lui.

Sunt conștient că unii oameni vor folosi greșit ideea de iertare a lui Dumnezeu. Tipul de oameni care au cumpărat indulgență apoi au păcătuit cu cuget curat, pur și simplu nu sunt pregătiți pentru învățătura că iertarea lui Dumnezeu este infinită. Însă am încredere că puțini din acești oameni vor citi vreodată această carte. Astfel, doresc să eliberez către tine învățătura care zice că grația și iertarea lui Dumnezeu este cu adevărat infinită. Mai mult, iertarea lui Dumnezeu este instantanee.

Dumnezeu vrea ca tu să abandonezi conștiința relativă care te face să violezi legile lui Dumnezeu. Datorită liberului arbitru, tu trebuie să faci o alegere de a renunța la acea stare de conștiință. Apoi, exact în momentul în care faci alegerea, toate transgresiunile tale, toate greșelile tale, toate păcatele tale sunt instantaneu iertate.

Dumnezeu vrea pur și simplu ca tu să te întorci acasă, și nu poți veni acasă atât timp cât te consideri un păcătos mizerabil care e nedemn să-l abordeze pe Dumnezeu. Prin urmare, Dumnezeu vrea ca tu să depășești acest sentiment așa încât să te poți simți demn de a intra în împărăția lui. Dumnezeu vrea ca tu să te simti binevenit și vei fi acceptat de El. Acceptarea ta în împărăția lui Dumnezeu nu depinde de actele pe care le-ai comis sau nu. Acceptarea ta în împărăția lui Dumnezeu depinde doar de un singur lucru, și anume starea de conștiință.

Pentru a intra în împărăția lui Dumnezeu, trebuie să abandonezi conștiința morții și să te unești cu mintea Cristică. Procesul de dezbrăcare a vechii stări de conștiință și îmbrăcare a unei noi stări de conștiință este destul pentru a te califica pentru iertarea lui Dumnezeu. În consecință, după ce ai luat decizia de a urma Christhood-ul personal, trebuie să faci un efort conștient de a renunța la convingerea că ești un păcătos mizerabil nedemn de a intra în împărăția lui Dumnezeu.

Legea Karmei

Dumnezeu te-a creat după chipul și înfățișarea sa. Astfel, de la bun început ai fost vrednic să moștenești împărăția lui Dumnezeu. De la bun început, ai fost vrednic să primești iubirea necondiționată a lui Dumnezeu. Nimic din ce ai putea face nu te-ar face nedemn de iubirea necondiționată a lui Dumnezeu. Dacă s-ar putea așa, iubirea lui Dumnezeu n-ar fi necondiționată.

Vreau să contempli la aceste idei până cand începi să accepți că ești demn cu adevărat de abordarea lui Dumnezeu și că poți, îmbrăcând noua măsură a Christhood-ului tău personal, să devii demn de a intra în împărăția lui Dumnezeu.

Totuși, trebuie de asemenea să-ți spun că iertarea lui Dumnezeu nu-ți șterge karma personală. Pentru a scăpa pe deplin de tragerea în jos pe planeta Pământ, trebuie să-ți echilibrezi karma personală. Ce încerc să te ajut să vezi aici este că atunci când comiți un act rău, două lucruri se întamplă :

- Îți creezi o anume cantitate de karmă personală. Te poți gândi la asta ca la crearea unei datorii către viață. Această karmă este energie descalificată. Deoarece energia a fost descalificată în universul material, tu creezi o anume atracție gravitațională care menține sufletul tău legat de universul material. De aceea trebuie să continui să te reîncarnezi până când îți echilibrezi karma personală. Cu alte cuvinte, atât timp cât deții karmă neechilibrată în lumea materială, nu ești liber să ascensionezi către lumea spirituală.

- Creezi o distanță între tine și Dumnezeu. Această distanță există doar în mintea ta, și își are originea când ai decis prima dată sa întorci spatele lui Dumnezeu. Fiecare act greșit pe care-l comiți doar reîntărește zidul pe care l-ai construit între tine și Dumnezeu. Pentru a te reîntoarce în împărăția lui Dumnezeu, trebuie să dărâmi această bariera psihologică. Poți face asta numai prin acceptarea iertării lui Dumnezeu și astfel reconstruind sensul tău de a fi un fiu sau o fiică vrednică de a intra în împărăția Tatălui tau. Atât timp cât menții cel mai ușor sentiment de nevrednicie, nu poți lua o decizie de liber arbitru pentru a păși pe poarta care duce la împărăția lui Dumnezeu.

Toate actele rele sunt rezultatul unei anumite stări de conștiință, o anume stare de ignoranță. În momentul în care renunți la acea stare de conștiință, greșeala ta este iertată de

Dumnezeu. Ar trebui să-ți permiți să simți și să accepți iertarea lui Dumnezeu deoarece va fi de mare sprijin pentru tine pe măsură ce pășești pe calea către Christhood. Și în același timp nu trebuie să uiți că iertarea lui Dumnezeu nu șterge karma pe care ai făcut-o prin acțiunile tale greșite. Acea karmă trebuie să fie echilibrată înainte ca tu să fii liber de acele acțiuni.

Vreau să-ți reamintesc ce am spus mai devreme despre karmă ca și o datorie către viață. Când pășești cu seriozitate pe calea Christhood-ului personal, urci comori în Rai care îți vor facilita echilibrarea karmei din trecut. Cu alte cuvinte, dacă devii un milionar spiritual, va fi foarte ușor să plătești datoriile către viață. În ultima parte a acestei cărți, îți voi spune despre o tehnică spirituală care de asemenea va fi de o mare asistență în echilibrarea karmei tale personale.

Pentru moment, vreau ca tu să contempli la conceptele de iertare și iubire necondiționată. Vreau ca tu să realizezi și să accepți că ești într-adevăr demn de a moșteni împărăția Tatălui tau. Vezi tu, deoarece iubirea lui Dumnezeu este necondiționată, tu nu trebuie să faci nimic pentru a câștiga iubirea lui Dumnezeu. Ai câștigat această iubire în momentul în care Dumnezeu a creat lifestream-ul tău. În consecință, trebuie doar să accepți iubirea lui Dumnezeu.

Dacă nu experimentezi iubirea necondiționată a lui Dumnezeu, nu este pentru că Dumnezeu ascunde acea iubire de tine. Este pentru că tu te ascunzi de iubirea lui Dumnezeu. Pur și simplu încetează să respingi iubirea lui Dumnezeu. Este cu adevărat buna plăcere a Tatălui să-ți ofere iubirea lui.

CAPITOLUL 17. CHESTIUNEA RĂULUI

Conceptul de rău a cauzat multă confuzie, nu doar printre creștini, ci de asemenea printre oamenii interesați spiritual din întreaga lume. Motivul principal din spatele acestei întregi confuzii este negarea pe scară largă a importanței liberului arbitru.

Dacă iei în considerare remarcile mele anterioare despre elita puterii, vei vedea că o elită a puterii căutând controlul absolut peste oameni va face tot ce poate ca să răspândească convingeri false, prin religie sau știință, afirmând că liberul arbitru fie nu există, fie nu este important. Ceea ce această elită a puterii încearcă să facă este să te aducă în starea în care tu îți negi potențialul tău divin dat de Dumnezeu de a-ți manifesta Christhood-ul pe Pământ.

Dacă negi existența liberului arbitru atunci devine extrem de dificil de explicat faptul evident că există rău pe această planetă. Dacă ești un materialist științific, nu ai nici o explicație virtuală în ce privește răul așa că majoritatea acestor oameni tind să-l ignore.

Aş putea adăuga aici că ignorarea unei tumori canceroase nu este cel mai bun mod de a te ocupa de ea.

Dacă eşti o persoană religioasă atunci sfârşeşti prin a ajunge la o serie de argumente născocite care cumva caută să se ocupe de problema că dacă fiinţele umane nu au liber arbitru atunci Dumnezeu trebuie să fi creat răul. Pentru majoritatea oamenilor, ideea că Dumnezeu a creat răul nu sună deloc bine. Nu sună bine deoarece nu este corect.

Realitatea situaţiei este că Dumnezeu nu a creat răul. Contrar a ce majoritatea religiilor predică, răul nu înseamnă polaritatea opusă lui Dumnezeu. Dumnezeu este o fiinţă complet stăpână pe sine şi Dumnezeu nu are nici un opus. Ţi-am spus mai devreme că atunci când Dumnezeu a început crearea lumii formelor, Dumnezeu a creat două polarităţi, după cum a fost ilustrat în Tai-Chi. Cu toate acestea, răul nu formează polaritatea opusă lui Dumnezeu, şi nu formează nici măcar polaritatea opusă binelui.

Polaritaţile din Tai-Chi nu sunt mutual exclusive. Ele sunt complementare şi prin interacţia lor ele aduc un nou aspect al lumii formelor. Acel aspect va fi în armonie cu legea lui Dumnezeu, şi astfel va fi sustenabil. Acesta nu se va auto-distruge.

Esenţa răului este că acesta nu este în acord cu legea lui Dumnezeu. Prin urmare, răul nu formează o polaritate creativă cu binele. Răul nu poate crea nimic, acesta poate doar distruge. Tot ce este influenţat de rău este nesustenabil deoarece violează legea lui Dumnezeu. În consecinţă, tot ce este afectat de rău va fi temporar, şi în cele din urmă se va auto-distruge.

Capitolul 17. Chestiunea răului 211

Răul ca rezultat al alegerii

De ce există rău în lume? Prezența răului este rezultatul alegerilor cu liberul arbitru, sau mai degrabă numeroaselor alegeri cu liberul arbitru. Alegerea originală cu liberul arbitru care a adus răul pe această planetă nu a fost făcută de ființele umane. A fost făcută de liderul unei benzi de ființe din sfera anterioară, și numele lui era Lucifer. Lucifer a făcut alegerea cum că nu era dispus să urmeze una din comenzile lui Dumnezeu. Lucifer a făcut acea alegere din mândrie. A vrut să fie cea mai importantă ființă din sfera lui și când nu i s-a arătat acest favoritism, Lucifer s-a răzvrătit.

În acord cu cosmologia creștină tradițională, există doar lumea materială și Paradis. Însă realitatea mai adâncă este că lumea formelor a fost creată ca o serie de sfere. Fiecare sferă începe la un anumit nivel de vibrație, iar locuitorii, co-creatorii acelei sfere vor ridica gradual nivelul sferei lor până când aceasta trece prin faza de ascensiune și devine parte permanentă a ceea ce ființele umane văd ca fiind tărâmul spiritual. Odată ce o sferă ascensionează, o nouă sferă neascensionată este creată.

Ideea este că lumea materială în care tu trăiești este ultima parte din acest proces creativ, este ultima sferă neascensionată. Rebeliunea lui Lucifer nu a avut loc în această sferă ; aceasta s-a întâmplat într-o sferă anterioară. S-a întâmplat când acea sferă era gata să ascensioneze, ceea ce înseamnă că toate ființele din sferă trebuiau să renunțe la pozițiile și puterea pe care le dobândiseră. Lucifer nu a fost dispus să renunțe la puterea sa – așa cum eu am demonstrat trecând prin crucificare – și astfel nu a putut ascensiona cu sfera lui. În schimb, el și multe din ființele care i-au fost loiale au căzut în următoarea sferă care a fost creată.

Unii din ei au continuat să decadă până când se află acum în această ultimă sferă neascensionată, și asta explică două lucruri importante. Explică de ce au devenit atât de orbiți de mândria lor încât ei cred că dețin înțelepciunea și dreptul de a-i spune Creatorului cum ar trebui să funcționeze universul. Și mai explică de ce aceste ființe decăzute – așa cum a fost demonstrat de unii lideri ai lumii astăzi și de liderii care m-au executat pe mine – nu au absolut nici un respect pentru ființele umane. Aceste ființe decăzute îi consideră pe toți locuitorii acestei sfere ca fiind mult sub nivelul lor, și astfel nu au nici un respect pentru lifestream-urile printre care se încarnează. [pentru învățături mai multe despre cum lumea formelor a fost creată ca o serie de sfere, vezi cartea The Power of Self]

În universul material, energiile sunt atât de dense încât nu este imediat evident că orice din acest univers este creat din lumina lui Dumnezeu. În consecință, acest univers poate servi ca o casă temporară pentru acele ființe care au pășit în afara legii lui Dumnezeu și astfel nu se mai văd pe ei înșiși ca și copii ai lui Dumnezeu.

Dacă te întrebi dacă există vreun suport pentru această idee, studiază vechile texte biblice numite Cartea lui Enoch. Această carte descrie procesul prin care îngerii decăzuți au fost alungați din Rai – în realitate, o sferă neascensionată fiindcă nici o ființă nu poate cădea din Rai – și au luat corpuri umane. Textul implică că acești îngeri decăzuți au continuat să apară în corpuri umane. Cartea lui Enoch a fost mai tarziu scoasă din Biblia ortodoxă, și te-ai putea întreba de ce.

Capitolul 17. Chestiunea răului 213

Originea răului

Ideea mea de bază este că originea răului a fost o alegere de liber arbitru făcută de un grup de ființe foarte puternice care au ales să se răzvrătească împotriva lui Dumnezeu. Ei au format de atunci ceea ce am numit elita puterii. Multe din aceste suflete au demonstrat până acum un absolut angajament de a se conforma cu decizia lor originală de a se răzvrăti împotriva lui Dumnezeu. Prin urmare, au încercat să transforme planeta Pământ într-o lume în care Dumnezeu nu există. Cu alte cuvinte, ei vor să-l facă uitat pe Dumnezeu în această lume în încercarea de a dovedi că ei pot exista fără Dumnezeu. Ei vor de asemenea să se autostabilească ca înlocuitori sau dumnezei falși pe Pământ. Ei cred că scopurile lor pot justifica absolut orice mijloace imaginabile. Aceste suflete vor face orice pentru a câștiga și menține controlul asupra oamenilor pe Pământ.

Din nefericire, menținerea unui astfel de control nu este foarte dificil. Ființele decăzute dețin o armă puternică în ținta lor pentru control, și anume relativitatea conștiinței morții. Orice ființă umană aflată în ghiarele conștiinței morții este o țintă ușoara pentru manipulatorii planetei Pământ. Dacă orice este relativ atunci orice poate fi definit de anume autorități aici pe Pământ, incluzând binele și răul, adevărul și eroarea. Ființele decăzute au creat numeroase filozofii în încercarea de a răspândi astfel de idei relative și de a le face să pară adevăruri absolute.

Trebuie să înțelegi că elita puterii va face orice pentru a te împiedica să descoperi adevărul despre Dumnezeu. De exemplu, în ultimii 2000 de ani au încercat să folosească bisericile creștine pentru a preveni răspândirea cunoașterii. De-alungul secolelor, biserica catolică a fost o mașină eficientă de controlat mințile, așa cum arderea cărților și Inchiziția clar au demonstrat.

Astăzi, elita puterii se confruntă cu problema că tehnologia face mai ușor ca oricând răspândirea informației. Ei încearcă să țină piept acestui aspect inundând efectiv piața cu informație falsă de orice gen imaginabil. De aceea vezi atât de multe cărți sau website-uri care promovează cele mai incredibile teorii (incluzând un număr de cărți ce conțin teorii false despre mine și adevăratele mele învățături). Speranța elitei puterii este că tu vei fi copleșit de toată această informație astfel încât fie îți vei închide mintea (și vei refuza să iei în considerare orice idee nouă), fie vei deveni atât de confuz încât nu vei mai ști ce să crezi (și astfel sfârșești îndoindu-te de orice).

Singurul mod de a scăpa de această subtilă manilupare este să ajungi dincolo de conștiința morții și să îmbraci Christhood-ul personal. Esența Christhood-ului personal este discernământul, abilitatea de a discerne ce ține de Dumnezeu și ce nu ține de Dumnezeu. În consecință, o ființă Cristică este amenințarea finală pentru ființele decăzute care consideră planeta Pământ teritoriul lor. Ei vor face orice pentru a împiedica o ființă Cristică să pășească pe Pământ. Ei vor face orice pentru a împiedica un număr mare de ființe Cristice să pășească pe Pământ. Prin urmare, ei vor face orice pentru a împiedica oamenii să descopere și să accepte calea Christhood-ului personal.

Fii înțelept ca șerpii

Când am apărut acum 2000 de ani, le-am spus adepților mei să fie înțelepți ca șerpii și blânzi ca porumbeii. Trebuie să fii înțelept ca șerpii astfel încât să poți vedea prin minciunile și

Capitolul 17. Chestiunea răului 215

manipulările care poluează fiecare aspect al vieții pe această planetă. Trebuie să fii înțelept ca șerpii așa încât să poți evita să fii tras către spirala descendentă pe care șerpii au creat-o pe Pământ. Trebuie să înțelegi că sufletele acestor șerpi sunt într-o stare de conștiință care e dominată de negarea extremă. Ei îl reneagă pe Dumnezeu, se reneagă pe ei înșiși (sinele lor divin) și se reneagă pe ei înșiși ca și individualizări ale lui Dumnezeu. Prin urmare, ei trăiesc într-o stare de conștiință care este orbirea fundamentală ultimă. Ei nu recunosc Legea Cauzei și Efectului, Legea Karmei. Ei nu recunosc că au creat o spirală descendentă care inevitabil va duce la propria lor distrugere.

Șerpii au decăzut într-o stare atât de joasă de conștiință încât chiar și o ființă cosmică ca mine găsește ca virtual imposibil să ajungi la ei. Îți vei aminti că după crucificarea mea am coborât în iad și am petrecut acolo 3 zile predicând sufletelor captive acolo. Iadul e mai mult decât orice, o stare de conștiință. Am fost trimis la aceste suflete în încercarea de a-i apela pe aceia care se autolimitaseră la acest nivel de conștiință. Trebuie să-ți spun franc că am avut puțin succes în ce privește abordarea acestor suflete.

Însă îți voi spune că acesta nu este un apel fără speranță. Dupa cum e înregistrat în Biblie, multe ființe au căzut cu Lucifer. De atunci multe din ele au luat o decizie mai bună și au început să urce înapoi către împărăția Tatălui. Unele din ele chiar au făcut tot drumul înapoi acasă. Însă trebuie de asemenea să-ți spun că cele care rămân sunt foarte dificil de abordat. Astfel, nu te sfătuiesc să-ți consumi timpul și energia în încercarea de a-i ajuta pe cei care nu sunt dispuși să se ajute singuri.

În schimb, te sfătuiesc să devii înțelept ca șerpii așa încât să poți evita să fii atras în spirala lor negativă. Ideea de a te separa și de a fi un om aparte și ales este bazată pe parabola neghinei semănată printre grâu. Atât timp cât cele două cresc împreună, Dumnezeu nu poate îndepărta neghina fără să scoată grâul.

Însă dacă grâul, însemnând aceia care îndrăznesc să se recunoască ca fiind fiii și fiicele lui Dumnezeu, se vor autosepara de aceia aflați în conștiința morții atunci Dumnezeu poate într-adevăr îndepărta unele din aceste suflete de pe planeta Pământ. Dumnezeu îi poate trimite într-un loc diferit unde ei pot primi totuși altă oportunitate de a face alegerea să înceapă călătoria acasă.

Cum devii un membru al celor separați și aleși ai lui Dumnezeu? Deja ți-am spus de ce este nevoie ca să fii ales. Trebuie să alegi să răspunzi la chemarea de a manifesta Christhood-ul personal. Trebuie să alegi să accepți apelul lui Dumnezeu.

A te separa înseamnă mai mult decît orice altceva separarea în conștiință. Trebuie să faci un efort determinat să te ridici deasupra conștiinței morții la nivel personal. Trebuie de asemenea să faci un efort de a vedea prin minciunile și manipulările care sunt răspândite pe această planetă de aceia care caută să te ademenească și să te tragă în propriul iad auto-creat pe Pământ. Prin dobândirea conștiinței Cristice poți deveni rapid înțelept ca șerpii. În același timp, poți împlini cea de-a doua parte a comenzii mele, și anume să fii blând ca porumbeii.

Fii blând ca porumbeii

Când dobândești o anumită măsură de conștiință Cristică, discerni în mod clar ce ține de Dumnezeu și ce nu ține de Dumnezeu. Prin urmare, poți lăsa în urmă ce nu ține de Dumnezeu.

Capitolul 17. Chestiunea răului

Am ajuns la un punct crucial care a creat confuzie multor creștini sinceri (și multor altor oameni religioși) de-alungul erelor. Întrebarea este : "Cum poți înlătura răul de pe această planetă?"

Mulți oameni își încep viața fără a fi în mod particular religioși. Apoi, ei experimentează o conversie sau o trezire, după care sunt plini de o mare înflăcărare religioasă (uneori obsesivă) sau zel. Acest zel răsare dintr-o adevărată dorință de a face voia lui Dumnezeu și de a ajuta la aducerea împărăției lui Dumnezeu pe Pământ. Însă dacă acest zel nu este temperat de blândețea porumbelului, devine și acesta prea ușor pervertit de logica subtilă a șerpilor înșiși. Vezi tu, modusul operandi al îngerilor decăzuți care s-au răsculat împotriva lui Dumnezeu este că scopul poate justifica mijloacele. Acesta este un concept complet fals care nu are nimic de-a face cu Dumnezeu.

În Rai, scopul nu poate justifica niciodată mijloacele. Însă mulți oameni religioși devin atât de atașați de ideea de a lupta împotriva răului încât brusc devin dispuși să violeze legea lui Dumnezeu pentru a aduce împărăția lui pe Pământ. Acești oameni religioși privesc la multele lucruri cumplite care se întâmplă pe planeta Pământ, și ei cumva raționează că dacă doar ar putea înlătura răul atunci împărăția lui Dumnezeu va apare în mod automat. Acesta este raționamentul fals care răsare din conștiința morții.

Vezi tu, dragul meu, nu poți înlătura pur și simplu răul de pe această planetă. Pentru a înțelege de ce, intră într-o cameră noaptea și stinge lumina. Ești acum într-o cameră întunecată. Vreau să analizezi, cum poți înlătura întunericul din acea cameră? Poți să pui întunericul în genți și să-l scoți pe fereastră? Evident, asta nu va merge și motivul este că întunericul nu are substanță și nu are realitate. Întunericul este absența luminii. Adu lumină, și întunericul dispare.

Când privești la istoria umanității, observi că mai multe atrocități au fost comise în numele religiei decât orice altă cauză singulară. Trebuie să-ți spun că toate aceste atrocități au fost împotriva voinței lui Dumnezeu. Nu există un astfel de lucru numit război sfânt. Dumnezeu iubește ardoarea religioasă, dar Dumnezeu nu vrea ca această ardoare să fie transformată în fanatism.

Toate bătăliile, cu rezultat în vărsare de sânge sau duse cu alte arme, care s-au dat de oameni religioși în încercarea de a înlătura acest sau acel întuneric de pe planetă, nu au făcut nimic pentru aducerea împărăției lui Dumnezeu. Da, îmi dau seama că aceasta este o afirmație foarte radicală care va ofensa mulți oameni.

Cu toate acestea, trebuie să-ți spun adevărul. Simplul fapt este că dacă te lupți cu răul, încerci să înlături întunericul. Eu îmi dau seama că pentru mulți oameni pe Pământ, răul poate părea foarte real. Însă acesta pare real doar pentru că tu-l privești prin filtrul conștiinței morții.

Adu lumină

Dacă dorești cu adevărat să aduci împărăția lui Dumnezeu pe Pământ atunci trebuie să-ți centrezi atenția pe aducerea luminii conștiinței Cristice. Nu trebuie să-ți permiți să fii prins în capcana încercării de înlăturare a răului. Pur și simplu te centrezi pe aducerea luminii, iar acea lumină în cele din urmă va consuma răul.

Dumnezeul nostru este un foc mistuitor. Însă din cauza liberului arbitru, Dumnezeu poate consuma întunericul pe Pământ numai când unii oameni își vor permite să devină uși deschise pentru focul mistuitor al lui Dumnezeu. Pentru a

Capitolul 17. Chestiunea răului 219

deveni o uşă deschisă pentru focul lui Dumnezeu, tu trebuie să îmbraci Christhood-ul personal.

Permite-mi să fac clar faptul că nu spun prin asta că vreau ca adepţii mei să ignore orice este incorect pe această planetă. Evident, vreau ca adepţii mei să vorbească deschis împotriva a tot ce nu ţine de Dumnezeu. Totuşi, nu poţi vorbi deschis împotriva a ce nu ţine de Dumnezeu până când nu ai dobândit o anume măsură de conştiinţă Cristică şi prin asta să fi dobândit un discernământ interior care-ţi spune ce ţine de Dumnezeu şi ce nu ţine de Dumnezeu.

Ideea mea aici este că prea mulţi oameni religioşi şi-au permis să creadă că ei pot face realmente treaba lui Dumnezeu atât timp cât se află prinşi în conştiinţa morţii. Ca rezultat, aceşti oameni prea adesea aleg un ţap ispăşitor şi decid că un alt grup de oameni reprezintă duşmanul. Astfel de oameni raţionează că principala problemă pe Pământ o reprezintă un alt grup de oameni. În consecinţă, devine datoria lor religioasă să forteze aceşti oameni să-şi schimbe năravurile. Dacă aceşti oameni refuză să şi le schimbe, ei trebuie să fie eliminaţi. Aceasta este exact linia de raţionament care a făcut ca un grup de oameni să intre cu avicanele în WTC şi Pentagon. Este exact această linie de gândire care a cauzat mai multă vărsare de sânge decât orice alt factor singular văzut pe planeta Pământ.

Când dobândeşti conştiinţa Cristică, dobândeşti înţelepciunea şi discernământul de a vedea prin minciunile şerpilor. Însă totodată dobândeşti şi un angajament total pentru intenţia şi perfecţiunea lui Dumnezeu. Prin asta, devii non-ataşat de lucrurile acestei lumi.

Acest non-ataşament este ceea ce am numit blândeţea porumbelului. Când nu eşti ataşat de lucrurile acestei lumi, observi clar sminteala ideii cum că scopul poate justifica mijloacele. Realizezi clar că singurul mod de a aduce împărăția lui Dumnezeu pe Pământ este prin propria lege a lui Dumnezeu. Căutând să aduci împărăția lui Dumnezeu pe Pământ prin mijloace care sunt împotriva legii lui Dumnezeu, pur și simplu acest lucru nu va funcționa.

Cea mai de bază Lege a lui Dumnezeu este Legea Iubirii. Am predicat această lege când am apărut pe Pământ. Fiecare aspect al învățăturilor mele este impregnat de Legea Iubirii. De ce crezi că ți-am spus să faci altora așa cum ai vrea ca ei să-ți facă ție? De ce crezi că ți-am spus să-ți iubești vecinii ca pe tine însuți? De ce crezi că fiecare altă religie adevărată de pe planetă predică același mesaj?

Este fiindcă iubirea este chiar esența Ființei lui Dumnezeu. Dumnezeu este iubire. Dumnezeu este iubire necondiționată.

Singurul mod de a aduce împărăția lui Dumnezeu pe Pământ este prin iubire necondiționată. Ura și fanatismul pur și simplu nu vor face ispravă. Pentru a aduce împărăția lui Dumnezeu, trebuie să incorporezi iubirea lui Dumnezeu. Nu există altă cale. Multele alte căi pe care oamenii le-au urmat sunt căile care par corecte oamenilor (care sunt prinși în conștiința morții), însă sfârșitul lor este drumul morții – drumul celor care îl reneagă pe Dumnezeu și propria lor Divinitate.

Adu împărăția

Vreau ca tu să fii un instrument în aducerea împărăției lui Dumnezeu pe Pământ. Însă, pentru a fi un astfel de instrument trebuie să depășești conștiința morții și tendința acesteia de a vedea alți oameni ca dușmani. Trebuie să tratezi pe fiecare cu iubire.

Capitolul 17. Chestiunea răului

Nu există nimic rău în folosirea discernământului tău Crist, atât timp cât ești sigur că este discernământ Crist, pentru a demasca o idee sau convingere care nu ține de Dumnezeu. Foarte mult îmi doresc ca discipolii mei să fie ușa deschisă prin care adevărul lui Dumnezeu poate fi adus oamenilor de pe Pământ. Vreau ca discipolii mei să aducă adevărul pe această planetă demascând astfel multele minciuni subtile ale șerpilor din mijlocul tău.

Însă în aducerea adevărului, nu trebuie să lupți împotriva minciunilor și nu trebuie să lupți împotriva altor oameni. Pur și simplu adu adevărul, și apoi lasă în seama altor oameni să ia deciziile lor de liber arbitru pentru cum trebuie să raspundă vis-à-vis de acel adevăr.

Ideea mea aici este că legea ultimă a acestui univers este liberul arbitru. Dacă îți iubești vecinul ca pe tine însuți, nu vei viola liberul arbitru al vecinului tău. Vei da oamenilor adevărul așa cum îl vezi, dar vei fi complet non-atașat de răspunsurile lor. Vei permite vecinului tău să ia propriile decizii.

Asta este ceea ce Dumnezeu a făcut pentru tine, și tu trebuie să faci același lucru pentru altcineva. Ce spun aici este că nu poți aduce împărăția lui Dumnezeu pe Pământ violând liberul arbitru al altei ființe umane. Dacă este ca împărăția lui Dumnezeu să apară pe Pământ, trebuie să apară ca rezultat al alegerilor făcute de ființele umane. Nu spun prin asta că fiecare ființă umană de pe Pământ trebuie să atingă conștiința Cristică și să facă alegerea conștientă de a aduce împărăția lui Dumnezeu. Împărăția lui Dumnezeu poate fi cu adevărat adusă pe Pământ printr-un număr relativ mic de ființe umane care ating o anumită măsură de Christhood personal. Cu toate acestea, cheia aducerii împărăției lui Dumnezeu pe Pământ este liberul arbitru. Dacă vrei să ajuți la aducerea acestei împărății pe Pământ atunci trebuie să începi prin dezvoltarea unui respect intransigent pentru liberul arbitru al fraților și surorilor tale.

Șerpii de pe Pământ nu au absolut nici un respect pentru liberul arbitru al altei ființe umane. De aceea aceia care se autoconsideră a fi servanții lui Dumnezeu trebuie să dezvolte un respect total pentru liberul arbitru al altuia.

Liberul arbitru este un foarte interesant concept. Mai devreme am spus că un învățător nu poate învăța o lecție în locul studentului. De asemenea, nici o ființă umană nu poate lua decizii în locul alteia. Da, poți forța ori manipula pe unii să facă ce vrei tu. Dar nu-i poți forța să facă ceva ca rezultat al liberului arbitru. Nu poți forța nici o ființă umană să ia o decizie de liber arbitru (dacă ai face asta, nu ar mai fi liber arbitru).

Poți manipula oamenii să creadă că au doar anumite opțiuni. Majoritatea oamenilor iau decizii în baza unor informații incorecte sau incomplete despre opțiunile lor. Însă dacă faci asta, îi împiedici să facă o alegere liberă. A face o alegere este un proces care are loc înăuntrul psihicului individului.

Însă majoritatea oamenilor de pe Pământ nu se află într-o stare de conștiință care să le permită să ia decizii libere. Ei sunt atât de învăluiți în conștiința morții încât toate opțiunile pe care le văd sunt afectate de relativitatea conștiinței morții. Pentru a lua cu adevărat o decizie liberă, lifestream-ul trebuie să fie capabil să vadă dincolo de conștiința morții. Această viziune mai înaltă poate veni numai prin conștiința Cristică.

Dacă simți o dorință pentru a ajuta la aducerea adevărului pe Pământ, începe prin a face un efort determinat întru dobândirea Christhood-ului personal. Făcând asta, poți da oamenilor oportunitatea să aleagă între adevărul lui Dumnezeu și minciunile conștiinței morții. Adevărul nu este pur și simplu o chestiune de a face o afirmație adevărată.

Capitolul 17. Chestiunea răului

Adevărul este o chestiune de vibrație – mai mult despre asta mai târziu.

Întoarce celălalt obraz

În ciuda manipulării ce are loc pe Pământ, fiecare ființă umană poate alege să atingă un nivel mai înalt. Nu contează cât de jos a decăzut o persoană în nivelele conștiinței morții, conștiinței iadului, un lifestream poate în orice moment să facă alegerea de a atinge un nivel mai înalt. Nici chiar cei mai inteligenți și puternici îngeri decăzuți nu pot anula acest potențial pentru un lifestream.

Potențialul de a face o alegere mai bună este cu certitudine speranța pentru această lume. Dacă te consideri a fi unul din adevărații mei discipoli atunci tu trebuie să respecți liberul arbitru al fiecăruia. Trebuie de asemenea să menții viziunea că o persoană ar putea, făcând uz de propriul liber arbitru, să aleagă să atingă un nivel mai înalt. Trebuie să faci scopul vieții tale din faptul de a inspira lumea să facă acea alegere fără să încerci să-i forțezi în vreun fel. Vreau ca tu să oferi fiecăruia pe care-l întâlnești o cupă de apă rece în numele Cristului. Și apoi vreau să lași la latitudinea lor dacă ei aleg să bea.

Am un motiv foarte bun de a face această cerință. Vezi tu, dacă cauți să forțezi pe cineva să bea atunci tu vei acumula karmă pesonală făcând asta. Dacă lași să depindă de ei, atunci ai făcut ce era necesar din partea ta, și prin urmare vei acumula karmă pozitivă pentru tine. Dacă ei resping adevărul atunci ei vor acumula karmă negativă, dar asta nu este cu siguranță preocuparea ta. De ce crezi ca le-am spus oamenilor să întoarcă și celălalt obraz? Este imposibil să înțelegi această comandă fără să înțelegi Legea Karmei.

Vezi tu, dacă cineva te rănește, acea persoană face inevitabil karmă. Aceasta este pur și simplu Legea lui Dumnezeu. Din nefericire, majoritatea oamenilor care sunt răniți de altcineva reacționează cu mânie și ei adesea caută razbunarea. Prin manifestarea acestei reacții negative, ei acumulează karmă personală. Astfel, ai putea începe o spirala karmică negativă cu altă persoană, și astfel de spirale negative au dus la dușmănii între familii sau chiar la războaie între națiuni. Datorită Legii Karmei, nu ai absolut nici o nevoie să cauți revanșa. Răzbunarea este a mea, spune Lordul, eu voi întoarce. Prin Legea Karmei, Dumnezeu a asigurat că nici o ființă umană nu ar putea vreodată să scape de consecințele propriilor acțiuni.

Dacă cineva te rănește, acea persoană a acumulat deja karmă. Pur și simplu lasă în seama lui Dumnezeu să returneze acea karmă pentru acea persoană. Dumnezeu este perfect capabil să gestioneze această parte a ecuației. Ce ar trebui să fie preocuparea ta este să te asiguri că nu reacționezi în așa mod în care să-ți creezi karmă. Singurul mod de a evita să faci karmă personală ca rezultat al rănirii de către altcineva, este să rămâi complet non-atașat. Rămânând inofensiv ca un porumbel, răspunzând cu iubire și iertare, vei evita să faci karmă. Astfel, vei evita să intri într-o spirală negativă care te va trage în jos.

Tragerea în jos

Trebuie să-ți spun că de mii de ani șerpii din această lume au încercat să atragă alți oameni în spirala lor descendentă autocreată. Ei au făcut asta rănind inocentul și astfel căutând să-i facă pe inocenții fii și fiice ale lui Dumnezeu să răspundă cu mânie sau alte sentimente negative. Deoarece atât de

Capitolul 17. Chestiunea răului 225

mulți oameni au fost prinși în conștiința morții, a fost ușor pentru șerpi să-i facă pe oameni să răspundă negativ. Prin urmare, majoritatea oamenilor sunt azi atât de implicați în aceste spirale karmice încât ei nu mai pot să se elibereze singuri ca să urmărească calea către Christhood-ul personal.

Când ajung la astfel de suflete, la nivelele interioare, să le ofer calea mea, ele sunt atât de atașate de sentimentele lor de mânie, resentiment sau revanșă încât ele pur și simplu nu le pot lăsa și să mă urmeze. Când spun : "Lăsa-ți plasele și urmați-mă", ei nu au nici o idee ce vreau să spun.

Dacă te consideri unul din discipolii mei adevărați, vreau să contempli cu grijă la aceste idei. Am nevoie ca tu să te eliberezi de toată încărcătura cu șerpii acestei lumi, cu instituțiile lor de putere și cu iadul lor autocreat pe Pământ. Am nevoie ca tu să dobândești discernământul care-ți permite să vezi cauzele corecte pentru care ai nevoie "să lupți". Nu-ți permite să fii atras într-o bătălie în care nici o parte nu luptă pentru o cauză justă.

Înainte de toate, am nevoie ca tu să te eliberezi de conștiința mâniei și răzbunării. Renunță la atașamentele tale pentru incorectitudinea asta sau ailaltă. De ce crezi că le-am spus oamenilor să ierte de 70 x 7? Motivul este că iertarea, iertarea totală și necondiționată, este exact cheia către libertatea ta personală. Dacă vei considera cum eu și frații și surorile mele din Paradis ne tratăm unul pe altul, sunt sigur că vei realiza că noi nu ținem ranchiună. Ființele spirituale mai pot comite greșeli. Totuși, în Paradis iertarea greșelii cuiva este instantanee.

Ce spun aici este că nu poți intra în împărăția Raiului până când nu ai iertat pe fiecare, incluzându-l pe Dumnezeu și pe tine. Iertarea este cheia către libertatea personală. Dacă nu ai iertat pe cineva atunci menții legătura karmică cu acea persoană. Dacă cealaltă persoană se întâmplă să fie o ființă decăzută care este în mod absolut determinată să meargă în iad atunci acea persoană te va trage în jos. De ce ai vrea să menții o legătură karmică cu cineva hotărât să meargă în iad?

Observi că este în interesul tău maxim să suprimi repede toate astfel de legături? Observi că cheia suprimării unor astfel de legături este practicarea iertării totale și necondiționate?

De ce există încă rău în lume?

Permite-mi să mă întorc la chestiunea mea originală și anume de ce există rău în lume. Ți-am spus acum cum a fost generat răul. Permite-mi să extind chestiunea mea astfel : "De ce există încă rău în lume?"

Motivul primordial pentru care încă există rău în lume este că aceia care se autoconsideră oameni spirituali și religioși nu au făcut alegerea de a practica iertarea completă și necondiționată către oricine.

Dacă oamenii ar începe să practice această iertare necondiționată, ei ar începe imediat să se detașeze și să fie oameni separați și aleși. Lifestream-urile bune și sincere de pe Pământ s-ar separa de acele suflete care deliberat și intenționat lucrează împotriva scopurilor lui Dumnezeu. Dacă această separare ar fi să se întâmple, Dumnezeu ar putea și ar înlătura șerpii de pe Pământ.

Să-ți ofer o imagine mentală despre cum se întâmplă asta. Planeta Pământ, așa cum o cunoști azi, este foarte departe de intenția și desenul original al lui Dumnezeu. Această planetă a devenit o intersecție, un fel de creuzet spiritual, iar Dumnezeu a permis multor tipuri diferite de suflete să se încarneze pe această planetă. Motivul a fost că locuitorii originali ai acestei planete au decăzut într-o stare de conștiință foarte joasă.

Capitolul 17. Chestiunea răului

Când privești la planeta Pământ azi, vezi o largă varietate de suflete care provin din multe și diferite decoruri și se manifestă în multe și diferite nivele de conștiință. Nu-mi place ideea că oamenii se compară cu alții și judecă cine este mai bun decât alții. Deja ți-am spus că în Paradis nu există fii favoriți. Prin urmare, nu vreau ca să folosești greșit ceea ce îți spun acum. Nu vreau ca tu să arăți cu degetul către vreo altă ființă umană.

Simplul fapt este că oamenii de pe Pământ se află la multe și diferite nivele de conștiință. Astfel, poți pune oamenii pe o scală în funcție de nivelul lor de conștiință. În fruntea acestei scale îi vei găsi pe aceia care au dobândit cel mai înalt grad de Christhood personal. În partea de jos a scalei îi vei găsi pe aceia care au decăzut într-o stare de conștiință ce este dominată de negarea absolută a lor înșiși ca fii și fiice ale lui Dumnezeu. Există o distanță lungă între cei de sus și cei din partea de jos a scalei. Majoritatea oamenilor de pe Pământ se încadrează între cei din susul scalei și cei din josul scalei. Majoritatea oamenilor de pe Pământ se încadrează undeva între cele două extreme.

Trebuie să înțelegi că există nivele de conștiință și deasupra și dedesubt a ceea ce este curent manifestat pe Pământ. Cu alte cuvinte, există într-adevăr nivele de conștiință mai joase decât ceea ce vezi pe Pământ (stiu că asta ar putea părea imposibil, dar casa Tatălui meu are multe camere). Noi, maeștrii ascensionați vedem clar că majoritatea oamenilor pe Pământ sunt într-o situație foarte dificilă. Din cauza ignoranței lor, care este datorată în mare parte manipulării de către o mică elită a puterii, ei dețin oportunități foarte limitate de creștere spirituală. Noi, maeștrii ascensionați observăm limpede că umanitatea este trasă în jos de un procent de 10% din sufletele încarnate pe Pământ și care este situat în partea cea mai de jos a scalei.

Noi de asemenea realizăm că singurul mod de a schimba efectiv această ecuație este ca procentul de suflete de 10% din partea de jos a scalei să fie înlăturat de pe această planetă. Aceste suflete au avut un timp foarte îndelungat de când se încarnează pe această planetă. Până acum, nu au ales să se schimbe și să pășească pe calea spirituală. Dat fiind faptul că ele se află aici de atât de mult timp, este improbabil că ele vor face asta curând. Este mult mai probabil că acestea vor trage restul umanității în jos după ele. Prin urmare, este dorința noastră să vedem aceste suflete înlăturate către altă lume în care aproape oricine este la același nivel coborât de conștiință.

Totuși, cheia realizării acestei schimbări se află la procentul de lifestream-uri de 10% aflat în fruntea scalei, procent care momentan este încarnat pe planeta Pământ. Simplul fapt este că aceste lifestream-uri trebuie să aleagă să-și ridice nivelul de conștiință. Ți-ai putea aminti ce i-am spus Tatălui meu în Rai : "Dacă voi fi ridicat, voi trage toți oamenii după mine". Simplul fapt este că toți oamenii de pe Pământ sunt interconectați în conștiință. Dacă o persoană își crește conștiința, aceasta îi trage pe fiecare în sus.

Desigur, oamenii vor fi ridicați numai dacă ei aleg să urmeze atracția magnetică care-i cheamă să vină mai sus. Dacă ei decid să n-o urmeze, nu vor fi ridicați. Însă dacă un număr suficient de oameni de pe Pământ ating un anumit nivel de Christhood atunci aceia care refuză să fie ridicați în conștiință nu se mai pot încarna pe această planetă. Prin refuzul lor de a crește în conștiință, ei efectiv se vor autocondamna și vor coborî într-o altă lume corespunzătoare cu starea lor de conștiință. Aceasta este exact ce s-a întâmplat când sufletele au decăzut din sfera anterioară.

Ideea mea este că toți oamenii care se consideră a fi spirituali sau religioși trebuie să facă un efort determinat

Capitolul 17. Chestiunea răului

să-și crească nivelul de conștiință. După cum am spus în multe rânduri, oamenii trebuie să decidă să pășească pe calea Christhood-ului personal. Totuși, sper că acum vezi că cheia esențială către pășirea pe calea către Christhood-ul personal este să practici iertarea completă și necondiționată față de orice parte a vieții.

Iartă-ți vecinul. Iartă-te pe tine. Iartă-l pe Dumnezeu. For-give (a ierta), însemnând "for-go" sau give away (a da pe degeaba) conștiința mâniei, resentimentului și răzbunării, pur și simplu lasă în urmă acea stare de conștiință care astfel permite iubirii necondiționate a lui Dumnezeu să o îndepărteze de tine ca și cum nu ar fi existat vreodată. Dumnezeul nostru este un foc de iubire consumator. Permite focului să consume orice din conștiința ta ce stă între tine și Christhood-ul tău personal.

Pur și simplu părăsește-ți plasele cu încărcătura karmică și urmează-mă pe mine, Cristul Viu. Nu ascunde nimic de mine, și eu nu voi ascunde nimic de tine.

CAPITOLUL 18. ISUS ȘI CREȘTINISMUL MODERN

Acesta este un subiect pe care toți creștinii sinceri, și mulți oameni spirituali care nu se consideră creștini, ar trebui să-l ia în considerare. Și apoi ei ar trebui să caute răspunsul înăuntrul inimilor lor unde îl pot oferi lor direct. Totuși, îți voi da niște idei generale care îți vor oferi o percepție asupra a ce cred eu, Isus Cristos, despre religia care afirmă că mă reprezintă pe mine pe Pământ.

Întâi de toate, vreau să spun că creștinismul modern este atât de diversificat încât este aproape imposibil să faci vreo afirmație fără să scoți în față o generalizare care inevitabil va fi injustă față de unii oameni. Recunosc clar că există milioare de oameni care-mi urmează în mod sincer și devotat învățăturile la maximul abilității lor, date fiind versiunile fragmentate și distorsionate ale învățăturilor mele care le-au fost lor disponibile.

Viziunea mea originală

Însă trebuie să-ți spun că creștinismul pe care eu îl văd azi pe Pământ este foarte departe de viziunea și intenția mea originală. Din fericire, sunt o ființă cosmică și sunt centrat în pacea lui Dumnezeu. Altminteri, aș plânge literalmente la gândul de ce ar fi putut fi. Dacă învățăturile mele adevărate, interioare ar fi fost disponibile oamenilor pe Pământ, această planetă ar fi intrat deja în era de aur a păcii, prosperității și progresului. Am venit cu o viziune a unei astfel de ere de aur, și încă mențin acea viziune pentru Pământ. Însă trebuie să-ți spun că înainte ca o astfel de eră de aur să se poată manifesta pe Pământ, înainte ca împărăția Tatălui meu să poată lua o manifestare fizică, de multe schimbări e nevoie.

Mi-ar place să-i văd pe aceia care afirmă că sunt discipolii mei, aceia care afirmă că sunt creștini, că sunt primii care iau sincer în considerare și urmăresc aceste schimbări. Însă dintr-un punct de vedere realistic, această dorință este extrem de improbabil să fie împlinită. Faptul trist este că mulți creștini și-au închis mințile atât de ferm încât ei nu mai sunt receptivi la învățăturile mele interioare.

Unii oameni au permis minților lor să devină atât de strâns învăluite de idei și doctrine false încât atunci când le vorbesc în inimile lor, ei îmi justifică cuvintele sau chiar le consideră a fi lucrarea diavolului. Faptul trist este că chiar eu, Isus Christos, am puține opțiuni în ce privește întoarcerea creștinismului modern la mișcarea pe care eu o doresc a fi. Preocuparea de bază fiind, desigur, faptul că calea Christhood-ului individual e complet izolată. Însă să încercăm să sărim din această diversitate incredibilă de mii de biserici și secte care afirmă că mă reprezintă așa încât să putem privi pădurea în loc să fim orbiți de copaci.

Capitolul 18. Isus și creștinismul modern 233

O mișcare orizontală

Adevărata problemă cu creștinismul modern este că acesta a devenit ceea ce aș numi o mișcare orizontală. Mai devreme ți-am dat un exemplu despre cum scripturile conțin câteva aluzii despre reîncarnare. De asemenea ți-am spus cum unii teologi au intrat pe o linie de raționament plină cu născociri pentru a explica aceste pasaje fără a menționa reîncarnarea.

Dacă privești la creștinismul modern, poți găsi literalmente mii de exemple de acest gen de raționament cu născociri, orizontal. Este complet uluitor pentru mine cum unii oameni intră în cele mai complicate și artificiale argumente pentru a dovedi ideile pe care ei deja le-au stabilit că trebuie să fie corecte. De ce trec ei prin acest efort de a dovedi că ideea lor este corectă când ar necesita mai puțin efort, dar un tip diferit de efort, pentru a recepționa Adevărul Viu direct de la mine?

Am ajuns acum într-un punct crucial în aceste discursuri. Îți voi explica acum care este exact esența problemei pe planeta Pământ. Această problemă răsare din principiul caracteristic al conștiinței morții.

Esența conștiinței morții este că aceasta nu vrea să cunoască realitatea. Nu vrea să cunoască adevărul. Conștiința morții nu privește evidența și apoi nu folosește acea evidență pentru a raționa care ar putea fi adevărul. Ego-ul uman folosește conștiința morții pentru a crea o imagine, un idol, și decide că acesta ar putea fi adevărul, aceasta ar putea fi realitatea, acesta ar putea fi Dumnezeu. Apoi, caută evidența care va suporta imaginea pe care deja a decis-o că trebuie să fie adevărată. Acesta ignoră ostentativ, neagă sau explică denaturat orice evidență care nu suportă ideea lui aleasă.

Când privești la creștinismul modern, vei observa această tendință la lucru. Cu toată justetea, acest fapt nu e unic în creștinism. Poți vedea această tendință în lucru în fiecare aspect al vieții pe această planetă. Însă, a fost dorința mea originală ca tocmai biserica care afirmă că mă reprezintă, nu va cădea pradă acestei tendințe a conștiintei morții. Când un suflet se identifică cu conștiința morții, persoana ia o decizie despre ce e corect. Ego-ul creează o imagine, un idol, despre ce vrea să fie adevărat. După ce persoana a acceptat acea imagine falsă, persoana refuză să accepte orice evidență care nu suportă imaginea. Așadar, persoana vede doar evidența care suportă imaginea, și asta devine o profeție de îndeplinire de sine. Persoana devine oarbă spiritual.

The money changers (bișnițarii)

Acesta e motivul pentru care am mustrat în mod repetat autoritățile religiei iudaice. De aceea am răsturnat mesele bișnițarilor care transformaseră casa Tatălui într-un loc de afacere și exploatare. Aceste autorități religioase se îndepărtaseră de tradiția profeților. Ideea de profet este că o ființă umană își ridică conștiința la un asemenea nivel la care Dumnezeu poate vorbi oamenilor prin acea persoană. Prin urmare, Dumnezeu are o cale de a comunica cu oameni care au decăzut în conștiința morții. Dumnezeu poate aduce un adevăr mai înalt, și dacă oamenii acceptă să primească acel adevăr, ei au o linie a vieții ce le permite să urce către o stare mai înaltă de conștiință.

Religia iudaică abandonase tradiția profeților. În consecință, autoritățile religioase nu mai aveau acces la Cuvântul Viu al lui Dumnezeu, și ei erau lăsați să interpreteze Cuvantul lui Dumnezeu ce fusese transmis în trecut. Tocmai din cauza asta Fariseii și Saduceii petreceau ore nesfârșite în

Capitolul 18. Isus și creștinismul modern 235

argumente fără sens despre o idee sau alta a legii în loc să ajungă la Cuvântul Viu și să-l transmită oamenilor.

Am observat clar falsitatea și pericolul acestei dezvoltări, și de aceea am spus că am venit să împlinesc legea și profeții. Cum intenționam să fac asta?

Stabilind o linie directă de revelație progresivă prin care să pot rosti Cuvântul lui Dumnezeu chiar după părăsirea întruchipării fizice. Intenționam să rostesc Cuvântul Viu direct prin acei discipoli ai mei care pășiseră pe calea Christhood-ului individual și care dobândiseră un nivel de Christhood care le permitea să mă servească ca și purtători de cuvânt sau mesageri.

Dacă acea tradiție, pe care cu adevărat am stabilit-o în anii de început ai mișcării creștine, ar fi fost ținută în viață, creștinismul modern ar fi avut o alternativă la hărțuiala orizontală, relativă în ce privește interpretările scripturilor. Răspicat vorbind, cine are nevoie de scripturi când Cuvântul Viu curge prin mijlocul lor? Cine are nevoie să interpreteze scripturile când ei pot obține o înțelegere mai înaltă direct din sursa cunoașterii, conștiința Cristică?

Deja am spus că conștiința morții are o infinită abilitate de a crea argumente relative despre o idee sau alta. Astfel, atât timp cât creștinii continuă să argumenteze în baza relativității conștiinței morții despre o idee sau alta din scripturi, ei vor rămâne blocați în starea lor prezentă de diviziune și conflict.

Care este alternativa? Alternativa la procesul de raționare orizontal al conștiinței morții este procesul vertical al ajungerii la mintea Cristică. Atât timp cât urmezi calea orizontală a conștiinței morții (drumul ce pare corect egoului uman), poți continua să cauți pentru totdeauna fără a găsi adevărul lui Dumnezeu.

Însă în orice moment simplul act al intrării pe calea mai înaltă a conștiinței Cristice îți va permite să mergi dincolo de conștiința argumentării și confuziei. În locul incertitudinii și îndoielii conștiinței morții, poți dobândi certitudinea și cunoașterea interioară a minții Cristice.

Biserica Vie

Când am venit pe Pământ, am venit să aduc adevărata Biserică Vie. Biserica Vie trebuie să fie bazată pe Cuvântul Viu. Cuvântul Viu poate fi transmis numai prin conștiința Cristică. Conștiința Cristică se poate manifesta în această lume doar prin indivizi care au îmbrăcat Christhood-ul personal.

Nu am intenționat să devin cunoscut ca unica persoană care a pășit vreodată pe Pământ cu conștiința Cristică deplină. Sunt un învățător spiritual. Singura cale pentru orice învățător de a izbuti, este să se duplicheze crescând conștiința studenților săi la același nivel cu al său. Sunt un învățător al conștiinței Cristice, și a fost intenția mea să mă duplichez și să am numeroși alți oameni pășind pe Pământ în deplinătatea Christhood-ului lor individual.

Dacă nimeni nu-mi urmează exemplul atunci am eșuat ca și învățător. Cînd începi procesul dobândirii Christhood-ului personal, începi să vezi dincolo de toate diviziunile exterioare care răsar din conștiința morții. Vezi unitatea din spatele diversității.

Biserica Vie pe care am venit s-o aduc era menită să fie bazată pe Christhood, o stare de conștiință ce ar permite oamenilor să scape de diviziunile și conflictele de pe Pământ. Astfel, discipolii mei ar putea intra în unitate ca un singur Corp al lui Dumnezeu pe Pământ.

Nu am intenționat niciodată ca învățăturile mele să fie sursă de conflict și diviziune. N-am vrut niciodată ca adepții mei, sau cei care afirmă că sunt adepții mei, să se așeze în bisericile lor diferite și să scornească argumente relative despre o idee sau alta din scripturile pe care eu le-am transmis în trecut. De ce aș vrea ca adepții mei să argumenteze despre o scriptură când ei ar putea recepționa Cuvântul Viu direct de la mine?

Nu vreau ca adepții mei să fie divizați. Nu doresc să fie spart creștinismul în numeroase biserici și secte care concurează una cu alta sau chiar se războiesc una cu alta. Astăzi, există mii de biserici care afirmă că mă reprezintă, și multe din ele afirmă că sunt singura biserică adevărată a lui Isus Christos.

O unică, adevărată biserică

În realitate, e nevoie de doar o singură biserică a lui Isus Christos și aceasta este Biserica Vie, Biserica Interioară, calea către Christhood-ul personal. Nu spun prin asta că vreau să văd apariția unei biserici creștine unice totalitariene care să eradicheze toate celelalte biserici. Nu am nici o problemă cu existența diferitelor altor biserici.

Învățăturile mele sunt vaste. Învățăturile mele au multe aspecte diferite, și fiecare aspect este proiectat să prezinte interes către un grup particular de oameni. Prin urmare, nu am nici o problemă cu diferitele grupuri de oameni, organizate în biserici diferite, care se autopercep ca adepți ai unui aspect particular al învățăturilor mele. De exemplu, o biserică ar putea accentua clemența în timp ce alta ar putea accentua muncile.

Totuși, singurul mod prin care această diviziune ar putea funcționa este dacă toate bisericile, și membrii și liderii acestora, se văd pe ei înșiși parte dintr-o unică mișcare, și anume Biserica Vie bazată pe Cuvântul Viu. Sunt un învățător spiritual. Nu sunt un dictator totalitarian. Tatăl meu în Rai nu este un dictator totalitarian. Raiul are varietate infinită și există loc pentru multă varietate pe Pământ. Însă în Rai fiecare realizează că varietatea infinită își are originea în unitatea ultimă a lui Dumnezeu.

Dumnezeu nu are nici o nevoie să vadă formarea unei biserici pe Pământ. Eu nu am nici o nevoie să văd formarea unei biserici creștine. Am o nevoie să văd că toți oamenii care se consideră adepții mei, vor învăța să privească dincolo de diviziunile și diferențele exterioare și să înceapă să pășească pe calea Christhood-ului individual. Vreau ca adevărații mei adepți să se vadă ca fiind parte dintr-un singur corp, un corp nedivizat, al lui Dumnezeu pe Pământ.

Întregul scop al venirii mele pe această planetă a fost să defrișez drumul astfel încât împărăția Tatălui să poată coborî în manifestare fizică totală. De aceea am spus : "Am venit ca toți să poată avea viață, și ei să o poată avea mai abundent". Împărăția lui Dumnezeu este viața abundentă.

Împărăția lui Dumnezeu pe Pământ

Dorința lui Dumnezeu pentru această planetă este să îndepărteze imperfecțiunea curentă și suferința și să stabilească împărăția lui pe Pământ. Dumnezeu dorește să vadă planeta Pământ manifestând perfecțiunea deja manifestată în lumea spirituală. Cu alte cuvinte, Dumnezeu vrea ca Pământul să fie împărăția lui aici dedesubt așa cum Raiul este împărăția lui Deasupra. La fel ca Deasupra, așa și dedesubt. De aceea am spus : "Fii tu deci perfect, chiar cum Tatăl tau care este în Rai este perfect."

Capitolul 18. Isus și creștinismul modern 239

Dorința mea originală pentru mișcarea creștină a fost s-o văd devenind un premergător pentru aducerea împărăției lui Dumnezeu în manifestare fizică. Astfel, doresc ca adepții mei să fie Criștii de dedesubt așa cum eu, și frații și surorile mele spirituale, suntem Criștii de Deasupra. Vreau ca adepții mei să fie parte a frăției universale de lumină și să pășească pe Pământ ca reprezentanți ai Cristului cosmic. Aceasta e versiunea pe care am păstrat-o de la creștinismul din anii de început. Încă mențin acea viziune pentru oricine îndrăznește să-mi urmeze învățăturile mele originale. Însă așa cum ți-am spus de numeroase ori în această carte, cheia adevărată pentru îndeplinirea acestui scop sunt deciziile de liber arbitru luate de cei de pe Pământ.

Sunt Isus Cristos. Sunt o ființă cosmică cu o așa putere încât cu greu ai fi capabil s-o înțelegi. Însă nu-mi pot folosi puterea pe acest Pământ până când nu sunt autorizat s-o fac de cei care sunt încarnați. Am nevoie de aceia care sunt dispuși să fie mâinile și picioarele mele. Am nevoie de cei care sunt dispuși să fie Corpul lui Dumnezeu pe Pământ.

Totuși, pentru a deveni membru al Corpului lui Dumnezeu pe Pământ, tu trebuie să depășești conștiința morții și tendința acesteia de a crea diviziuni și conflicte acolo unde diviziuni și conflicte nu există. Pot accepta că diferite grupuri de creștini accentuează diferite aspecte ale învățăturilor mele. Însă nu pot accepta ca aceste grupuri să se vadă ca fiind în conflict cu alte grupuri de creștini ori cu alte grupuri de oameni religioși.

Doresc să te vad făcând un efort sincer de a lăsa în urmă conștiința morții care te face să vezi un conflict între tine și ceea ce concepi ca fiind alți oameni. Acei alți oameni nu sunt dușmanii tăi. În spatele fațadei exterioare, ei sunt frații și surorile tale spirituale. Ei sunt frații și surorile mele spirituale.

De aceea am spus : "Dacă le-ai făcut ceva lor, mi-ai făcut mie". De aceea ți-am spus să-ți iubești vecinul ca pe tine însuți și să-i iubești pe alții așa cum eu te-am iubit și încă te mai iubesc.

Nici o cantitate de argumente tehnologice nu ar putea aduce împărăția lui Dumnezeu în manifestare pe Pământ. Însă chiar o cantitate de inimi unite in iubire pot deveni ușa deschisă pentru ca această împărăție să coboare în această lume întunecată.

Flacăra mea de iubire necondiționată

Sunt Isus Cristos, și am venit pe această planetă cu flacăra iubirii necondiționate. Te-am iubit necondiționat, și încă te mai iubesc necondiționat.

Te rog fă-ți timp și mergi adânc înăuntrul inimii tale și permite-ți să simți iubirea mea necondiționată pentru tine. Permite acestei iubiri necondiționate să te transforme și să te ridice din relativitatea și condiționalitatea conștiinței morții. Acceptă această transformare, și pe măsură ce simți acea transformare atingând un nivel critic, permite transformării interioare să fie exprimată în acțiunile tale exterioare. Permite iubirii mele necondiționate pentru tine să-ți umple inima și apoi să se verse în gândurile, sentimentele, cuvintele și acțiunile tale. Apoi, îndrăznește să exprimi acea iubire necondiționată către oricine întâlnești. Permite-i inimii tale să devină cupa care aleargă cu iubirea necondiționată a lui Dumnezeu.

Cheia aducerii împărăției lui Dumnezeu pe Pământ este crearea unității între Rai și Pământ. Pentru a crea unitate, trebuie să depășești diviziunea. Singurul mod de a depăși

Capitolul 18. Isus și creștinismul modern 241

diviziunea este să îmbraci iubirea necondiționată a lui Dumnezeu.

Atât timp cât există condiții în iubirea ta, nu poate exista nici o unitate între tine și Dumnezeul tău. Când accepți că iubirea lui Dumnezeu este necondiționată, toate diviziunile exterioare se risipesc. Sunt pur și simplu consumate în focul atotconsumator, de iubire divină, necondiționată. Eu sunt această iubire necondiționată, și îți ofer această iubire necondiționată. Vei accepta iubirea mea?

Partea III.

Christhood-ul personal

CAPITOLUL 19. CUM SĂ DOBÂNDEȘTI CHRISTHOOD-UL

Iubiții mei, această carte are un scop, și doar un singur scop. Scopul meu este să-i trezesc pe aceia care sunt gata să pășească pe calea către Christhood-ul personal. Am spus că milioane de lifestream-uri sunt pregătite pentru învățăturile mele adevărate și pentru calea către Christhood. Nu îți voi spune despre câte milioane e vorba, dar îți voi spune că e vorba de un număr foarte mare de oameni.

Cum știi dacă aparții acelora care sunt gata să pășească cu mine pe calea către Christhood-ul personal? Dacă citești aceste rânduri atunci ești unul dintre ai mei, și ești pregătit (la nivelele interioare ale lifestream-ului tău) pentru calea mea adevărată.

Primele două secțiuni ale acestei cărți sunt construite să acționeze ca un filtru ce-i separă pe aceia care nu sunt gata pentru calea mea adevărată. Acest lucru nu-i condamnă în nici un caz pe cei care nu sunt gata. Totuși, dacă o persoană nu e pregătită, acea persoană are nevoie să meargă înainte și să lase această carte în urmă. Sunt un învățător spiritual practic, și știu din experiență că nu poți ajunge la fiecare. Ce înseamnă să fii pregătit pentru învățăturile mele adevărate? E nevoie de o minte deschisă și o inimă deschisă.

Filtrul

Dacă oamenii nu și-au deschis încă inimile și mințile către învățăturile mele adevărate, prima parte a acestei cărți li se prezintă cu una sau mai multe idei pe care astfel de oameni nu sunt gata să le accepte. Ego-urile lor umane ajung să raționeze că de ce o idee particulară nu ar putea veni de la realul Isus Cristos. Prin urmare, ei ar avea perfecta scuză pentru a respinge întreaga carte. Am văzut oameni făcând asta de milioane de ori în ultimii 2000 de ani. Ei vor găsi un lucru mic să-l critice, și apoi vor folosi acel detaliu ca și scuză pentru a mă respinge pe mine, învățăturile mele sau pe mesagerul meu. Am văzut în mod special asta în rândul acelora care dețin poziții în bisericile principale care afirmă că mă reprezintă pe mine pe Pământ.

Când am apărut personal pe Pământ, am fost respins de aproape oricine deținea o poziție de putere în religia iudaică. De atunci, am încercat să apar la nivelele interioare acelora care dețineau poziții în biserica prin care ei afirmau că mă reprezintă. În prea multe cazuri, am fost respins. Deoarece atât de mulți oameni nu au fost capabili să mă audă când le-am vorbit direct în inimile lor, am încercat să trimit mesageri exteriori. Am lucrat cu cei de mare curaj, cei cărora nu le-a fost teamă să vorbească împotriva autorităților. Atât de des mesagerii mei au fost respinși, tratați cu oprobiu sau chiar uciși.

Capitolul 19. Cum să dobândești Christhood-ul

Prin urmare, această carte nu este proiectată să facă apel la cei aflați în poziții de autoritate și care sunt reluctanți la a renunța la pozițiile lor. Această carte e construită pentru acei care, în ultimii 2000 de ani, au fost dispuși să lase sămânța învățăturilor mele interioare să crească în lifestream-urile lor.

Dacă nu ai fi fost pregătit, tu pur și simplu nu ai fi putut citi ce am scris în primele părți ale acestei cărți. Prin urmare, sper că vei accepta cu mintea ta exterioară că ești într-adevăr unul de-ai mei. Sper că vei accepta că eu, Isus al tău, te chem acum să urmezi calea către Christhood-ul personal.

Sunt Isus Cristos, și îți spun în mod franc că am nevoie de tine. Am nevoie ca tu să fii ușa deschisă prin care eu să pot aduce Lumina Cristului în această lume întunecată. Nu mai sunt în corp fizic, și prin urmare nu pot acționa direct în această lume. Pot acționa doar prin cei încarnați care fac alegerea să-mi permită să intru în conștiința lor. Însă pot intra în conștiința ta numai prin ușa deschisă pe care nici un om n-o poate închide – ușa Christhood-ului individual.

Dacă ești gata și dispus, să continuăm considerând cum poți începe să pășești pe calea Christhood-ului individual chiar acum. Sunt conștient că, datorită cultului idolatriei construit în jurul meu, gândul de dobândire al Christhood-ului personal poate părea copleșitor, poate de speriat. Încă o dată, trebuie să-ți reamintesc că ce o ființă umană a făcut, orice alta ființă umană poate face. În restul acestei cărți, voi descrie o cale foarte practică pe care oricine e dispus o poate urma. Cred că vei vedea că pășirea pe calea Christhood-ului îți este bine la îndemână.

În secțiunile următoare voi contura o serie de pași practici care-ți vor permite să dobândești cu succes Christhood-ul personal. Îți voi da de asemenea unele dintre învățăturile interioare care nu mi-a fost permis să le fac publice acum

2000 de ani deoarece oamenii nu erau pregătiți pentru acele învățături.

Îți voi oferi pașii ce te vor împuternici să te cațeri pe scara vieții și să atingi exact scopul pe care eu am venit să-l demonstrez acum 2000 de ani. Îți voi arăta cum să înțelegi și să accepți adevărul din afirmația mea : "Cei care cred în mine, în lucrările pe care le fac, și ei le vor face". Să ne ridicăm și să facem. Să lucrăm la afacerea Tatălui nostru.

CAPITOLUL 20. MERGÂND ÎNĂUNTRU

În secțiunile următoare îți voi prezenta un set de unelte ce te vor ajuta să pășești pe calea Christhood-ului personal. Din motive practice, trebuie să prezint aceste unelte într-o anumită ordine, dar acea ordine nu reprezintă o progresie sau o judecată de valoare. Fiecare unealtă pe care o prezint e la fel de importantă ca oricare alta. Vreau ca tu să le folosești pe toate deoarece ele cu adevărat se completează una pe alta.

Dezvoltând harul ascultării

Orice schimbare pozitivă în viața ta trebuie să înceapă cu o conștientizare și înțelegere crescută. Dacă privești în istorie, vei vedea că orice progres experimentat de umanitate și-a avut originea într-un individ care și-a ridicat conștiința și a adus o înțelegere mai înaltă a unui aspect particular al vieții.

În multe cazuri, această înțelegere mai înaltă nu a venit din mintea exterioară, analitică. A venit din ce s-ar putea numi mintea interioară sau mai înaltă, și a venit printr-un proces cunoscut în mod obișnuit ca intuiție. Chiar cei mai mari oameni de știință și-au folosit intuiția pentru a-și realiza cele mai semnificative descoperiri. Cu siguranță, toți liderii spirituali adevărați și-au folosit intuiția ca bază pentru învățăturile lor.

Pentru a începe calea Christhood-ului personal, trebuie să faci un efort conștient și determinat pentru a-ți îmbunătăți intuiția. Este foarte posibil ca tu să fii deja familiar cu procesul intuitiv și să fii dezvoltat o abilitate de a obține înțelegeri intuitive. La urma urmelor, numai astfel de percepții intuitive te-ar putea stimula să citești, și să continui să citești, această carte. Carnea și sângele conștiinței morții nu ar putea să-ți reveleze Lumina Cristică ce se află în această carte.

Dacă simți că ai putea beneficia din realizarea unui efort conștient pentru a-ți dezvolta intuiția, te încurajez să folosești unele din multele cărți disponibile. Există numeroase cărți self-help care te pot ajuta să câștigi o înțelegere mai mare despre procesul intuitiv. Multe din aceste cărți conțin de asemenea unelte practice pentru creșterea intuiției. O să-ți prezint mai târziu o astfel de unealtă.

Am nevoie ca tu să înțelegi că viziunea științifică curentă despre intuiție este incompletă. În realitate, intuiția e realmente o versiune mai slabă a conștiinței Cristice. Ți-am spus despre relativitatea conștiinței morții. Când ești prins în conștiința morții, poți argumenta pentru sau împotriva oricărei idei fără a ajunge la un răspuns definitiv în ce privește validitatea acelei idei. Totuși, prin intuiția ta poți găsi un răspuns definitiv. Ai putea să nu fii capabil să produci un argument rațional pentru a demonstra validitatea ideii ; tu pur și simplu știi că este adevărată. Intuiția poate fi descrisă ca abilitatea de a ști că o idee este adevărată fără a fi necesar să argumentezi de ce.

Capitolul 20. Mergând înăuntru

Dacă te vei gândi la asta, ai putea realiza un adevăr profund. Adevărul lui Dumnezeu este deasupra și dincolo de relativitatea conștiinței morții. Prin urmare, pur și simplu nu e posibil să vii cu argument relativ sau exterior, un argument pe care ego-ul uman îl poate cuprinde și accepta, pentru adevărul lui Dumnezeu. Asta explică de ce atât de mulți oameni au eșuat în a pătrunde adevărul lui Dumnezeu. Acest lucru e în mod special adevărat în cazul multor oameni de știință moderni care și-au permis să creadă că până când nu ajung la o linie de raționament faptică, rațională, logică sau intelectuală aunci o idee nu poate fi validă.

Pentru a cunoaște adevărul lui Dumnezeu, trebuie să realizezi că acest adevăr nu poate fi explicat în termenii relativi pe care conștiința morții îi poate înțelege. Adevărul lui Dumnezeu poate fi cunoscut numai ajungând dincolo de relativitatea conștiinței morții. Când ajungi dincolo de acea relativitate și înțelegi o idee care vine direct de la Dumnezeu atunci adesea vei fi incapabil să furnizezi o linie de raționament care să susțină acea idee. Pur și simplu tu știi ce știi, și acea cunoaștere e dincolo de relativitatea ego-ului și minții exterioare. Este un adevăr ce întrece orice înțelegere.

Ascute-ți intuiția

Este esențial ca tu să faci un efort să-ți dezvolți și să-ți rafinezi intuiția. Totuși, pe măsură ce începi să câștigi mai multă familiaritate cu procesul intuitiv, ai de asemenea nevoie să duci acest proces la un nivel mai înalt. Scopul real al intuiției este să dezvolte acordaj cu lumea spirituală. Prin acest acordaj, poți comunica cu ființe spirituale din acea lume mai înaltă, cum aș fi eu. Totuși, poți comunica și cu o parte mai înaltă a propriei tale minți, parte ce este adesea referită în literatura spirituală ca și "sinele mai înalt". Mi-ar place să numesc această parte a minții tale "Sinele Crist".

Ți-am spus deja că tu ești o individualizare a lui Dumnezeu. În Biblie, numele lui Dumnezeu este dat ca "EU SUNT CINE SUNT". S-ar putea spune că Dumnezeu, în sens ultim, este o stare pură de conștiință sau conștientizare, o stare de conștiință care recunoaște simplu că "Eu sunt".

Când Dumnezeu te-a creat, această stare pură de conștiință a fost individualizată pentru tine. Astfel, Dumnezeu a creat un sine spiritual pe care prefer să-l numesc "EU SUNT Prezența". Este acest sine spiritual care-ți dă sensul de "Eu Sunt" (Eu exist, Eu sunțin viața, Eu sunt conștient).

Oamenii care deja au învățat să-și folosească intuiția vor fi capabili să simtă ca așa cum ai un 'EU SUNT Prezența' în tărâmul spiritual, există de asemenea o parte a ființei tale mai joase care este conștientizare pură. Mulți oameni spirituali au avut o experiență a unei astfel de forme pure de conștientizare unde tu experimentezi că ești conștient fără a avea gânduri sau sentimente. Ești un spațiu gol de "EU SUNT nimic" fără sensul obișnuit de a fi asta sau aia. Această conștientizare pură, acest sine conștient sau "Tu Conștient", este creat ca o extensie a Prezenței tale EU SUNT. 'Tu Conștient' are abilitatea să călătorească în diferite nivele ale lumii formelor, și poate chiar călători în universul material și să îmbrace un corp uman. Ți-am spus mai devreme despre Tai-Chi. Prezența ta EU SUNT este polaritatea masculină a totalității ființei tale, iar Tu Conștient este polaritatea feminină a ființei tale.

Prezența ta EU SUNT este o stare de conștiință foarte înaltă, și aceasta nu poate coborî în lumea formelor. Prin urmare, când Tu Conștient coboară, acesta trebuie să mențină un fir de contact de la nivelul său curent de conștiință către Prezența EU SUNT. Acest fir de contact este realizabil prin

Capitolul 20. Mergând înăuntru 253

conştiinţa Cristică universală. Totuşi, această conştiinţă Cristică universală este individualizată pentru tine ca şi Sinele tău Crist.

Ţi-am spus că conştiinţa Cristică universală este uşa deschisă pe care nici un om nu o poate închide. Este lumina care luminează fiecare fiinţă umană care vine în lume. Sinele tău personal Crist este uşa deschisă pe care tu nu o poţi închide. Sinele tău Crist este cel care permite lui Tu Conştient să menţină contact cu sinele tău spiritual şi lumea spirituală. În consecinţă, este Sinele tău Crist prin care tu poţi cunoaşte adevărul lui Dumnezeu.

Procesul de dezvoltare a Christhood-ului personal este un proces prin care Tu Conştient dezbracă gradual identitatea veche a ego-ului uman şi îmbracă noua identitate a minţii Cristice. Este un proces prin care Tu Conştient poate dezvolta un nou sens de identitate ca şi fiinţă spirituală sau Cristică care nu este separată de Dumnezeu sau de sinele spiritual.

Ideea mea este că nu trebuie să fii satisfăcut numai dezvoltându-ţi o intuiţie bună. Trebuie să mergi dincolo de ce lumea recunoaşte în mod curent ca fiind intuiţie şi să te strădui̇eşti pentru uniune completă (the comm-union) între Tu Conştient şi Sinele tău Crist. Doar prin această uniune, acest mariaj alchemic, între Tu Conştient şi Sinele tău Crist, tu poţi îmbrăca deplinătatea Christhood-ului tău personal.

Echilibru

Sunt conştient că în acest moment în viaţa ta scopul dobândirii Christhood-ului deplin ar putea părea un pic departe. În realitate, nu e aşa, dar îţi voi da o înţelegere mai adâncă despre cum să cunoşti adevărul. Poţi creşte cu mult procesul de cunoaștere al adevărului lui Dumnezeu realizând că cheia cunoașterii adevărului este să te străduiești pentru echilibru.

Pentru a explica nevoia de echilibru, permite-mi să-ți reamintesc, încă o dată, că pentru ego-ul uman totul este relativ. Șerpii din mijlocul tău, aceia care caută să manipuleze oamenii pe Pământ, au făcut uz de relativitatea conștiinței morții pentru a crea diviziune și conflict printre oamenii lui Dumnezeu. Unealta primară folosită de șerpi este o tactică adesea referită ca "divide și cucerește". Ți-ai putea aminti afirmația : "O casă divizată împotriva ei însăși nu poate rezista". Înțelesul adevărat este că o persoană divizată împotriva ei însăși de relativitatea conștiinței morții nu poate recunoaște adevărul lui Dumnezeu, și prin urmare nu poate dobândi conștiința Cristică.

Tactica ce a fost folosită atât de eficient de șerpii din această lume este să utilizeze relativitatea conștiinței morții pentru a crea două extreme care sunt, sau par să fie, în opoziție una față de alta. Scopul este să te facă să crezi că adevărul trebuie găsit în una din aceste extreme. În realitate, amândouă extremele izvorăsc din relativitatea conștiinței morții, și prin urmare adevărul nu e găsit în nici una din ele.

Privind în istorie, vei vedea cum această tactică a fost folosită în multe moduri. De exemplu, există conflictul dintre comunism și capitalism. Mulți oameni și-au permis să fie atrași în acest conflict, și ei au gândit că lupta dintre capitalism și comunism a fost o luptă între bine și rău. În realitate, lupta dintre capitalism și comunism este o luptă între două tipuri de totalitarianism, două forme de control centralizat a economiei.

Într-un sistem comunist, statul posedă sau controlează mijloacele de producție. Într-un sistem capitalist, companiile private se luptă pentru obținerea unui monopol. Dacă duci capitalismul la extrema sa ultimă, o companie ar deține toate

Capitolul 20. Mergând înăuntru

mijloacele de producție. Însă, aceasta se poate întampla numai dacă acea companie influențează (fuzionează cu) guvernul, și prin asta rezultatul ultim al unui sistem capitalist este o formă de control statal care e deja prezent în sistemul comunist. Ce spun eu aici este că comunismul și capitalismul sunt pur și simplu două moduri diferite de obținere a controlului centralizat al economiei.

Drumul de mijloc între cele două extreme este o formă de economie numită "intreprindere liberă" sau "economie de piață liberă" (din nefericire mulți oameni cred minciuna că intreprindere liberă este același lucru cu capitalismul). Baza economiei intreprinderii libere este competiția nerestricționată. Într-o economie de intreprindere liberă, nu este posibil să creezi un monopol. Atât timp cât competiția rămâne liberă, o companie poate caștiga un monopol numai temporar. Este inevitabil ca vreo altă companie să nu înceapă să producă aceleași bunuri la prețuri mai joase, și astfel monopolul este spart.

Nu este intenția mea aici să intru în analiza detaliată a forțelor economice. Încerc doar să arăt cum relativitatea conștiinței morții poate fi folosită pentru crearea a două extreme ce par a fi în opoziție directă una cu alta. În realitate, ambele extreme servesc să promoveze cauza șerpilor care încearcă să manipuleze și să controleze oamenii.

Evident, acest fapt are multe ramificații. Totuși, în acest context, vreau să fac sigur faptul că tu înțelegi nevoia de a evita să fii tras în această seculară bătălie între două extreme. Nu-ți permite să fii tras în războiul dintre Gog și Magog (falșii dumnezei ai acestei lumi), niciunul dintre ei nereprezentând adevăratul Dumnezeu din Rai.

Evită extremele relative

Pentru a descoperi adevărul lui Dumnezeu, trebuie să eviți să fii tras în cele două extreme ale acestei lumi. Trebuie să eviți să fii atras în "gândirea negru-și-alb". Când gândești în termeni de negru și alb (binele și răul relativ), ai tendința să dezvolți un punct de vedere simplistic al realității. Este atât de ușor să crezi că un grup particular de oameni reprezintă dușmanul și că poți rezolva toate problemele eliminând acel dușman. Această gândire în negru-și-alb poate foarte ușor să te atragă în extremism și fanatism, și aceste stări ale minții nu pot niciodată să te conducă la descoperirea adevărului lui Dumnezeu.

Adevărul lui Dumnezeu nu este relativ ; nu este negru sau alb. Asta nu înseamnă că adevărul lui Dumnezeu este gri deoarece gri este o mixtură de negru și alb. Adevărul lui Dumnezeu este deasupra și dincolo de coloriturile și diviziunile care răsar din relativitatea conștiinței morții. Adevărul lui Dumnezeu este ceea ce iubitul meu Frate de Lumină, Gautama Buddha, a numit "Drumul de Mijloc". Buddha a fost primul ce a adus învățătura Drumului de Mijloc pe această planetă. Dacă simți nevoia să înțelegi acest concept, îți recomand să studiezi învățăturile lui.

Totuși, vei găsi elemente ale acestor învățături în propriile mele cuvinte deoarece și eu am studiat Buddhismul, și am urmat și practicat Drumul de Mijloc. Dacă îmi studiezi zicerile, vei observa că multe din ele sunt tipul de ziceri care în Zen Buddhism sunt referite ca "koans" (anecdote paradoxale). Koan-urile sunt ziceri care sunt proiectate să șocheze și să surprindă oamenii, scoțându-i din starea normală de conștiință și făcându-i să privească viața din alt unghi. Multe din zicerile mele sunt proiectate să șocheze scoțându-te din relativitatea conștiinței morții și ajutându-te

Capitolul 20. Mergând înăuntru

să privești dincolo de acea relativitate și țintind o înțelegere mai înaltă. Aceste ziceri sunt menite să deschidă drumul pentru înțelegeri intuitive de la mintea Cristică care taie prin densitatea conștiinței morții ca un fulger de lumină. Ca și un exemplu, gândește-te la situația unei femei prinsă în adulter.

O mulțime supărată era gata să arunce cu pietre în această femeie. Însă am fost capabil să-i împac făcând o simplă afirmație : "Să vină acela, care este fără de păcat dintre voi, să arunce primul cu piatra." Permite-i intuiției tale, permite-i Sinelui tău Crist și permite-mi mie să-ți dau aceste flash-uri de înțelegere care brusc îți vor transforma conștiința și te vor ajuta să vezi ceva ce n-ai putea niciodată să vezi prin relativitatea conștiinței morții.

Ascultă răspunsurile

Permite-mi să-ți dau cheia esențială pentru dezvoltarea intuiției. Intuiția este o formă de comunicare prin care mintea ta mai înaltă și învățătorii tăi spirituali încearcă să comunice cu mintea ta conștientă și să-ți ofere o înțelegere ce te va ajuta să crești către urmatorul pas pe calea ta personală. Cheia recepționării acestei înțelegeri este să eviți gândirea, analizarea sau judecarea cu mintea exterioară. Pentru a evita această formă de gândire, trebuie să te străduiești pentru echilibru și să eviți să ai mintea polarizată către una din extremele relative.

Cheia pentru a-ți îmbunătăți intuiția este pur și simplu să asculți. Trebuie să dezvolți o stare a minții în care îți direcționezi constant atenția către Sinele tău Crist și asculți cuvântul adevărului. Trebuie să dezvolți o stare a minții pe care o numesc "harul ascultării". Cheia de dezvoltare a acestei stări a minții este să asculți cu o minte deschisă, o minte eliberată de prejudecată și judecată. Am spus mai devreme că conștiința morții creează un idol de realitate și apoi caută să forțeze realitatea să se conformeze acestei imagini preconcepute. Pentru a asculta cu adevărat, trebuie să privești dincolo de idolii creați de conștiința morții.

De aceea am spus : "Până când nu devii ca un mic copil, nu poți intra în împărăția lui Dumnezeu". Semnificația adevărată este că până când nu dezvolți o minte deschisă și de încredere ca a unui copil, minte care e eliberată de prejudecată și judecată, nu vei fi capabil să asculți adevărul lui Dumnezeu care este rostit către tine numai în liniștea inimii tale. Îndrăznește să privești dincolo de idolii mulți și relativi din această lume.

Îndrăznește să asculți adevărul lui Dumnezeu care e dincolo de toată relativitatea. În El, în mintea lui Dumnezeu, nu există variație sau întoarcere. În El există doar Adevărul Viu ; Cuvântul Viu.

Curăță-ti mintea de idei false

Ți-am spus deja că în ultimii 2000 de ani numeroase lucruri au fost înlăturate sau adăugate la învățăturile mele. Trebuie să admit că sunt în continuare uluit de abilitatea oamenilor de a construi și de fapt a crede cele mai incredibile teorii și idei. Îți pot spune că există atât de multe idei false despre mine, despre creștinism, despre Dumnezeu, despre religie și despre spiritualitate, plutind în jurul acestei planete, încât îi pot înțelege pe aceia ce refuză să aibă de-a face cu orice gen de subiecte spirituale. Îi pot de asemenea înțelege pe aceia care se atârnă de religia în care au fost crescuți și să refuze să considere idei noi.

Capitolul 20. Mergând înăuntru 259

Totuși, deja ți-am spus că aceasta face parte din planul șerpilor din mijlocul tău. Acești șerpi știu că ei nu pot bloca mareea la nesfârșit. Este inevitabil ca din ce în ce mai mulți oameni să-și deschidă mințile către noi idei în câmpul spiritualității și religiei. Prin urmare, șerpii încearcă să răspândească cât mai mute idei confuze și atroce, încât oamenii să fie păcăliți, confuzi sau copleșiți.

Nu te preocupa de multele idei false care sunt acolo. Focusează-te pe dezvoltarea intuiției tale, și îți pot promite că prin acea intuiție vei dobândi discernământul ce-ți va permite să cunoști ce ține de Dumnezeu și ce nu ține de Dumnezeu. Totuși, poți intensifica mult acest proces făcând un efort conștient de epurare a ideilor false deja intrate în conștiința ta. Trebuie să-ți spun că majoritatea oamenilor de pe această planetă au fost expuși la astfel de convingeri false. În consecință, este prudent să presupui că ai putea beneficia făcând puțină curățenie spirituală prin casă. Pentru a dobândi creștere spirituală maximă, trebuie să fii dispus să renunți la ideile false. Trebuie să fii dispus să realizezi falsitatea unor astfel de idei chiar dacă îți cauzează shimbarea convingerilor cu care ai crescut confortabil. Când am spus: "Nu am venit să aduc pace, ci o sabie", mă refeream exact la acest proces. Este un fapt că ființele umane tind să devină creaturi de obișnuință. Astfel, ele sunt adesea șovăitoare în a reconsidera sau renunța la ideile cu care au devenit familiare.

Un exemplu perfect al acestui fapt este dragul meu Paul. A fost educat într-o religie ortodoxă iudaică, și a crezut unele din falsele idei promovate de acea religie. Din cauza acceptării acelor false idei, el gândise că Isus Cristos și adepții lui nu erau de încredere adevărată. A fost foarte atașat de aceste idei, și foarte ezitant în a-și schimba modalitățile și de a reconsidera convingerile de bază. Pentru a-l întoarce pe Paul, a trebuit să fac uz de drastica măsură apărându-i într-o viziune atât de puternică încât Paul, dat fiind faptul că era pregătit la nivelele interioare, nu a putut tăgădui sau dezice nimic.

Este speranța mea sinceră că vei fi mult mai deschis decât Paul. Sper că vei fi dispus să reconsideri unele din cele mai scumpe convingeri păstrate și să fii învățabil de Dumnezeu. Nu spun prin asta că trebuie să abandonezi toate convingerile tale curente sau că trebuie să-ți abandonezi toate convingerile false deodată.

Nu doresc să te arunc într-o criză de identitate. Totuși, doresc să te văd angajându-te într-un proces prin care gradual îți reevaluezi convingerile curente și-ți folosești discernământul interior pentru a determina dacă e nevoie să expandezi, să schimbi sau chiar să abandonezi unele din acele convingeri. Nu-ți spun să urmezi vreo sursă exterioară în această problemă, nici chiar această carte. Îți spun să urmezi sursa interioară a propriei tale intuiții, precum și înțelegerile pe care le recepționezi de la Sinele tău Crist.

Să faci tot posibilul să te prezinți aprobat înaintea lui Dumnezeu

Ce poți face pentru a mări viteza procesului prin care înveți să vezi prin convingerile false sau incomplete și să le abandonezi? Pur și simplu angajează-te într-un proces de studiere a învățăturilor spirituale.

Evident, mi-ar place ca tu să începi cu această carte și unele din celelalte cărți sau website-uri pe care le-am lansat prin acest mesager. Nu citi pur și simplu această carte o dată și crede că ai terminat cu ea. Pentru a absorbi complet învățăturile pe care le dau în această carte, ai nevoie s-o citești de mai multe ori, și cu grijă să le digeri. Apoi, folosește

Capitolul 20. Mergând înăuntru 261

înțelegerea pe care ți-am dat-o în această carte pentru a câștiga o nouă perspectivă către alte învățături spirituale.

Cred că dacă vei absorbi cu adevărat învățăturile mele din această carte și apoi vei citi Noul Testament, ai câștiga multă inspirație nouă din scripturi. Există de asemenea multe alte texte creștine care-ți pot servi ca inspirație. Studiază unii din misticii creștini, în mod special unul din gnostici, cum ar fi Origen din Alexandria care a fost cu adevărat unul de-ai mei. Studiază unele din textele ce au fost descoperite în acest secol, cum ar fi Libraria Nag Hammadi, manuscrisele de la Marea Moartă și multe alte texte apocrife care nu sunt parte din Biblia oficială. Recomand în mod special Evanghelia lui Thomas care conține multe ziceri directe de-ale mele.

Multă lume va vrea să rămână în contextul creștinismului însăși, și asta este acceptabil atât timp cât îți urmezi direcția ta interioară. Însă, știu și că mulți oameni sunt pregătiți să cerceteze învățături spirituale din alte surse. Există multe învățături spirituale pe această planetă care-ți pot servi de mare inspirație. Textele religiilor majore ale lumii pot fi de mare ajutor. Și multe texte care au fost lansate chiar în acest secol.

Ți-am spus că fac parte dintr-o echipă de învățători spirituali care lucrează cu umanitatea de foarte mult timp. De-alungul erelor, noi care suntem maeștrii ascensionați am încercat să producem o revelație progresivă a misterelor spirituale. Am făcut asta prin mulți oameni diferiți ce au fost dispuși să-și ridice conștiința și să servească ca și ușă deschisă pentru aducerea unei învățături spirituale particulare.

În ultimul secol, acest proces a fost foarte mult accelerat și motivul este că acum ne aflăm la sfârșitul unei ere și începutul alteia. Perioada ultimilor 2000 de ani a fost ceea ce mulți oameni numesc "Era Peștilor". Am fost ierarhul spiritual pentru această eră. Planeta Pământ intră acum în următorul ciclu de 2000 de ani, numit "Era Vărsătorului". Datorită acestei schimbări, există o mare oportunitate pentru creștere spirituală. În ultimul secol, milioane de oameni și-au deschis mințile către idei spirituale noi. Dumnezeu a răspuns acestei deschideri în multe moduri diferite. Există multe, multe surse de învățături spirituale ce sunt cu adevărat sponsorizate de maeștrii ascensionați. Există de asemenea multe învățături false, produse de șerpi în încercarea de a crea confuzie și zăpăceală. Dacă vei lucra pe dezvoltarea intuiției, vei avea discernământul de a face diferența.

Sunt conștient că unii creștini ortodocși privesc la orice mișcare sau învățătură nouă ca la un cult New Age. Deoarece tu citești această carte, sunt sigur că nu vei fi excesiv de preocupat de aceste etichete. Faptul este că dacă eu aș umbla pe Pământ astăzi și aș face lucrurile pe care le-am făcut acum 2000 de ani, exact acești creștini ortodocși m-ar eticheta pe mine, Isus Christos, ca pe un lider de cult New Age foarte periculos.

Prin urmare, nu lăsa judecățile altor oameni să te împiedce să descoperi și să citești învățăturile spirituale pe care noi, maeștrii ascensionați, ți le-am dat. Nu spun prin asta că ar trebui să studiezi toate învățăturile disponibile. Nu spun că ar trebui să te alături vreunei organizații particulare. Pur și simplu lasă-ți intuiția să te ghideze și să-ți arate ce să studiezi.

CAPITOLUL 21. VINDECĂ-TE SINGUR

Am ajuns acum la un subiect pe care-l consider extrem de important, dar pe care multe religii și oameni spirituali îl ignoră. Ți-am spus deja că lifestream-ul tău se află pe această planetă de foarte mult timp. O ocheadă în istorie ar demonstra că ai fost implicat probabil într-unul sau mai multe războaie sau alte atrocități. Ar trebui să fie evident că astfel de experiențe traumatice pot răni sau învineți sufletul tău. În consecință, ar fi ușor de văzut că ai nevoie să-ți vindeci sufletul.

Cuvântul "suflet" vine de la cuvântul grecesc "psihic". Psihicul și sufletul sunt termeni interschimbabili. În terminologia pe care noi, maeștrii ascensionați, o folosim azi, sufletul este un vehicul pe care Tu Conștient îl creează pentru a interacționa cu corpul fizic. Sufletul tău te urmează multe vieți, dar în final, poți ascensiona numai renunțând la suflet, lăsând sufletul – sensul de identitate bazat pe vehiculul suflet – să moară astfel încât tu să poți fi renăscut într-o nouă identitate bazată pe mintea

Cristică. Așa cum i-am spus lui Nicodemus, numai o ființă care a coborât din Rai poate urca înapoi în Rai. Acea ființă este ceea ce am numit Tu Conștient, aspectul pur al ființei tale mai joase. Dacă sufletul tău a fost sever rănit, poate fi dificil pentru tine să încetezi identificarea cu sufletul, și astfel nu poți renunța la suflet, la fantomele care completează sufletul. [pentru învățături mai multe despre suflet, vezi cartea The Power of Self]

Ți-am spus că esența căii către Christhood-ul personal este că tu trebuie să dezbraci sensul de identitate vechi omenesc bazat pe conștiința morții, și să îmbraci noul sens de identitate uman bazat pe Sinele Crist și individualitatea ta dată de Dumnezeu. Cel mai mare obstacol în calea acestui proces este că oamenii tind să devină foarte atașați de anumite aspecte ale sensului lor de identitate de mai jos, sufletul. Cauza acestui atașament sunt rănile emoționale pe care sufletul tău le-a recepționat în trecut.

Rănile tale emoționale te pot face să devii atașat de elemente ale sensului tău fals de identitate sau de anumite idei false. În multe cazuri, o experiență traumatică din trecut te poate face să accepți o convingere falsă despre tine însuți, despre Dumnezeu sau despre niște aspecte ale vieții. Experiența traumatică de asemenea face ca sufletul tău să experimenteze durere emoțională intensă. Durerea a generat un bazin de energie negativă, și această energie este stocată în sufletul tău (în câmpul tău personal de energie).

Dacă nu ți-ai vindecat sufletul, energia emoțională este încă acolo. Prin urmare, orice încercare de reconsiderare a convingerilor false va deschide inevitabil vechea rană și va face ca mintea ta conștientă să se reconecteze cu energia negativă. Ca rezultat, tu vei re-experimenta durerea emoțională. Mulți oameni se tem să reconsidere o idee falsă deoarece ei nu vor să aibă de-a face cu durerea. Totuși, este

Capitolul 21. Vindecă-te singur 265

un fapt brutal al vieții că pentru a te elibera de convingerile tale false, trebuie să fii dispus să deschizi cutia Pandorei a trecutului tău.

Mulți oameni se tem să deschidă această cutie și să privească în interiorul psihicului lor. În fapt, văd mulți oameni ce folosesc religia sau spiritualitatea ca pe o scuză pentru a nu avea de-a face cu rănile psihicului. Acești oameni își focusează atenția pe aspectul exterior al religiei sau se concentrează pe practicarea unei tehnici spirituale. Ei gândesc că dacă doar vor urma toate regulile exterioare, mergând în fiecare duminică la biserică sau practicând o anumită tehnică spirituală, ei pot cumva să evite să aibă de-a face cu durerea din psihic.

Sunt foarte fericit să văd numeroase tehnici de auto-îmbunătățire care sunt disponibile astăzi. Nu toate din ele sunt benefice, și nu toate din ele sunt inspirate de maeștrii ascensionați. Însă multe din ele vin de la noi, iar noi le-am lansat ca să te asiste pe calea ta. Totuși, trebuie să-ți spun că o tehnică spirituală nu poate înlocui nevoia de o vindecare psihologică. Nu te poți pur și simplu ruga, medita sau să stai într-o postură Yoga și să presupui că asta îți va vindeca automat psihologia.

De ce o tehnică spirituală nu te poate vindeca

Permite-mi să explic de ce o tehnică spirituală nu-ți poate vindeca psihologia. Experiența umană e produsă de alegerile pe care le faci exercitându-ți liberul arbitru dat de Dumnezeu. Când experimentezi o situație traumatică, există două aspecte ale acestei situații. Un aspect este situația exterioară, de exemplu ce îți face o altă ființă. Alt aspect este situația interioară, și anume cum alegi să răspunzi la acea situație.

Vreau ca tu să înțelegi că nu spun în nici un caz că este corect să rănești altă ființă umană. Dacă cineva te rănește, acea persoană va face inevitabil karmă. Totuși, e un fapt brutal că motivul unei răni psihologice nu o reprezintă acțiunile altei persoane. Ce cauzează rana este reacția ta interioară la acele acțiuni.

Ființele umane reacționează foarte diferit la situații similare. O persoană ar putea crede că o situație nu e o mare afacere, și acea persoană merge mai departe fără a fi speriată emoțional de situație. Altă persoană poate folosi aceeași situație să-și construiască o imagine negativă despre sine care poate rămâne în suflet vieți întregi.

Cauzele rănilor tale psihologice sunt deciziile pe care le-ai luat în ce privește modul cum ai răspuns la situațiile traumatice sau dureroase. Prin urmare, cheia esențială în vindecarea rănilor tale este că tu trebuie conștient să te întorci la alegerea originală și să iei o decizie mai bună. De exemplu, un copil care este abuzat sexual, fizic sau emoțional adesea își construiește o imagine de sine negativă dominată de vină și de un sentiment de nevrednicie. Nici o cantitate de rugăciune, meditație sau exerciții yoga nu va înlătura acea imagine de sine negativă (după cum vom vedea în secțiunea următoare, un exercițiu spiritual ar putea elimina energia negativă creată în situația originală). Pentru a înlătura imaginea falsă, trebuie să înlocuiești decizia originală (sau deciziile) cu o decizie nouă și mai bună, bazată pe înțelegerea că tu ești o ființă spirituală creată după chipul și asemănarea lui Dumnezeu.

Există multe tehnici pe piață astăzi care te pot asista să intri în adâncurile psihicului tău și să te eliberezi de atracția gravitațională negativă a trecutului tău. Te pot asigura că dacă unele din aceste tehnici ar fi fost disponibile acum 2000

Capitolul 21. Vindecă-te singur 267

de ani, le-aş fi recomandat la toţi discipolii mei să intre într-o anume formă de terapie sau vindecare psihologică.

Consider absolut vital ca tu să faci un efort conştient şi determinat să vindeci rănile din psihologia ta. Aceste răni formează o greutate moartă care te împiedică foarte mult în încercarea ta de a urca pe calea Christhood-ului. De ce să nu te lepezi de această greutate când poţi s-o înlături aplicând o metodă potrivită de vindecare psihologică?

Vindecarea psihologiei tale este un subiect extrem de important, iar eu nu am spaţiu să-i acopăr toate faţetele în această carte. Totuşi, noi, maeştrii ascensionaţi, am furnizat mai multe cărţi care schiţează paşii practici pentru vindecarea psihologiei tale. Un gând final. Mai devreme ţi-am spus că întorcând celalalt obraz vei evita să faci karmă personală dintr-o situaţie.

Totuşi, acest lucru are de asemenea un aspect interior. Dacă poţi întoarce celalalt obraz şi reacţiona cu totală iertare atunci vei evita crearea unei cicatrici emoţionale în sufletul tău. Pur şi simplu renunţă la situaţie şi continuă ca şi cum nimic nu s-ar fi întâmplat. Pe măsură ce creşti în Christhood şi-ţi vindeci psihologia, vei dobândi abilitatea să răspunzi cu iubire, iertare, armonie şi pace în orice situaţie în care viaţa te aruncă. Abilitatea de a avea control deplin asupra reacţiilor tale interioare la acţiunile exterioare este exact cheia libertăţii tale personale. Este de asemenea cheia către libertatea spirituală.

Transformând energia negativă

Ţi-am spus că trăieşti într-un univers în care totul este energie. Astfel, tot ce faci este făcut cu energie. Dacă comiţi un act rău, acel act are următoarele consecinţe :

- Un impuls de energie este transmis în univers, și acesta va fi returnat către tine sub formă de karmă personală

- Generezi energie negativă care este stocată în câmpul tău personal de energie, și asta poate avea efecte neplăcute pentru gândurile și sentimentele tale

Ți-am spus de asemenea că personal am purtat karma umanității în acești ultimi 2000 de ani. Dispensa mea pentru asta se apropie de sfârșit, și prin urmare karma umanității coboară acum peste această planetă. Această coborâre a karmei poate avea efecte negative pentru viața ta personală și pentru planetă ca și întreg. În consecință, orice căutător spiritual serios are nevoie să ia în considerare chestiunea referitoare la cum să-și poată transforma energia negativă. Poți accelera foarte mult creșterea ta spirituală găsind o tehnică spirituală care să-ți permită să crești vibrația energiei tale negative până la puritatea ei originală ca și energie spirituală. Cum ai putea în mod posibil să faci asta?

Știința ne spune că energia există în forma undelor care au diferite frecvențe, amplitudini și lungimi de undă. Când două unde de energie se întâlnesc, interacțiunea lor creează ceea ce oamenii de știință numesc șablon de interferență. Acest șablon poate schimba proprietățile vibraționale ale ambelor unde. Pentru a scurta o poveste lungă, dacă o undă de energie de înaltă frecvență întâlnește o undă de energie de joasă frecvență, interacția rezultată poate crește vibrația energiei de joasă frecvență. Potențialul de transformare a energiei de joasă frecvență în energie spirituală reprezintă fundația pentru toată creșterea spirituală.

Ai auzit că e spus că nici o iotă sau titlu de lege nu va trece înainte să se întâmple toate lucrurile. Când ai ales

Capitolul 21. Vindecă-te singur 269

să cobori în universul material și ți-ai tăiat legătura cu învățătorul tău spiritual, Legea Cauzei și Efectului a devenit învățătorul tău. În acord cu această lege, ești responsabil în cele din urmă pentru ceea ce faci cu energia lui Dumnezeu. Această responsabilitate merge tot drumul înapoi către prima încarnare în universul material.

Ai avut mii de încarnări pe această planetă, și prin urmare posibil să-ți fi putut crea un foarte mare bazin de energie negativă. Dumnezeu necesită ca înainte să poți ascensiona în lumea spirituală, tu trebuie să-ți transformi acea energie negativă înapoi în puritatea ei originală. Există multe moduri de a transforma energia negativă, cum ar fi rugăciunea, postul, faptele bune sau variate tehnici și practici spirituale.

Poți de asemenea echilibra sau neutraliza energia negativă experimentând efectele reîntoarcerii acelei energii sau karme. Aceasta se poate manifesta ca și evenimente negative în viața ta, cum ar fi boala sau accidentele. Evident, acesta e modul dur de a-ți echilibra karma.

Este de departe mai bine să-ți echilibrezi karma înainte ca aceasta să se manifeste ca și eveniment fizic. Acest lucru e foarte posibil, și de la începutul timpului Dumnezeu a furnizat oportunitatea de a echilibra energia negativă fără experimentarea efectelor fizice ale acelei karme. S-ar putea spune că fiecare tehnică spirituală cunoscută umanității a fost original proiectată să te ajute să invoci energie spirituală, lumină spirituală, ce poate servi la transformarea energiei negative pe care ai generat-o.

Evident, aceste idei constituie un alt exemplu a ceea ce a fost înlăturat din învățăturile mele adevărate. În fapt, aproape nici o religie ortodoxă nu conține aceste idei. Cu toate acestea, te încurajez cu putere să realizezi validitatea și valoarea acestor învățături.

Te pot asigura că trăiești într-o vreme când există o mare nevoie pentru transformarea energiei negative. Aspectul personal al acestui fapt este că tu trebuie să-ți transformi karma personală. În fapt, dacă ești serios în ce privește dobândirea Christhood-ului, ai nevoie să faci un efort determinat pentru a aplica o tehnică spirituală pentru transformarea energiei negative.

Aspectul planetar este că karma de returnat a umanității ar putea avea un număr de efecte negative pentru societate și pentru planetă. Aceste efecte potențiale au fost descrise printr-un număr de profeții transmise din variate surse. Vreau ca tu să înțelegi că profeția nu este bătută în cuie. Profeția este dată ca un avertisment pentru ce s-ar putea întâmpla dacă oamenii nu-și schimbă abordările. Astfel, există un potențial să anulezi profeția, și cheia pentru a face asta este să transformi energia negativă înainte ca aceasta să se manifeste ca eveniment fizic.

O dispensă specială

Dumnezeul nostru este un Dumnezeu al clemenței, iar parinții tăi cerești nu sunt orbi la situația neplăcută curentă de pe planeta Pământ. Prin urmare, ei au decis să furnizeze o cale de ieșire. Ți-am spus deja că toate tehnicile spirituale sunt proiectate să te ajute să invoci energia spirituală și prin asta să transformi energia negativă. Totuși, trebuie să-ți spun că tehnicile spirituale practicate de majoritatea oamenilor nu sunt destul de puternice să transforme cantitatea de karmă personală și planetară ce este momentan returnată în acești ani. Încă o dată, există o cale de ieșire.

Ți-am spus mai devreme că tatăl meu, iubitul Sfântul Iosif, este azi o ființă ascensionată, un maestru ascensionat.

Capitolul 21. Vindecă-te singur 271

Numele lui este Saint Germain, şi a fost numit ierarhul spiritual pentru Era Vărsătorului. Te pot asigura că am respectul şi admiraţia maximă pentru Fratele meu de Lumină, Saint Germain. Sunt extrem de bucuros pentru că el a fost numit lider spiritual pentru următorii 2000 de ani.

Când Saint Germain a fost numit succesorul meu, el şi-a dat seama în mod clar de situaţia neplăcută în ce priveşte returnarea karmei umanităţii, după cum ţi-am descris. Prin urmare, Saint Germain a văzut nevoia de eliberare a unei tehnici spirituale care să fie mai eficientă decât oricare alta eliberată înainte pe această planetă. Acest fapt nu a fost o problemă simplă deoarece oamenii au arătat o mare dispunere în a utiliza greşit orice tehnică spirituală dată lor. Aşa cum oamenii au fost dispuşi să utilizeze greşit energia atomică, la fel au fost dispuşi să utilizeze greşit energia spirituală.

Prin urmare, Saint Germain a trebuit să ceară o dispensă cosmică, şi după multă deliberare a ierarhilor spirituali de deasupra noastră, dispensa a fost acordată. Lui Saint Germain i s-a acordat permisiunea să lanseze public o tehnică spirituală care de mii de ani fusese cunoscută doar unui mic grup de lifestream-uri avansate. În trecut, această tehnică a fost cunoscută sub mai multe denumiri. Saint Germain a ales să lanseze această tehnică spirituală sub numele de "Flacăra Violet". Numele se referă la faptul că această tehnică ţinteşte invocarea unei forme de lumină spirituală care vibrează la frecvenţele de exact deasupra universului material (lumina violetă are cea mai înaltă frecvenţă din lumina vizibilă).

Dacă eşti serios în transformarea karmei personale şi planetare, atunci eu nu văd cum ai putea face asta fără să faci uz de Flacăra Violet. Această formă de energie spirituală este extrem de eficientă în termeni de transformare a energiei negative create de fiinţele umane. Este mai puternică decât orice altă tehnică spirituală aflată momentan pe această planetă.

Există multe moduri de a invoca Flacăra Violet, incluzând ritualurile religioase, rugăciunile, afirmațiile și vizualizările. Totuși, cel mai eficient mod de a invoca această energie este prin cuvântul rostit. Recomand cu tărie să faci uz de o tehnică pentru invocarea Flăcării Violet, cum ar fi decretele incluse în următorul discurs. Nu trebuie să-ți abandonezi apartenența la nici o biserică sau organizație spirituală pentru a face asta. Invocarea Flăcării Violet reprezintă o tehnică spirituală universală care este cu adevărat un dar de la Dumnezeu. Mi-ar place s-o văd practicată de toți care se consideră adepții mei. Tehnica spirituală numită Flacăra Violet este un dar de la Dumnezeu pentru toți oamenii de pe Pământ.

Când am decis să port încărcătura karmei umanității, a fost speranța mea că oamenii vor face uz înțelept de această dispensă. Sperasem că prin aplicarea învățăturilor mele adevărate, oamenii ar deveni milionari spirituali. Astfel, când karma lor trebuia să le fie returnată, ar fi fost ușor pentru ei să-și plătească datoriile către viață fără a-și încetini progresul spiritual. Din nefericire, așa cum deja am explicat, acest lucru nu s-a întâmplat.

În consecință, umanitatea este acum într-o dublă primejdie. În ultimii 2000 de ani, oamenii au creat mai multă karmă, și momentan au de-a face cu efectele acelei karme. În același timp, karma pe care eu am purtat-o le este returnată. Evident, nu este dorința mea să văd oamenii în asemenea situație neplăcută. Cea mai bună speranță pe care o văd în schimbarea acestei situații este că milioane de oameni să decidă aplicarea darului lui Saint Germain, și anume Flacăra Violet. Dacă milioane de oameni, fie ei creștini sau non-creștini, vor aplica această tehnică, va fi posibil să se

Capitolul 21. Vindecă-te singur

consume încărcătura karmei de returnat atât la nivel personal cât și planetar.

Prin urmare, intenția mea originală în ce privește purtarea karmei umanității ar putea fi totuși împlinită. Era de Aur pe care o imaginez pentru planeta Pământ s-ar putea manifesta în timpul Erei Vărsătorului. Sper că vei lua serios în considerare aplicarea unei tehnici pentru invocarea Flăcării Violet. Nu știu ce aș putea spune mai mult ca să-ți recomand Flacăra Violet.

Separă-te în conștiință

Știința modernă a demonstrat că întregul univers material este format din energie. Știința de asemenea a demonstrat că energia nu poate fi creată și nici nu poate fi distrusă. Aceste două lucruri conțin o cheie importantă pentru înțelegerea afirmației: "Treci deoparte, și fii un om separat și ales". Ți-am mai spus deja că această afirmație mai întâi înseamnă că tu trebuie să te separi în conștiință. Permite-mi acum să-ți dau o explicație mai detaliată.

Sunt o ființă spirituală, și văd multe lucruri care sunt ascunse vederii fizice majorității oamenilor. Văd multe lucruri care îi atacă pe aceia care se străduiesc cu adevărat pentru creștere spirituală. Să-ți descriu aceste forțe.

Mai întâi și mai întâi ai nevoie să înveți cum să te protejezi de energia negativă. Ți-am spus că orice faci, faci cu energia lui Dumnezeu. Tu recepționezi în mod constant un flux de energie spirituală care curge de la Prezența ta EU SUNT în câmpul tău de energie. Exprimi acea energie prin gânduri, emoții și acțiuni. În procesul de exprimare a energiei, acea energie e calificată în acord cu conținutul conștiinței tale. Cu alte cuvinte, în timp ce exprimi energia spirituală, schimbi vibrația acestei energii. O acțiune, emoție sau gând pozitiv generează energie de înaltă frecvență. O acțiune, emoție sau gând negativ generează energie de joasă frecvență.

Energia nu poate fi creată sau distrusă ; ea poate fi doar transformată în altă formă de energie. Semnificația acestui fapt este că energia negativă generată de ființele umane nu va dispărea pur și simplu. O parte din acea energie va fi trimisă în univers, și va fi returnată către tine prin Legea Cauzei și Efectului, Legea Karmei. Totuși, o parte din energia negativă generată de ființele umane va rămâne cu ei.

Chiar și știința modernă începe să realizeze că există un câmp de energie care înconjoară corpul uman. Știința a început de asemenea să realizeze că există un câmp de energie care înconjoară planeta. Nu voi intra în detalii aici, dar îți voi spune că câmpul tău personal de energie acționează ca un depozit atât pentru energia negativă cât și pentru cea pozitivă. De asemenea, câmpul de energie al planetei este un depozit pentru energia negativă și pozitivă generată de ființele umane. Sunt sigur că dacă privești la istoria omenirii, vei observa că umanitatea a generat o cantitate enormă de energie negativă. Nu ar trebui să fie dificil de imaginat că câmpul de energie al planetei Pământ este literalmente o hazna de energie negativă.

Tu trăiești în această hazna de energie. Te poți uita la câmpul tău personal de energie ca la un strop în oceanul planetar de energie. Chestiunea devine acum cum câmpul tău personal de energie, și prin asta gândurile și emoțiile tale, devin afectate de energia din câmpul de energie planetar?

Trebuie să-ți spun că momentan există atât de multă energie negativă stocată în câmpul de energie al acestei planete încât până când nu faci un efort foarte determinat să te eliberezi de atracția gravitațională negativă a acestei energii, inevitabil vei fi tras în jos. Milioane de oameni de pe această

Capitolul 21. Vindecă-te singur 275

planetă sunt atat de copleșiți de energia câmpului planetar încât ei literalmente sunt incapabili să mențină integritatea personalității și individualității lor. Cu alte cuvinte, mințile și emoțiile lor au fost înghițite de ceea ce s-ar putea numi o minte de masă sau o conștiință de masă. Acești oameni sunt ca o turmă care orbește urmează curenții ce curg prin oceanul conștiinței de masă.

Evident, nu vreau ca discipolii mei să fie parte din această minte de masă. Cum ai putea păși pe calea către Christhood-ul individual dacă mintea ta este acaparată de conștiința de masă care-ți anulează individualitatea? Prin urmare, trebuie să te separi de conștiința de masă și să-ți stabilești o sferă sfințită în jurul câmpului tău personal de energie. A face asta nu e dificil când dispui de uneltele potrivite, și îți voi da aceste unelte.

Apără-ți lumina

Trebuie să înveți cum să te aperi de spiritele rele. Sunt conștient că mulți creștini, și mulți oameni interesați spiritual care sunt parte din așa numită mișcare New Age, sunt ezitanți să ia în considerare subiectul spiritelor rele. Această ezitare e bazată pe un mecanism de apărare construit în psihicul uman. Simplul fapt este că psihicul uman nu vrea să recunoască un pericol de care crede că nu se poate apăra. Însă dacă citești scripturile vei vedea că adesea am alungat spiritele rele. Prin urmare, nu-ți poți permite să ignori subiectul spiritelor rele.

Lasă-mă să mă grăbesc să-ți spun că există într-adevăr o apărare eficace împotriva tuturor spiritelor rele. Când știința medicală a descoperit prima dată bacteria, mulți oameni au refuzat să accepte existența bacteriei. Ei nu au vrut să accepte că ar putea exista vreun organism microscopic, un organism pe care ei nu-l pot vedea, care le-ar putea ataca corpurile. Însă de îndată ce recunoști existența unui pericol ascuns, poți începe să cauți moduri de auto-apărare împotriva acelui pericol. Pe de altă parte, dacă rămâi voit ignorant, nu poți căuta o astfel de apărare. Există trei tipuri de spirite pe care ai nevoie sa le cunoști :

- **spirite malițioase.** Un spirit malițios (numit și demon) este un spirit care s-a răsculat împotriva lui Dumnezeu și prin urmare și-a tăiat legătura cu Dumnezeu. Am afirmat că tu poți rămâne în viață doar pentru că recepționezi un flux constant de energie spirituală de Deasupra. Dacă o ființă continuă să se răzvrătească împotriva lui Dumnezeu pentru o perioadă lungă de timp, acea ființă va începe gradual să-și diminueze fluxul de energie spirituală, și în cele din urmă acel flux este complet tăiat. Datorită unui mecanism pe care îl voi descrie aici în detaliu, o asemenea ființă (sau spirit) poate continua să existe, dar o poate face numai furând energie spirituală de la aceia care încă primesc energie de Deasupra. Cu alte cuvinte, un spirit malițios este un spirit care poate supraviețui numai prin furtul de energie spirituală de la ființele umane. Astfel de spirite vor căuta să fure această energie prin multe mijloace diferite, dar cel mai frecvent folosit este sa manipuleze ființele umane să se angajeze în acțiuni, sentimente și gânduri negative. Trebuie să înțelegi că astfel de spirite există. Trebuie să înțelegi că ele pot continua să existe numai prin furtul de energie spirituală de la ființele umane. Trebuie să înțelegi că ele vor face absolut orice pentru a te forța sau păcăli să folosești greșit sau să descalifici energia pură a lui Dumnezeu

Capitolul 21. Vindecă-te singur

- **suflete discarnate.** Un corp uman este doar un domiciliu temporar pentru Tu Conştient şi pentru suflet. Când corpul uman moare, tu laşi corpul în urmă şi călătoreşti într-unul din nivelele inferioare ale lumii spirituale. De obicei, o fiinţă locuieşte în acest tărâm pentru ceva timp şi trece printr-un proces de vindecare şi învăţare. Din nefericire, unii oameni devin foarte ataşaţi de viaţa pe care o trăiesc în această lume. Când corpul moare, persoana nu se înduplecă să lase corpul şi viaţa în urmă. Prin urmare, în loc să intre în tărâmurile de lumină, aşa cum au fost descrise de mulţi oameni care au avut o experienţă de moarte clinică, sufletul rămâne fixat în lumea materială. E posibil ca un astfel de suflet discarnat să se agate de tine şi să caute să câştige intrarea în câmpul tău de energie şi în conştiinţa ta. Sufletul nu ar putea face asta neapărat din rea intenţie, el căutând să umple un anume gen de nevoie pe care nu a fost capabil să-l umple cât timp a fost în corp fizic. În timp ce un astfel de suflet poate să nu aibă intenţii rele, a căuta să te influenteze este cu toate acestea o violare a liberului tău arbitru şi o violare a Legii lui Dumnezeu. Nu trebuie niciodată să permiţi unui astfel de suflet să intre în conştiinţa ta.

- **entităţi/spirite.** Totul este realizat din energie, dar energia este pur şi simplu o manifestare a conştiinţei lui Dumnezeu. În consecinţă, energia este cu adevărat o formă de conştiinţă (lucru deja realizat de către unii oameni de ştiinţă). Dacă concentrezi energia negativă la o intensitate suficientă, acea energie poate dezvolta o anumită formă rudimentară de conştientizare. Asta nu înseamnă că energia are individualitate sau conștiință de sine. Totuși, înseamnă că energia are o anumită formă de instinct de supraviețuire și o tendință de auto-multiplicare. Prin urmare, un nor concentrat de energie negativă poate deveni ceea ce numesc o "entitate" sau "spirit". Te poți gândi la asta ca la un nor plutitor de energie negativă, dar este un nor cu o anumită stare de conștiință și o intenție de automutiplicare prin furtul de energie de la ființele umane.

Invocă lumină spirituală

Sunt conștient că majoritatea oamenilor mai degrabă nu s-ar gândi la astfel de subiecte, însă a fi avertizat înseamnă să fii pregătit din vreme. Îți pot spune că spiritele rele, sufletele discarnate sau entitățile sunt un factor major în orice tip de viciu cunoscut de ființele umane. Devine mai ușor să te aperi ca să nu cazi în capcana unui viciu (sau să scapi din această capcană) când știi cu ce te confrunți.

    Pentru a vedea cum te poți apăra de aceste forțe, ai doar nevoie să înțelegi că orice este făcut din energia lui Dumnezeu. Universul material este făcut din energie de o vibrație mai joasă decât energiile găsite în lumea spirituală. Astfel, există un mod foarte simplu de a te apăra împotriva spiritelor rele sau energiilor negative. Apărarea ta constă în invocarea energiei spirituale de înaltă frecvență de Deasupra. Acea energie poate literalmente crea un scut în jurul minții și a câmpului tău de energie pe care nici o energie joasă nu-l poate penetra. Îți poți chiar umple câmpul de energie așa încât să nu existe loc de intrare pentru spirite rele.

    Când am alungat spirite rele, am dat învățătura că dacă o casă (însemnând câmpul de energie al unei persoane)

Capitolul 21. Vindecă-te singur

este lăsată goală, spiritele rele s-ar putea întoarce și aduce alte spirite cu ele. Pentru a evita asta, nu trebuie niciodată să-ți lași casa goală. Prin urmare, fă un efort de a-ți umple câmpul de energie cu energie spirituală de înaltă frecvență. Multe ritualuri religioase sunt proiectate să-ți umple mintea cu lumina lui Dumnezeu, și mai târziu am să-ți predau alte moduri de a invoca lumina. În fapt, dacă ne vei permite, eu sau Sinele tău Crist vom intra și vom umple câmpul tău de energie astfel încât nici un spirit imperfect să nu poată intra.

E nevoie ca tu să recunoști că trăiești într-o mare de energie negativă. În această mare sunt rechini sub forma demonilor, sufletelor discarnate și entităților sau spiritelor. Sunt sigur că asta nu te va face să fii speriat pe nedrept. Știi că există rechini în ocean, însă asta nu te oprește să mergi să înoți. Pur și simplu iei precauțiile necesare pentru a evita să fii atacat de un rechin. Cu alte cuvinte, nu vreau ca tu să fii paralizat de frică așa încât să nu îndrăznești să te angajezi în procesul vieții. Pur și simplu vreau ca tu să fii conștient de pericole astfel încât să-ți iei precauțiile necesare și să te protejezi de astfel de pericole.

Într-o secțiune viitoare, îți voi da uneltele necesare ca să-ți construiești o apărare spirituală eficace. Totuși, orice schimbare pozitivă în viața ta începe cu o conștientizare și înțelegere crescândă. Ai nevoie să-ți mărești conștientizarea despre energia negativă astfel încât să poți recunoaște locurile, oamenii sau situațiile ce au o concentrație de astfel de energie. Astfel, poți începe să faci alegeri înțelepte și să eviți să dai buzna în locuri unde îngerii se tem să calce.

Renunțarea

Uneltele pe care le-am descris pînă acum sunt toate unelte active care te împuternicesc să faci ceva în ce privește aspectele specifice ale situației tale. Îți voi da acum o unealtă care ar putea părea pasivă, și unii ar putea crede că e mai puțin puternică. Însă în realitate, e cea mai puternică unealtă dintre toate. Această unealtă este actul renunțării, actul de a abandona tot ce este nereal.

Ți-ai putea aminti că Arhanghelul Gabriel a apărut iubitei mele mame s-o anunțe că va da naștere unui copil Crist. Trebuie să înțelegi că a da naștere unui copil la un moment particular de timp din viața ei nu a fost un lucru ușor. De exemplu, faptul că era nemăritată ridica inevitabil anumite complicații. Însă mama mea nu l-a respins pe Mesagerul lui Dumnezeu. Ea a spus simplu : "Fie-mi după voia ta"

Dacă nu ar fi fost acest act de renunțare al mamei mele binecuvântate, Cristul poate nu ar fi fost născut pe această planetă. Trebuie să înțelegi că înainte ca Cristul să se nască în tine, și tu trebuie să ajungi într-un punct în care să fii dispus să renunți la tot ce ai pentru Dumnezeu.

La ce trebuie să renunți mai exact? Ți-am spus de multe ori că ai fost creat după chipul și asemănarea lui Dumnezeu. Prin urmare, ești deja un fiu sau fiică a lui Dumnezeu. În prezent, mintea ta exterioară nu poate accepta acea identitate divină. Astfel, identitatea ta adevărată ca și ființă spirituală este acoperită de o imagine sau idol. Această imagine poate fi comparată cu un puzzle cu multe piese. Calea către Christhood-ul personal este un proces prin care tu sistematic înlături piesele puzzle-lui care îți acoperă adevărata ta identitate. În consecință, acestea sunt piesele la care trebuie să renunți, una câte una :

Capitolul 21. Vindecă-te singur

- trebuie să renunți la fiecare aspect al conștiinței morții

- trebuie să renunți la relativitate și raționamentul orizontal

- trebuie să renunți la toate prejudecățile

- trebuie să renunți la toate judecățile

- trebuie să renunți la toată frica

- trebuie să renunți la toată mânia

- trebuie să renunți la toată vina, tot sentimentul de nevrednicie

- trebuie să renunți la ideea că ești un păcătos

- trebuie să renunți la toate convingerile false cu care ai devenit confortabil

- trebuie să renunți la tot atașamentul pentru lucrurile acestei lumi

- trebuie să renunți la toate dorințele umane sau relative

- trebuie să renunți la toate rănile și cicatricile din psihologia ta

- trebuie să renunți la decizia originală de a-i întoarce spatele lui Dumnezeu, și trebuie să renunți la ego-ul uman care a răsărit din decizia aceasta

- trebuie să renunți la tot sensul fals de identitate ca și ființă umană muritoare, limitată

- trebuie să renunți la voința umană sau egoică care e mereu nesincronizată cu voința divină

- trebuie să renunți la tot sensul de separare de Dumnezeu și Sinele tău Spiritual

- trebuie să renunți la convingerea că tu ești făuritorul și să-l accepți pe Dumnezeu ca singurul făuritor din viața ta

- trebuie să renunți la toată mândria așa încât să poți pe deplin înțelege și accepta adevărul din afirmația : "Eu de unul singur (mintea egoică) nu pot face nimic ; este Tatăl (sinele spiritual) din mine care face lucrarea".

- trebuie să renunți la tot ce stă în calea dintre tine și acceptarea identității tale adevărate ca și ființă spirituală cu potențial de a pași pe Pământ ca și ființă Cristică

Fie-mi după voia ta

Când apar să te anunț că ești gata pentru nașterea Cristului în tine, tu trebuie să fii capabil și dispus să spui simplu :

Capitolul 21. Vindecă-te singur

"Fie-mi după voia ta". Trebuie să fii capabil să faci această afirmație din liber arbitru și cu o pace a minții care vine dintr-o rezoluție totală a tot ce stă între tine și Dumnezeul tău.

Toate celelalte unelte pe care ți le-am dat sunt proiectate să te ajute să atingi o stare a minții prin care faci pace cu Dumnezeu și faci pace cu mine. Dumnezeu ți-a dăruit liber arbitru. Dumnezeu dorește să te vadă venind acasă în împărăția lui, dar Dumnezeu vrea să ajungi acasă ca rezultat al alegerilor tale prin liber arbitru. Dumnezeu nu are vreo dorință ca să te forțeze. Eu nu am nici o dorință să te forțez. Și Tatăl tău și eu dorim să te vedem rezolvând toate cauzele care te-au făcut să-i întorci spatele lui Dumnezeu sau să simți că ești nevrednic să te întorci acasă la Dumnezeu.

Atât timp cât ai vreo urmă de resentiment, frică, mândrie, mânie, nevrednicie sau orice alte emoții negative către Dumnezeu, nu vei fi capabil să faci alegerea de a accepta adevărata ta identitate. Prin urmare, nu poți să îmbraci deplinătatea Cristhood-ului tău individual.

Renunțarea nu e ceva ce poate fi forțat. Așadar, nu încerca să te forțezi întru renunțare. În schimb, îți cer să folosești celelalte unelte pe care ți le-am dat și să rezolvi problemele din psihicul tău care te blochează să fii în pace cu Dumnezeu. Pe măsură ce începi să rezolvi unele din rănile și blocajele din psihologia ta, vei începe să simți un sentiment mai mare de pace interioară. Vei începe să realizezi că faci pace cu Dumnezeu. Pe măsură ce devii conștient de acest proces, îți cer să iei în considerare adânc și sincer conceptul de renunțare.

Nu căuta să te forțezi în ce privește renunțarea. Caută să rezolvi problemele din sufletul tău care te împiedică să accepți cine ești cu adevărat. Dacă vei trece prin efortul de a rezolva problemele care te separă de adevărata ta identitate, vei găsi că actul renunțării va începe să se întâmple spontan.

Brusc, vei simți că un nod din psihicul tau a fost desfăcut. Ca rezultat al acestei rezoluții, o încărcătură grea va fi ridicată de pe tine, și când nu vei mai fi împovărat de acea greutate, vei începe să simți iubirea necondiționată pe care Dumnezeu o are pentru tine.

Pe măsură ce începi să experimentezi, să absorbi și să accepți iubirea necondiționată a lui Dumnezeu, vei realiza că tot sentimentul de separare și tot sentimentul de nevrednicie este complet ireal. În consecință, actul renunțării care este nereal nu va părea ca o pierdere. Când începi să experimentezi iubirea necondiționată a lui Dumnezeu, realizezi că nu abandonezi nimic prin renunțarea la imperfecțiile umane. În schimb, actul renunțării reprezintă cheia principală către viața eternă.

Alege viața. Alege renunțarea la tot ce este mai puțin decât viața eternă. Renunță la tot ce este nereal, și vei avea tot ce este real.

Păstrează conceptul imaculat

Îți voi da acum o altă unealtă care prima dată s-ar putea să-ți pară pasivă, dar care este extrem de puternică. Datorită cultului idolatriei construit în jurul persoanei mele, mulți oameni cred că am fost născut în deplinătatea Christhood-ului meu personal. Am avut într-adevăr un mare acordaj înainte de ultima mea încarnare, dar nu îmbrăcasem totalitatea Christhood-ului meu. Am urmat exact aceeași cale pe care tu o urmezi, și nu mi-am manifestat Christhood-ul total până când am apărut la nunta din Canaan.

Capitolul 21. Vindecă-te singur 285

În timpul acestui întreg proces, binecuvantata mea mamă a folosit o unealtă spirituală foarte puternică ca să mă ajute. Mama mea știa de potențialul meu de dinaintea nașterii mele, și mereu ea a păstrat viziunea a ceea ce voi deveni. Ea a păstrat conceptul imaculat al Christhood-ului meu.

Îți vei aminti că atunci când eram la nunta din Canaan, a fost mama mea care gentil m-a îndemnat să transform apa în vin și astfel să realizez miracolul care va marca punctul fără întoarcere din misiunea mea în Galileea. Îți vei aminti de asemenea că am rezistat îndemnului ei, am fost ezitant să-mi încep misiunea deoarece știam că de îndată ce o voi incepe, nu mai era nici o cale de întoarcere. Așa cum făcuse de multe ori înainte, binecuvantata mea mamă a păstrat conceptul imaculat pentru mine, și făcând asta mi-a dat puterea interioară să trec linia și să-mi încep misiunea.

Ți-am spus că vreau să văd împărăția lui Dumnezeu manifestată pe Pământ. De asemenea ți-am spus că asta se poate întâmpla numai ca rezultat al alegerilor de liber arbitru făcute de cei încarnați. Cel mai important lucru pe care-l poți face pentru a ajuta la manifestarea împărăției lui Dumnezeu pe Pământ este să practici tehnica spirituală a păstrării secretului imaculat.

Trebuie să vizualizezi împărăția lui Dumnezeu ca fiind deja manifestată pe Pământ. Când menții conceptul imaculat, nu te angajezi într-o gândire dornică. Unii oameni vor crede că vizualizarea împărăției lui Dumnezeu când există atât de mult întuneric pe Pământ este pur și simplu negare sau visare. Totuși, acesta e un punct de vedere foarte superficial.

Ți-am spus că fără Dumnezeu nimic nu a fost făcut din ce a fost făcut. Consecința este că orice din universul material este realizat din substanța și energia lui Dumnezeu. Evident, multe din lucrurile care se întâmplă pe planeta Pământ nu sunt în acord cu viziunea lui Dumnezeu și cu perfecțiunea lui Dumnezeu. Cu toate acestea, tot ce se întâmplă pe această planetă este făcut cu energia lui Dumnezeu. Prin urmare, nu contează cum ar putea fi aparențele exterioare, realitatea interioară este că toate condițiile de pe Pământ au potențialul să fie transformate în puritatea originală a perfecțiunii lui Dumnezeu.

Văzând perfecțiunea

De ce există manifestări imperfecte pe Pământ astăzi? Deoarece ființele umane și-au folosit potențialul lor creativ pentru a-și concentra atenția pe forme și imagini imperfecte. Astfel, fluxul de energie spirituală curgând prin mințile lor a fost calificat în acord cu această viziune imperfectă. Condițiile imperfecte de pe planeta Pământ azi pot continua să existe numai pentru că oamenii continuă să permită energiei lor spirituale să curgă în aceste imagini și viziuni imperfecte. Care este singurul mod posibil să schimbi această situație? Este ca oamenii să-și mute atenția conștientă de la imperfecțiunile umane, ferm pe perfecțiunea lui Dumnezeu.

Mai devreme am folosit imaginea unui proiector pe un ecran de film. Condițiile curente de pe planeta Pământ sunt pur și simplu imagini care sunt proiectate pe ecranul vieții. Lumina care proiectează aceste imagini este energia spirituală care curge prin mințile tuturor ființelor umane. Totuși, imaginile însăși sunt produsul benzii de film prin care lumina trece în drumul spre ecran. Această bandă de film reprezintă conținutul, imaginile și convingerile conștiinței ființelor umane. Singurul mod de a schimba imaginile care apar pe ecranul vieții este să schimbi ce se află pe banda de film din mintea oamenilor. Prin urmare, singurul mod de a aduce împărăția lui Dumnezeu pe Pământ este ca un număr

Capitolul 21. Vindecă-te singur 287

larg de oameni să decidă să mențină conceptul imaculat și să-și concentreze atenția pe perfecțiunea lui Dumnezeu.

Vreau ca tu să contempli serios la faptul că menținerea conceptului imaculat este o tehnică spirituală extrem de puternică. Vreau ca tu să faci următoarele :

- păstrează conceptul imaculat pentru tine și pentru Christhood-ul tău personal

- păstrează conceptul imaculat pentru toți frații și surorile tale aflate pe cale

- păstrează conceptul imaculat chiar pentru cei ce par a fi dușmanii tăi

- păstrează conceptul imaculat pentru comunitatea ta locală

- păstrează conceptul imaculat pentru națiunea ta

- păstrează conceptul imaculat pentru planeta ta

Despre profeție

Ai putea fi conștient de faptul că există numeroase profeții care prezic variate evenimente negative pentru viitorul apropiat și îndepărtat. Îți voi spune că există multe profeții false în lume, dar te pot asigura că există de asemenea multe profeții adevărate. Încă o dată, profeția nu este bătută în piatră. Profeția este un avertisment de la Dumnezeu, și scopul este să le spui oamenilor ce se va întâmpla dacă nu-și schimbă modurile de acțiune.

Nu sunt aici să discut profeția, dar doresc să-ți ofer un punct de vedere nou despre profeție și despre potențialul schimbărilor pe planeta Pământ. Ți-am spus deja că doresc să văd manifestarea unei noi ere de pace, prosperitate și progres. Ierarhul spiritual pentru Era Vărsătorului, dragul meu Saint Germain, dorește de asemenea făurirea unei astfel de ere de aur. Totuși, înainte ca să putem făuri noua eră, de multe schimbări e nevoie. În consecință, îți pot spune că există un potențial real pentru multe schimbări dramatice pe această planetă. În fapt, dacă citești ziarele sau asculți știrile, ai putea realiza că astfel de schimbări deja au loc.

Totuși, nu vreau ca vreunul din adepții mei să se teamă de aceste schimbări. Ceea ce se întâmplă momentan este că planeta Pământ, mama Pământ, dă naștere unui copil, un copil Crist, sub forma erei de aur. Dacă ai asistat o femeie în procesul nașterii și nu știai nimic de procesul nașterii unui copil, poate că ai văzut asta ca pe un eveniment teribil care implică multă durere și suferință pentru femeie. Evident, a da naștere este dureros, însă majoritatea femeilor nu sunt peste măsură de îngrijorate de această durere. Ele știu că este doar un fenomen temporar, și că reprezintă un pas necesar în procesul aducerii pe lume a unui copil frumos. De asemenea, schimbările de pe Pământ sunt pur și simplu dureri de naștere ale Mamei Pământ care dă naștere unei noi ere.

Vreau ca tu să realizezi că cel mai bun mod de a ajuta la manifestarea acestei noi ere este să abandonezi toate fricile și îngrijorările despre viitor. Cel mai bun lucru pe care-l poți face pentru mine este să păstrezi conceptul imaculat pentru Pământ. Nu contează ce se întâmplă în lumea exterioară, vreau ca tu să-ți focusezi viziunea interioară pe împărăția lui Dumnezeu ca fiind manifestată pe această planetă. Dacă îți vei folosi acordajul interior, îți voi da viziunea împărăției lui Dumnezeu pe Pământ. Dacă vei căuta viziunea interioară,

Capitolul 21. Vindecă-te singur 285

acea viziune te va ajuta să dobândești o stare de pace interioară.

Cel mai important lucru pe care-l poți face pentru mine în următoarele decade este să menții o pace interioară și să-ți concentrezi atenția pe conceptul imaculat pentru tine însuți, frații și surorile tale de pe această planetă ca și întreg. Forțele acestei lumi te vor ataca și vor încerca să-ți mute atenția de la perfecțiunea lui Dumnezeu către imperfecțiunea umană. Să nu cazi pradă acestei tentații. Menține-ți pacea interioară și practică tehnica spirituală de păstrare a conceptului imaculat.

Astăzi, planeta Pământ, este o reflexie a viziunii interioare a ființelor umane. Mâine, Pământul va fi o reflexie a viziunii interioare a ființelor umane. Cei care au urechi, să-mi audă cuvintele. Poți ajuta la crearea unui viitor mai bun pentru această planetă. Concentrează-ți atenția pe mine. Îți voi da pace interioară.

Pacea mea ți-o dau ție.
Pacea mea o las cu tine.
Mergi în pace mereu.

CAPITOLUL 22. TEHNICI PENTRU DOBÂNDIREA CHRISTHOOD-ULUI

În acest discurs îți voi da un set de unelte practice pentru atingerea scopurilor evidențiate în discursul precedent.

Consacră-ți viața Cristului

Ca să te asist în păstrarea conceptului imaculat, folosește afirmațiile următoare și spune-le tăcut sau cu voce tare.

Spune fiecare afirmație de cel puțin 3 ori, sau spune o afirmație până când simți pace interioară. De câte ori este practic, spune :

> Îmi consacru viața victoriei Cristului, și
> văd doar perfecțiunea Cristului.

De câte ori te dai jos din pat, spune :

> Îmi consacru această zi victoriei Cristului, şi văd doar perfecţiunea Cristului.

Înaintea începerii oricărei activităţi, spune :

> Îmi consacru [dă o descriere scurtă a activităţii] victoriei Cristului, şi văd doar perfecţiunea Cristului.

Poţi de asemenea să spui :

> Îmi consacru [familia, gospodăria, comunitatea, naţiunea sau lumea] victoriei Cristului, şi văd doar perfecţiunea Cristului.

Sigiliul Lordului

Am spus că trebuie să te separi de conştiinţa de masă care momentan trage în jos umanitatea în ceea ce realmente este iadul auto-creat pe Pământ. Acest fapt are un aspect interior şi unul exterior. Aspectul exterior este că tu ai nevoie să te abţii de la activităţi care servesc să te lege de acea minte de masă sau să te tragă în jos într-o stare de conştiinţă în care nu ai nici o şansă să manifeşti Christhood-ul. Nu-ţi voi spune ce ar trebui sau nu să faci, şi-ţi voi explica mai târziu de ce.

Aspectul interior al separării de conştiinţa de masă este că tu trebuie să te auto-sigilezi de energiile conştiinţei de masă. Asta necesită un anume efort din partea ta deoarece ai nevoie să construieşti şi să menţii un scut de energie spirituală de înaltă frecvenţă care să înconjoare câmpul tău

Capitolul 22. Tehnici pentru dobândirea Christhood-ului

personal de energie și astfel mintea ta. Ai nevoie să invoci energie spirituală pentru a transforma energia negativă deja stocată în câmpul tău. Ai de asemenea nevoie să-ți umpli câmpul de energie cu energie spirituală și să-l menții plin.

Sunt conștient că mulți creștini cred că ar trebui să spui o rugăciune doar o dată și ar trebui să te abții de la repetiții papagalicești. Totuși, nu suntem aici să vorbim de rugăciune. Vorbim despre invocarea energiei spirituale pentru construirea unui scut de energie de înaltă frecvență în jurul câmpului tău de energie. Acest lucru nu poate fi făcut pur și simplu spunând o rugăciune o dată. După ce invoci un scut de energie spirituală, acel scut va fi bombardat de energiile mai joase ale acestei lumi. Aceste energii vor fi transformate de energiile din scut, dar acest lucru va face ca scutul să slăbească gradual. Astfel, trebuie să invoci energie spirituală zilnic sau chiar de mai multe ori pe zi.

Pentru a te sigila complet de conștiința de masă, ai nevoie să-ți construiești o relație personală cu dragul meu Frate de Lumină, Arhanghelul Mihail. Arhanghelul Mihail a fost numit de Dumnezeu ca protector al credinței tale. Evident, protejarea credinței tale implică sigilarea ta de conștiința de masă care te va trage în jos într-o stare a minții dominată de frică, îndoială, întrebări fără răspuns, inutilitate și disperare.

Te pot asigura că Arhanghelul Mihail este o ființă spirituală infinit de puternică, și are o dedicație absolută pentru însărcinarea sa și pentru creșterea sa. Totuși, ca oricine altcineva din lumea spirituală, Arhanghelul Mihail este legat prin respect de Legea Liberului Arbitru. Ți-am explicat deja că tu ești în cele din urmă responsabil pentru ce faci cu energia lui Dumnezeu. Ceea ce ai creat în ignoranță, trebuie să decreezi cu înțelegere. În consecință, nu poți simplu să presupui că Dumnezeu va lua de pe tine toată energia negativă sau toată karma ca rezultat al unei singure rugăciuni. Dacă Dumnezeu ar face asta, Dumnezeu te-ar priva de experiența învățării și de sensul victoriei.

De asemenea, nu poți pur și simplu să te rogi la Arhanghelul Mihail să te sigileze de conștiința de masă și să te aștepți ca o singură rugăciune va fi suficientă. Trebuie să faci un efort să invoci energia spirituală a Arhanghelului Mihail și să construiești un zid din această energie în jurul câmpului tău de energie. Îți voi da afirmații și un decret ce-ți va permite să invoci protecție spirituală de la Arhanghelul Mihail. Pentru a culege efectul complet al următoarelor afirmații, trebuie să le rostești cu voce tare, și trebuie să le spui cu putere și autoritate. De ce trebuie să le spui cu voce tare? Deoarece atunci când Dumnezeu a creat lumea, Dumnezeu a spus : "Să fie Lumină". Cu alte cuvinte, Dumnezeu a folosit puterea cuvântului rostit pentru a crea lumea. Un gând deține putere, dar un cuvânt rostit eliberează acea putere în lumea materială. Pentru a face maximum de progres spiritual, trebuie să înveți să folosești puterea cuvântului rostit. Este dreptul tău prin naștere.

Pentru a spune aceste afirmații, trebuie să începi făcând o invocație. Îți sugerez următoarea :

> În numele Dumnezeului Viu, în numele lui Isus Cristos, îl chem pe Arhanghelul Mihail să mă protejeze de toate energiile imperfecte, toate forțele răului, toate forțele anti-cristice și toate forțele anti-pace.

(aici poți face o cerere personală la Arhanghelul Mihail să te protejeze de pericole specifice pe care tu le percepi). După ce faci invocația, repetă una sau toate din următoarele afirmații de 3, 9, 33 sau 144 de ori :

Capitolul 22. Tehnici pentru dobândirea Christhood-ului

Accept Prezența electronică a Arhanghelului
Mihail în jurul meu, și pe deplin accept că sunt
sigilat de toate energiile imperfecte.

Accept conștient și știu că cu Dumnezeu toate
lucrurile sunt posibile. Așadar, accept că
Arhanghelul Mihail să mă sigileze de toate energiile
imperfecte.

Accept și afirm că Arhanghelul Mihail mă
eliberează de toate energiile imperfecte, toate forțele
răului, toate forțele anti-cristice și toate forțele
anti-pace.

În numele lui Isus Cristos, chem aici Prezența
strălucitoare deplină a Arhanghelului Mihail să
consume toate energiile imperfecte, toate forțele
răului, toate forțele anti-cristice și toate forțele anti-
pace care-mi atacă lifestream-ul. Accept această
protecție, și știu că sunt sigilat de tot ce este mai
puțin decât perfecțiunea Cristică.

Pentru a te sigila și mai etanș de energiile acestei lumi, îți
ofer un cadou special din inima mea. Sunt dispus să plasez
Sigiliul Lordului asupra ta și astfel să te sigilez ca pe unul din
ai mei. Totuși, legea necesită ca tu să afirmi asta folosindu-ți
liberul arbitru. Așadar, îți cer ca tu să repeți următoarea
afirmație zi de zi :

În numele lui Isus Christos
Accept că Sigiliul Lordului este asupra mea acum
Accept că Sigiliul Lordului este asupra mea acum
Accept că Sigiliul Lordului este asupra mea acum.

După un set complet de afirmații, îți cer să sigilezi energiile făcând următoarea declarație :

În numele lui Isus Cristos, accept acest lucru
făcut la această oră în toată puterea. Așadar Tată,
nu voia mea, ci a ta să se facă. Amin.

Pentru a câștiga efectul total al acestor afirmații, trebuie să le repeți zilnic. Nu am de gând să-ți spun cât timp ar trebui să consumi pentru ele pentru că asta este cu adevărat o chestiune individuală. Știu că mulți oameni se simt împovărați de energia negativă. În fapt, fiecare ar trebui să fie capabil să-și dezvolte rapid o sensibilitate care să-i permită să simtă când sunt atacați de energiile imperfecte.

Oricând simți un astfel de atac, repetă afirmațiile din această carte până când simți că energiile negative nu te mai afectează. Dacă știi că ai fost atacat de energii negative de-alungul unei perioade lungi de timp, fă un efort foarte determinat să utilizezi aceste afirmații ca să te sigilezi de aceste energii negative. Aceasta ar putea necesita un mare efort pentru o perioadă de timp până când simți că ai urcat la un nou nivel de conștiință. Ai nevoie să fii sensibil la situația ta individuală, și în una din următoarele secțiuni îți voi da o unealtă pentru dobândirea acestei senzitivități.

O matrice decret

Pentru aceia care sunt serioși în ce privește protecția spirituală și transformarea energiei negative, voi sugera o puternică matrice decret. Spunând o anumită matrice zi de zi, construiești un momentum care crește puterea decretelor tale. Vei simți apoi cum lumina curge de la Prezența ta EU SUNT prin Sinele tău Crist și apoi prin mintea ta. Următoarea matrice reprezintă o bună orientare generală. Totuși, fii în alertă la situația ta individuală. Dacă treci printr-o situație dificilă, spune fiecare decret de mai multe ori decât este sugerat aici. Dacă ești ocupat pentru un timp, spune decretele de mai puține ori decât să nu le spui deloc. Fii grijuliu să nu-ți fixezi un scop nerealistic. Mulți oameni iau decizia de a spune prea multe decrete, și apoi găsesc dificil să mențină ritmul zi de zi. Nu lăsa asta să devină o cauză a stresului. Amintește-ți povestea cu broasca țestoasă și iepurele, și fixează-ți un țel pe care poți să-l îndeplinești zi de zi.

Sugestia mea este să petreci timp în fiecare dimineață și în fiecare seară ca să spui decretele. Dimineața, spune decretul 'EU SUNT Sigilat' o dată și apoi decretul pentru Arhanghelul Mihail de 9 ori și decretul pentru Saint Germain de 9 ori. Seara, spune decretul 'EU SUNT Sigilat' o dată, apoi decretul pentru Astrea de 9 ori și decretul pentru Saint Germain de 9 ori. Fă asta pentru o perioadă de 3 luni pentru a evalua efectul pe care-l are asupra ta. Dacă găsești că are un efect pozitiv atunci continuă sau folosește unele din celelalte unelte pe care le-am dat. [NOTĂ : pentru a găsi mai mute unelte pentru invocarea luminii spirituale și pentru instrucțiunile de folosire, vezi website-ul : www.transcendencetoolbox.com.]

EU SUNT Sigilat într-o Sferă de Lumină

Instrucțiuni : spune următorul decret de 3 ori. Vizualizează-te sigilat într-o sferă de lumină strălucitoare, albă. Vizualizează o lumină violet intensă înăuntrul sferei.

În numele lui Isus Christos, accept prezența strălucitoare a Sinelui meu Crist și a Prezenței mele EU SUNT în jurul meu, ca o sferă perfectă de Lumină Cristică, Putere Cristică, Adevăr Cristic și Iubire Cristică. Sunt sigilat de toate energiile mai puțin de perfecțiunea Cristică.

Renunț la tot ce e mai puțin de perfecțiunea Cristică în conștiința mea, și când prințul acestei lumi vine, el nu are nimic în mine. Prin urmare, forțele acestei lumi nu au nici o putere să mă separe de Sinele meu Crist, Prezența mea EU SUNT și Dumnezeul meu.

Renunț la tot sentimentul de separare de Dumnezeu și de sentimentul de a fi eu făuritorul. Accept că Prezența mea EU SUNT este adevăratul făuritor din viața mea, și că Prezența mea lucrează până acum și eu lucrez.

Sunt un val invincibil de Flacără Violet a Libertății ce mă umple și-mi consumă toate imperfecțiunile din conștiința mea, ființa mea și lumea mea. Sunt purificat și întregit de puterea Spiritului Sfânt, și prin urmare sunt renăscut spiritual în această zi. Accept uniunea alchimică dintre sinele meu conștient și Sinele Crist, acum și pentru totdeauna.

Prin puterea Sinelui meu Crist, sunt eliberat ca să văd că orice este Dumnezeu. Sunt liber să fiu tot ce sunt în Dumnezeu, și astfel afirm că sunt aici dedesubt tot ce sunt Deasupra.

Așadar eu radiez Iubirea și Adevărul Cristului către orice întâlnesc, și păstrez conceptul imaculat pentru mine însumi, pentru toate viețile și pentru planeta Pământ.

Sunt al Lordului și deplinătatea sa.

Toți oamenii sunt ai Lordului și deplinătatea sa.

Pământul este al Lordului și deplinătatea sa.

E isprăvit în această oră de puterea deplină a Cristului Viu din mine. Prin urmare, este desăvârșit. Amin.

DECRET CĂTRE ARHANGHELUL MIHAIL

Instrucțiuni : acest decret este în mod special puternic pentru invocarea Prezenței Arhanghelului Mihail și protecției sale. Spune-l de cel puțin 9 ori în fiecare dimineață.

> În numele EU SUNT CINE SUNT, Isus Cristos, chem Prezența mea EU SUNT să curgă prin Prezența EU VOI FI care sunt și spun aceste decrete cu toată puterea. Îi chem pe dragii Arhanghel Mihail și Faith să mă protejeze în aripile lor de lumină electrică albastră, să sfărâme și să consume toate energiile imperfecte și forțele întunecate, incluzând ...

Instrucțiuni : fă o scurtă chemare pentru a direcționa toate energiile către un scop specific. Apoi spune decretul următor de 9 ori sau mai mult.

> 1. Arhanghele Mihail, în flacăra ta atât de albastră,
> Nu mai există noapte, exiști doar tu.
> În unitate cu tine, sunt umplut cu lumina ta,
> Ce minune glorioasă, revelată vederii mele.
>
> **Arhanghele Mihail, Credința ta esta atăt de puternică,**
> **Arhanghele Mihail, oh ocrotește-mă pe de-a-ntregul.**
> **Arhanghele Mihail, cânt cântecul tău,**
> **Arhanghele Mihail, de tine aparțin.**

1. Arhanghele Mihail, protecție tu oferi,
În scutul tău albastru, mereu voi locui.
Sigilat de toate creaturile, ce hoinăresc noaptea,
Rămân în sfera ta, de lumină electric albastră.

Arhanghele Mihail, Credința ta esta atăt de puternică,
Arhanghele Mihail, oh ocrotește-mă pe de-a-ntregul.
Arhanghele Mihail, cânt cântecul tău,
Arhanghele Mihail, de tine aparțin.

1. Arhanghele Mihail, ce putere aduci,
Încât milioane de îngeri, slave cântă.
Consumând demonii, de îndoială și frică,
Știu că Prezența ta, mereu va fi în preajmă.

Arhanghele Mihail, Credința ta esta atăt de puternică,
Arhanghele Mihail, oh ocrotește-mă pe de-a-ntregul.
Arhanghele Mihail, cânt cântecul tău,
Arhanghele Mihail, de tine aparțin.

1. Arhanghele Mihail, voința lui Dumnezeu este iubirea ta,
Ne aduci nouă toată, lumina lui Dumnezeu de Deasupra
Voința lui Dumnezeu e să vezi, toate viețile luându-și zborul.
Transcederea sinelui, dreptul nostru cel mai sacru.

**Arhanghele Mihail, Credinţa ta esta atât de puternică,
Arhanghele Mihail, oh ocroteşte-mă pe de-a-ntregul.
Arhanghele Mihail, cânt cântecul tău,
Arhanghele Mihail, de tine aparţin.**

Cu îngerii plutesc,
Pe măsură ce ajung la MAI MULT.
Îngerii atât de reali,
Iubirea lor tot va vindeca.
Îngerii aduc pace,
Toate conflictele vor înceta.
Cu îngerii de lumină,
Zburăm către o nouă înălţime.

Foşnetul aripilor îngerilor,
Ce bucurie încât şi materia cântă,
Ce bucurie încât fiecare atom sună,
În armonie cu aripile îngerilor.

Instrucţiuni : spune următorul sigiliu o dată.

În numele Mamei Divine, accept pe deplin
că puterea acestor chemări e folosită pentru a
elibera lumina Mamă, aşa încât să poată reliefa
viziunea perfectă a Cristului pentru propria mea
viaţă, pentru toţi oamenii şi pentru planetă. În
numele EU SUNT CINE SUNT, este săvârşit!
Amin.

DECRET CĂTRE ELOHIM ASTREA

Biblia folosește cuvântul "Elohim" ca pe unul din numele lui Dumnezeu. În ebraică Elohim este un cuvânt la plural, însemnând că există mai mult decât un Elohim. În realitate, Pământul a fost creat de șapte Elohim și fiecare reprezintă anumite calități ale lui Dumnezeu sau raze spirituale. Elohim numit Astrea reprezintă puritatea lui Dumnezeu și acest decret este cel mai eficace mod de a te elibera de conștiința morții și de orice demon, suflet discarnat sau spirit ce a intrat sau s-a atașat de sufletul tău vehicul.

Spune următorul preambul o dată :

> În numele EU SUNT CINE SUNT, Isus Cristos,
> chem Prezența mea EU VOI FI să curgă prin
> ființa mea și spun aceste decrete cu toată puterea.
> Îi chem pe dragii, Puternicii Astrea și Purity
> să mă elibereze de toate energiile imperfecte și
> de toate legăturile cu vreo forță întunecată sau
> situație care nu este de Lumină, incluzând...

[fă chemări personale]

> 1. Dragă Astrea, inima ta este atât de adevărată,
> Cercul și Sabia ta de alb și albastru,
> Eliberează toate viețile de drame nechibzuite,
> Pe aripi de Puritate, planeta noastră se va ridica.

Dragă Astrea, în Puritatea lui Dumnezeu,
Accelerează toată energia vieții mele,
Ridică-mi mintea în unitate adevărată
Cu Maeștrii iubirii în Infinitate.

1. Dragă Astrea, din Raza Purității,
Trimite eliberare către toate viețile astăzi,
Accelerare spre Puritate, EU SUNT acum eliberat
De tot ce e mai puțin de Puritatea iubirii.

Dragă Astrea, în unitate cu tine,
Cercul și sabia ta de albastru electric,
Cu Lumina Purității tăind drept,
Crescând în mine tot ce e adevărat.

1. Dragă Astrea, accelerează-ne pe toți,
Fiindcă pentru salvare cu ardoare te chem,
Eliberează toate viețile de viziunea impură
Dincolo de frică și îndoială, eu cresc cu siguranță.

Dragă Astrea, sunt dispus să văd,
Toate minciunile care mă țin prizonier,
Mă ridic dincolo de fiecare impuritate,
Cu Puritatea Luminii mereu în mine.

1. Dragă Astrea, accelerează viața,
Dincolo de toată lupta și cearta dualității,
Consumă toată diviziunea dintre Dumnezeu și om
Accelerează îndeplinirea planului perfect al lui Dumnezeu.

Dragă Astrea, cu afecțiune te chem,
Dărâmă peretele invizibil al separării,
Eu renunț la toate minciunile care-au pricinuit

Capitolul 22. Tehnici pentru dobândirea Christhood-ului

**căderea,
Pentru totdeauna afirmând unitatea a Tot.**

Accelerează în Puritate, EU SUNT real,
Accelerează în Puritate, toată viața se vindecă,
Accelerează în Puritate, EU SUNT MAI MULT,
Accelerează în Puritate, totul se va înălța.

Accelerează în Puritate! (3X)
Dragă Elohim Astrea.

Accelerează în Puritate! (3X)
Dragă Gabriel și Speranța.

Accelerează în Puritate! (3X)
Dragă Serapis Bey.

Accelerează în Puritate! (3X)
Dragă EU SUNT.

Sigiliu : În numele Mamei Divine, accept pe deplin că puterea acestor chemări este folosită pentru a elibera Lumina Mamă, astfel încât să poată reliefa viziunea perfectă a Cristului pentru viața mea, pentru toți oamenii și pentru planetă. În numele EU SUNT CINE SUNT, este săvârșit! Amin.

DECRET CĂTRE SAINT GERMAIN

Instrucțiuni : spune următorul preambul o dată :

> În numele EU SUNT CINE SUNT, Isus Cristos, chem Prezența mea EU SUNT să curgă prin Prezența EU VOI FI care EU SUNT și spun aceste decrete cu toată puterea. Îi chem pe dragii Saint Germain și Portia, ceilalți Chohani și pe Maha Chohan să elibereze inundații de lumină, să consume toate blocajele și atașamentele care mă împiedică să devin una cu fluxul etern al razei a șaptea de libertate creativă și eterna unitate transcendentă, incluzând...[fă chemări personale]

1. Saint Germain, alchimia ta,
Cu focul violet acum mă eliberează.
Saint Germain, eu cresc mereu
În fluxul copleșitor al libertății.

**O Spirit Sfânt, curgi prin mine,
Sunt ușa deschisă pentru tine.
O flux puternic și precipitat de Lumină,
Transcendența este dreptul meu sacru.**

1. Saint Germain, arta ta,
De geometrie a flăcării violet.
Saint Germain, în tine văd,
Formulele ce mă eliberează.

**O Spirit Sfânt, curgi prin mine,
Sunt ușa deschisă pentru tine.**

**O flux puternic și precipitat de Lumină,
Transcendența este dreptul meu sacru.**

1. Saint Germain, în Libertate,
Simt iubirea ce o ai pentru mine.
Saint Germain, eu ador,
Flacăra violet ce face totul mai mult.

**O Spirit Sfânt, curgi prin mine,
Sunt ușa deschisă pentru tine.
O flux puternic și precipitat de Lumină,
Transcendența este dreptul meu sacru.**

1. Saint Germain, în unitate,
Voi transcende dualitatea.
Saint Germain, sinele meu atât de pur,
Chimia ta violet atât de sigură.

**O Spirit Sfânt, curgi prin mine,
Sunt ușa deschisă pentru tine.
O flux puternic și precipitat de Lumină,
Transcendența este dreptul meu sacru.**

1. Saint Germain, realitate,
În lumina violet sunt fără griji.
Saint Germain, sigilează-mi aura,
Flacăra ta violet chakrele îmi vindecă.

**O Spirit Sfânt, curgi prin mine,
Sunt ușa deschisă pentru tine.
O flux puternic și precipitat de Lumină,
Transcendența este dreptul meu sacru.**

1. Saint Germain, chimia ta,
Cu focul violet atomii îi eliberează.
Saint Germain, de la plumb la aur,
Viziunea transformatoare o văd.

O Spirit Sfânt, curgi prin mine,
Sunt uşa deschisă pentru tine.
O flux puternic şi precipitat de Lumină,
Transcendenţa este dreptul meu sacru.

1. Saint Germain, transcendenţa,
Căci sunt mereu una cu tine.
Saint Germain, din suflet sunt liber,
Sunt atât de încântat să fiu eu.

O Spirit Sfânt, curgi prin mine,
Sunt uşa deschisă pentru tine.
O flux puternic şi precipitat de Lumină,
Transcendenţa este dreptul meu sacru.

1. Saint Germain, nobleţe,
Cheia către alchimia sacră.
Saint Germain, tu echilibrezi toate,
Cele şapte raze peste chemarea mea.

O Spirit Sfânt, curgi prin mine,
Sunt uşa deschisă pentru tine.
O flux puternic şi precipitat de Lumină,
Transcendenţa este dreptul meu sacru.

Sigiliu: În numele Mamei Divine, accept pe deplin că puterea acestor chemări este folosită pentru a elibera Lumina Mamă, astfel încât să poată reliefa viziunea perfectă a Cristului pentru viața mea, pentru toți oamenii și pentru planetă. În numele EU SUNT CINE SUNT, este săvârșit! Amin.

Acordajul cu Cristul din interior

Sunt total conștient că această carte nu poate răspunde la toate întrebările tale. Evident, această carte e scrisă pentru un număr larg de oameni, și prin urmare nu pot să-ți dau răspunsuri despre aspecte specifice a situației tale personale. Totuși, nu intenționez să te las fără sprijin. Ți-am spus deja că ai capacitatea de a comunica direct cu mine și cu Sinele tău Crist. Stabilirea acestei comunicări ar putea lua ceva timp și efort. Însă dacă vei utiliza exercițiul următor, procesul va fi mult mai ușor.

Exercițiul următor este o vizualizare construită să te ajute să primești răspunsuri personale la orice întrebare pe care ai putea-o avea. Înainte de a realiza acest exercițiu, îți recomand cu putere să folosești decretele noastre pentru a te sigila de energiile conștiinței de masă. Trebuie să înțelegi că există multe forțe în această lume care vor căuta să te împiedice să obții răspunsurile adevărate. Dacă aceste forțe nu te pot împiedica în încercarea de comuniune directă cu mine, ele vor căuta să-ți dea răspunsuri și idei false.

Trebuie de asemenea să realizezi că există forțe în interiorul minții tale (dușmanul din interior sau ego-ul uman) care vor încerca să interfereze cu această comunicare. Aceste forțe vor încerca să-ți dea răspunsurile pe care ele vor să le ai. Este o tendință umană generală ca oamenii să audă ceea ce vor ei să audă. Trebuie să fii conștient de această tendință așa încât să poți gradual construi discernământul care-ți permite să vezi prin răspunsurile imperfecte și să cunoști răspunsurile care vin direct de la mine. Exercițiul următor va fi de mare ajutor în construirea discernământului și comuniunii tale. Totuși, folosirea decretelor menționate mai sus vor crește puternic acuratețea răspunsurilor ce ești capabil să le recepționezi.

Intră într-o cameră liniștită unde poți rămâne neperturbat pentru un anumit timp (cel puțin 10-15 minute). Așează-te confortabil într-un fotoliu așa încât să nu fii disturbat de disconfort în corpul fizic. Petrece 5-10 minute sigilându-te de energiile imperfecte, de exemplu spunând matricea decret din secțiunea precedentă. Apoi, intră în următoarea vizualizare :

Vizualizează îngerii Arhanghelului Mihail înconjurându-ți câmpul personal de energie. Sunt patru îngeri, câte unul de fiecare parte. Acești îngeri au 3.65 metri înălțime și ei poartă săbii care ard cu o strălucitoare flacără albastră. Sunt fioroși și capabili să te protejeze de orice forțe din această lume. Acum întoarce-ți atenția către Sinele tău Crist personal care este localizat exact deasupra capului tău. Spune următoarele afirmații :

În numele lui Isus Cristos, invoc un zid de lumină albă briliant în jurul corpului meu, al minții și câmpului meu de energie. Accept că această energie mă sigilează de energiile acestei lumi. Invoc acum Flacăra Violet să ardă înăuntrul acestui zid de lumină și să consume toate energiile imperfecte din propria mea ființă.

Capitolul 22. Tehnici pentru dobândirea Christhood-ului 311

- Permite-ți câteva momente să simți că ești complet sigilat de energiile acestei lumi.

- Când simți pacea, focusează-ți atenția în centrul pieptului tău la înălțimea inimii tale fizice. Vizualizează că o flacără spirituală arde în interiorul pieptului tău. Această flacără spirituală nu necesită combustibil ca să ardă. Este flacăra nestinsă.

- Focusează-ți atenția pe această flacără și permite-i atenției tale să intre în flacăra însăși. În spatele flăcării, vezi o intrare. Intră pe acea poartă. În timp ce intri pe poartă, dai de un tunel. Pe măsură ce înaintezi, observi proverbiala lumină de la capătul tunelului.

- Continuă să mergi până când ieși din tunel și pășești în lumină.

- Observi acum că ai intrat într-o minunată grădină. Grădina este înconjurată de garduri vii înalte. Are paturi frumoase de flori și căi de acces. În centrul grădinii se află o fântână care șușotește ușor. În întreaga grădină, păsările cântă vesel.

- Pe măsură ce pășești în această grădină, simți că grijile lumii pur și simplu se diminuează încet, încet. Cu cât intri mai mult în grădină, mai multă lumină și pace simți.

- Continuă să te plimbi și permite-ți să simți cum pacea și liniștea grădinii absorb toate neliniștile și grijile tale. Când te simți înălțat și în pace, privește o clipă în jurul tau.

• În timp ce privești în jur, vezi două locuri sculptate în piatră. Așează-te într-unul și fă-te confortabil. Apoi, concentrează-ți atenția pe inima ta și închide ochii. Permite-ți să simți că ești complet în pace în această grădină frumoasă. În fapt, cumva simți că ești acasă.

• Acum imaginează-ți că deschizi ochii și privești la locul din fața ta. Spre surpriza ta, observi că cineva e așezat în acel loc. Când privești mai aproape, realizezi că sunt într-adevăr eu, Isus al tău, care stă în fața ta. Permite-ți să te simți confortabil în Prezența mea.

• Acum focusează-ți atenția pe inima mea și permite-ți să simți că inima mea radiază iubire necondiționată pentru tine. Ia-ți câteva momente să accepți că te iubesc necondiționat.

• Apoi, permite-ți să absorbi iubirea mea necondiționată pentru tine și să simți cum aceasta consumă tot ce este imperfect și nereal. Aceasta este cu adevărat iubirea perfectă care alungă toată frica și toate celelalte emoții imperfecte.

• În timp ce stai în fața mea absorbit pe deplin în iubirea mea, permite-ți să te gândești în spate la situația ta de pe Pământ. Nu-ți permite să fii deranjat de vreun aspect al acestei situații. Doar adu-ți situația în conștientizarea ta pentru un moment. Apoi, privește la mine din nou și în mintea ta formulează întrebarea. Nu-mi cere ce să faci în situația ta deoarece trebuie să-ți folosești liberul arbitru pentru a alege ce să faci. Cere-mi să-ți arăt o înțelegere mai mare a situației așa încât vei ști soluția corectă sau răspunsul.

- După ce formulezi întrebarea, trimite-mi-o.

Apoi închide-ți ochii și concentrează-ți atenția pe iubirea mea. Permite-ți să fii atât de absorbit în această iubire încât uiți de toate grijile acestei lumi.

După ceva timp în care ești absorbit în iubirea mea, atenția ta ar putea natural devia înapoi la întrebare. Pur și simplu focusează-ți atenția pe inima mea și ascultă răspunsul. Dacă nu primești un răspuns imediat, nu fi perturbat. Concentrează-te pe iubirea mea necondiționată și permite-ți să fii absorbit în acea iubire cât de mult îți place.

Când simți că ai absorbit ce poți, când simți că inima ta a devenit paharul care se scurge cu iubirea mea, atunci vizualizează cum în liniște părăsești frumoasa grădină și mergi înapoi prin tunel.

Ești acum așezat în fotoliul din camera ta. Ia-ți câteva momente să revii la starea ta normală de conștiință. Poate spui un nou rând de afirmații, în mod special afirmațiile ce ți le voi da în următoarea secțiune, pentru a sigila experiența.

În răbdarea voastră păstrați controlul asupra sufletului

La început, s-ar putea să nu primești un răspuns imediat prin acest exercițiu. S-ar putea să ia ceva timp înainte ca răspunsurile să atingă mintea ta conștientă. Pur și simplu stai în stare de alertă și încearcă să păstrezi câteva momente în fiecare zi pentru a asculta ce vine din interior. După ceva timp, fie ele ore, zile sau chiar săptămâni, răspunsul va veni la tine.

Repetă acest exercițiu ori de câte ori îți place. Dacă vrei cu adevărat răspunsuri despre o situație specifică, repetă acest exercițiu în fiecare zi pentru 33 de zile sau până când ai primit suficientă direcție interioară. Îți recomand ca mereu să ai un carnețel și un creion lângă tine în timp ce realizezi acest exercițiu. După vizualizare, ia-ți câteva momente și scrie orice gânduri sau intuiții ai perceput. Dacă vei face această parte a exercițiului, vei fi uimit de direcțiile pe care le vei primi.

Scopul acestui exercițiu este să te ajute să-ți acordezi conștiința cu mine și cu Sinele tău personal Crist. După ce ai realizat acest exercițiu pentru un timp, ai putea simți că poți obține acest acordaj chiar în timpul activităților tale zilnice. Asta e bine. Îți doresc să ai o constantă comuniune la dorință, cu mine.

Totuși, chiar și când începi să simți această comuniune, nu uita de exercițiul pe care ți l-am dat. Din când în când fă-ți timp să intri în frumoasa mea gradină și în comuniune cu mine. Nu mă uita.

Mergând la școala de noapte

Vreau să știi că mulți maeștrii ascensionați întrețin refugiuri spirituale deasupra Pământului. Aceste refugiuri nu sunt locații fizice ; ele sunt localizate în tărâmul spiritual. Aceste refugiuri servesc ca centrii de învățare spirituală, și poți călători către astfel de centre în „corpul de energie" al tău în timp ce corpul fizic doarme. Sinele tău conștient poate apoi primi instrucțiuni pe care adesea ți le amintești după trezire sau în timpul zilei.

Te pot asigura că deja ai călătorit către astfel de centrii (altfel nu ai fi deschis această carte ca s-o citești). Totuși, poți crește frecvența acestor vizite spunând în tăcere următoarea invocație înainte de a merge la culcare :

În numele Dumnezeului Viu, chem îngerii lui Isus Cristos să-mi escorteze corpul de energie la refugiul spiritual pe care Isus vrea ca eu să-l frecventez. Chem îngerii Arhanghelului Mihail să-mi protejeze sufletul și corpul fizic și să mă ajute să mă întorc în siguranță în corpul meu. Mă rog dragului meu Sine Crist să mă ajute să-mi amintesc instrucțiunile primite și să le folosesc înțelept. Accept ca săvârșit în această oră cu toată puterea. Amin.

Afirmații despre Christhood – Neofit

În secțiunile următoare îți voi oferi un dar foarte special din inima mea. Acest dar nu a mai fost niciodată eliberat pe această planetă. Darul meu este un set de afirmații care sunt proiectate specific să te ajute să dobândești Christhood-ul personal.

Pentru a folosi aceste afirmații, trebuie să realizezi că drumul către Christhood are mai multe stagii. Astfel, prezentarea mea va fi împărțită în câteva părți, și fiecare parte se va adresa unei trepte a Christhood-ului.

Când descoperi prima dată calea către Christhood, ai putea avea multe întrebări sau rețineri în ce privește calea. Ai putea găsi dificil să accepți pe deplin că tu ești un fiu sau fiică a lui Dumnezeu și că ai potențialul să manifești Christhood-ul personal. Atât timp cât ai o minte deschisă, aceste întrebări și rețineri sunt acceptabile la acest nivel al căii. Însă, datorită unor astfel de întrebări și rețineri, tu ești ceea Sfântul Paul a numit „un bebeluș în Crist".

Prin urmare, focusul principal al eforturilor tale ar trebui să fie pe rezolvarea tuturor întrebărilor și reținerilor care se află între tine și progresul tău pe cale. Trebuie să te străduiești pentru acordajul interior, discernământ și trebuie să renunți la tot ce stă între tine și Dumnezeul tău. Următoarele afirmații sunt proiectate să te ajute să îndeplinești acest scop. Poți spune una sau toate aceste afirmații. Recomand să spui fiecare afirmație de cel putin 3 ori, sau în multiplu de 3. Dacă simți că o afirmație are semnificație specială pentru tine atunci spune acea afirmație mai des. Un exercițiu foarte puternic este să spui o afirmație de 144 de ori.

Înainte de a spune vreo afirmație din secțiunea următoare, spune această invocație :

În numele Dumnezeului Viu, în numele lui Isus Cristos, în numele propriului meu Sine Crist, fac apel la inima dragului meu Isus Cristos și declar : Iubite Isus, sunt dispus să fiu învățat de Dumnezeu. Sunt dispus să abandonez tot ce este ireal. Sunt dispus să pășesc cu tine către o înțelegere mai înaltă a adevărului lui Dumnezeu. Iubite Isus, arată-mi calea și oferă-mi înțelegerea ce ma împuternicește să pășesc pe Calea Luminii. Așadar, afirm :

Oh, Isus, te invit în templul meu, și îți cer să fie umplut cu dragoste necondiționată.

Accept iubirea necondiționată a lui Isus Cristos, și accept că sunt demn de această iubire.

Accept și afirm că Prezența lui Isus Cristos este cu mine mereu.

Accept eliberarea mea de toate imperfecțiunile și durerea trecutului. Isus mă izbăvește acum, și sunt întregit.

Oh, Isus, accept că mă eliberezi de toate convingerile imperfecte.

Oh, Isus, accept că mă izbăvești de toate energiile imperfecte.

Oh, Isus, accept că mă sigilezi de toate atacurile forțelor anti-cristice și anti-pace.

Oh, Isus, sunt dispus să pășesc pe calea Christhood-ului personal. Arată-mi drumul.

Oh, Isus, accept a ta Sabie a Adevărului și îți cer să desparți realul de ireal ca să pot vedea Adevărul tău Viu.

Oh, Isus, accept că îmi consumi ego-ul uman, și îl abandonez cu totul ție. *[In loc de ego-ul uman, poți fi mai specific. De exemplu, poți introduce frică sau îndoială sau mânie]*

Oh, Isus, izbăvește-mă de toate imperfecțiunile.

Oh, Isus, izbăveşte-mă de toate ataşamentele de lucrurile acestei lumi.

Afectuos renunţ la toate imperfecţiunile şi ataşamentele, şi ştiu că Isus mă izbăveşte de ele acum.

Lucrurile acestei lumi nu înseamnă nimic pentru mine. Te voi urma pe tine, Isus Cristos.

Isus, eliberează-mă de tot ce este ireal, de tot ce este profan, de tot ce este anti-cristic şi de tot ce este anti-pace. Accept că Isus mă izbăveşte acum.

Accept că Adevărul Viu şi Cuvântul Viu al Cristului se manifestă în fiinţa şi lumea mea acum.

Oh, Isus, fie-mi în acord cu voinţa ta.

Accept şi afirm că sunt un adevărat discipol al lui Isus Cristos. Renunţ la toate ataşamentele faţă de lucrurile acestei lumi, şi îl urmez pe Isus mereu.

Accept că Pacea Cristului consumă tot ce este anti-pace în fiinţa şi lumea mea.

Accept pe deplin Pacea Cristului care e dincolo de toată înţelegerea.

Renunț pe deplin la toate imperfecțiunile, și accept pe deplin Christhood-ul meu acum.

După ce termini un set de afirmații, sigilează energiile făcând următoarea declarație:

În numele lui Isus Cristos, accept că e săvârșit la această oră în toată puterea. Așadar Tată, nu voia mea, ci a ta să se facă. Amin.

Afirmații despre Christhood – Mediu

La acest nivel al drumului, ai acceptat pe deplin că drumul Christhood-ului personal este real. Ai acceptat de asemenea că meriți să pășești pe acest drum. Ai putea să nu fii capabil să accepți pe deplin că ești un fiu sau o fiică a lui Dumnezeu sau că ești o ființă Cristică. Totuși, îți accepți potențialul de a deveni o ființă Cristică.

Trebuie să te focusezi pe construirea unui nou sens de identitate ca și ființă spirituală. Pe măsură ce construiești această nouă identitate, trebuie să contempli și să începi să accepți că ești vrednic de a fi o soră sau un frate al lui Isus Cristos. Ți-ai putea aminti situația înregistrată în scripturi în care eu țin o predică unui grup de oameni. Un discipol îmi spune că mama și frații mei au venit să mă vadă. Fac un gest către mulțime și spun: „Aceștia sunt frații și surorile mele".

Semnificația acestei afirmații este că a fi un frate sau o soră de Crist nu este o chestiune de origine. Este o chestiune de alegere. Când alegi să-ți accepți identitatea divină, alegi să devii un frate sau o soră de Crist. Prin urmare, trebuie să afirmi că ești un frate sau o soră de Crist.

La acest nivel al căii, trebuie de asemenea să cauți să dobândești o viziune a Împărăției lui Dumnezeu. Trebuie să-ți îndepărtezi atenția de la toate imperfecțiunile aflate în această lume. Apoi, trebuie să-ți focusezi atenția pe perfecțiunea lui Dumnezeu și să vezi doar victoria Cristului și perfecțiunea Cristului în situația ta personală și în lumea din jurul tău.

Nu-ți cer să te autodeconectezi de la realitate. Amintește-ți că vreau să devii înțelept ca șerpii și blând ca porumbeii. Astfel, nu vreau să fii orb la problemele acestei lumi. Totuși, vreau ca tu să eviți să oferi acestor probleme putere prin atenția ta. Trebuie să-ți concentrezi majoritatea atenției tale pe perfecțiunea împărăției lui Dumnezeu. Trebuie să vizualizezi și să afirmi manifestarea împărăției lui Dumnezeu în viața ta personală și în lumea din jurul tău.

Unele din următoarele afirmații conțin cuvintele "frate/soră". Evident că, dacă ești bărbat, spui doar "frate", și dacă ești femeie, spui doar "soră". Înainte de a zice următoarele afirmații, spune invocația :

În numele Dumnezeului Viu, în numele lui Isus Cristos, în numele Sinelui meu Crist, invoc manifestarea Prezenței electronice a lui Isus Cristos în câmpul meu personal de forță. Iubite Isus, te invit în ființa mea, și afirm că sunt fratele tău. Așadar, spun :

Accept că sunt fratele lui Isus Cristos, și știu că Isus mă protejează de tot răul.

Conștient accept și afirm că sunt fratele lui Isus Cristos.

Oh, Isus, accept că sunt fratele tău.

Conștient știu și afirm că am credință absolută în fratele meu Isus Cristos. Oh, Isus, am cu totul încredere în tine.

Oh, Isus, accept că sunt fratele tău, și renunț la tot sentimentul de separare față de tine.

Accept pe deplin că sunt fratele lui Isus Cristos, și cu afecțiune renunț la tot ce e mai puțin decât acest sens de identitate.

Sunt fratele lui Isus Cristos, și sunt Împărăția lui Dumnezeu în manifestare acolo unde sunt.

Oh, Dumnezeule, cu recunoștință accept că împărăția ta și viața ta abundentă se manifestă în lumea mea.

În numele lui Isus Cristos, accept că viața abundentă se manifestă acum.

Sunt Împărăția lui Dumnezeu în manifestare acolo unde sunt.

După ce termini un set de afirmații, sigilează energiile făcând următoarea declarație :

În numele lui Isus Cristos, accept că e săvârșit la această oră în toată puterea. Așadar Tată, nu voia mea, ci a ta să se facă. Amin.

Afirmații despre Christhood – Avansat

La acest nivel al căii, ai acceptat complet că ești o ființă spirituală și că ești un frate sau o soră a Cristului. Totuși, trebuie acum să treci dincolo de acest sens de identitate. Trebuie să depășești tot sentimentul de distanță dintre tine și Sinele tău Crist. Trebuie nu doar să fii un membru al familiei Cristului, trebuie să dobândești uniunea cu Cristul.

Primul pas către această uniune este să treci prin inițierea la care am făcut referire ca și „căsătoria mielului". Aceasta este căsătoria alchimică prin care sinele tău conștient se căsătorește cu Sinele tău personal Crist. Tu Conștient devine literalmente mireasa Cristului. La acest nivel al căii, trebuie să renunți la tot sentimentul de separare față de Crist, tot sentimentul de distanță dintre tine și Crist. Nu ești pur și simplu înrudit sau afiliat cu Cristul. Nu ești doar o persoană cu potențial de a îmbrăca Christhood-ul. Tu ești Cristul.

Înainte de a zice oricare din afirmațiile următoare, spune această invocare :

În numele Dumnezeului Viu, în numele lui Isus Cristos, în numele Sinelui meu Crist, mă adresez direct inimii lui Dumnezeu și spun : Tată-Mamă din Rai, accept și afirm că sunt fiul tău. Accept și afirm unitatea noastră, și în această unitate spun:

Capitolul 22. Tehnici pentru dobândirea Christhood-ului

> Accept că sunt mireasa Cristului, și știu că Isus mă protejează de tot răul.
>
> Oh, Isus, accept și afirm că sunt mireasa ta, și renunț la tot sentimentul de separare față de tine.
>
> Accept pe deplin că sunt mireasa Cristului, și cu afecțiune renunț la tot ce este mai puțin de acest sens de identitate.
>
> Sunt mireasa Cristului, și sunt Împărăția lui Dumnezeu manifestându-se acolo unde sunt.
>
> Accept și afirm că sunt mireasa Cristului.
>
> Sunt mireasa Cristului, și accept plenitudinea mea acum.
>
> Sunt Cristul Viu acolo unde sunt.
>
> Sunt Cristul : aici, acum și pentru totdeauna.

După ce termini un set de afirmații, sigilează energiile făcând următoarea declarație :

> În numele lui Isus Cristos, accept că e săvârșit la această oră în toată puterea. Așadar Tată, nu voia mea, ci a ta să se facă. Amin.

Afirmațiile EU SUNT

Pe măsură ce dobândești acest nivel de unitate cu Cristul, câștigi dreptul de a utiliza afirmațiile pe care eu le-am făcut în timpul misiunii mele. Vei observa că am făcut un număr de afirmații începând cu cuvintele „Eu sunt". Vreau să te simți liber să folosești oricare din aceste afirmații, cum ar fi :

Eu sunt Calea, Adevărul și Viața.

Eu sunt ușa deschisă, pe care nici un om nu o poate închide.

Eu sunt Lumina lumii.

Am venit ca toți să aibă viață, și ei să o poată avea mai din belșug.

Eu și Tatăl meu suntem unul.

Folosește afirmația următoare pentru a reînvia perfecțiunea Cristului în situații specifice. De exemplu, poți spune : Eu sunt Învierea și Viața situației mele fianciare, Eu sunt Învierea și Viața sănătății mele sau Eu sunt Învierea și Viața națiunii mele sau a lumii.

Eu sunt Învierea și Viața.

Devenind perechea mea geamănă

Când ai dobândit uniunea cu Cristul prin mariajul alchimic, ai opțiunea să treci prin altă inițiere. Te încurajez să studiezi

Capitolul 22. Tehnici pentru dobândirea Christhood-ului

Evanghelia lui Thomas, care a fost descoperită la Nag Hammadi în 1945. Unii din ceilalți discipoli ai mei au făcut referire la Thomas ca la perechea mea geamănă.

Evident, asta nu înseamnă ca Thomas s-a născut ca frate al meu geamăn. Înseamnă că Thomas dobândise un nivel de uniune cu mine așa încât a putut acționa ca și perechea mea geamănă în această lume. Chiar după învierea și ascensiunea mea, am putut vorbi și acționa prin Thomas deoarece noi eram cu adevărat gemeni spirituali. Prin urmare, Thomas a fost Cristul de dedesubt în timp ce eu eram Cristul de Deasupra.

Sunt Isus Cristos, și doresc să aduc multe schimbări pe această întunecată planetă. Din cauza Legii Liberului Arbitru, pot aduce aceste schimbări numai prin cei aflați în corp fizic care aleg să fie portavocea mea, mâinile și picioarele mele.

Dacă așa dorești, ai potențialul să devii perechea mea geamănă. Ai potențialul să fii Cristul de dedesubt în timp ce eu sunt Cristul de Deasupra. Prin această uniune extraordinară, tu și cu mine putem fi ca și Deasupra, așa și dedesubt, poți fi Cristul de dedesubt în timp ce eu sunt Cristul aici Deasupra. Când simți că ești gata pentru această inițiere, spune următoarea afirmație :

Ca și Deasupra în Isus, la fel și dedesubt în mine.

Eu și Isus suntem unul.

Accept și afirm că pășesc pe Pământ ca și perechea geamănă a lui Isus Cristos.

Sunt perechea geamănă a lui Isus Cristos.

NOTĂ : Mult mai multe afirmații și decrete pot fi găsite la adresa : www.transcendencetoolbox.com

CAPITOLUL 23. A DOUA VENIRE A CRISTULUI

Sunt pe deplin conștient că milioane de creștini sinceri și devotați așteaptă cu nerăbdare un eveniment pe care ei îl descriu ca fiind a doua venire a Cristului. Există multe teorii și convingeri diferite despre această a doua venire sau ce ar putea să însemne. Totuși, majoritatea dintre ei descriu un eveniment în care eu voi apărea fizic și voi înlătura tot întunericul și toate imperfecțiunile de pe această planetă. Voi apărea ca Rege, și voi aduce împărăția lui Dumnezeu pe Pământ.

Sunt Isus Cristos, și trebuie să-ți spun adevărul despre această problemă. Doresc foarte mult să văd a doua venire a Cristului ca și realitate fizică pe această planetă. Doresc foarte mult să văd împărăția Tatălui meu manifestată pe Pământ. Însă, trebuie să-ți spun la modul franc că evenimentul imaginat de majoritatea creștinilor pur și simplu nu se va întâmpla. Permite-mi să-ți explic de ce.

Să începem considerând faptul istoric că puțin înainte de anul 1000 după Cristos mulți creștini credeau că a doua venire a Cristului era iminentă. Oamenii credeau că eu voi apărea în corp fizic şi că voi răsuci lumea ca pe un pergament. Este un fapt incontestabil că aceste aşteptări nu au fost împlinite. De asemenea, puţin înainte de anul 2000 mulţi creştini s-au aşteptat la a doua venire a Cristului sub forma inaugurării unui nou mileniu. Aceasta nu s-a întâmplat.

În baza acestor observaţii, sper că vei accepta simplul fapt că eu nu voi apărea deodată şi voi înlătura tot întunericul din această lume. Există două bune motive pentru care acest eveniment nu va avea loc.

Motivul exterior este Legea Liberului Arbitru. Ţi-am spus deja că umanitatea a creat condiţiile curente de pe planeta Pământ. În consecinţă, aceste condiţii sunt doar responsabilitatea umanităţii. Oamenii trebuie să înveţe că ei sunt responsabili pentru folosirea corectă sau greşită a energiei lui Dumnezeu. Aşadar, Dumnezeu nu-i va uşura de ceea ce ei au creat prin violarea legilor sale.

Dumnezeu a furnizat o cale de ieşire aşa încât oamenii să poată decrea întunericul pe care ei l-au creat prin ignoranţă. Totuşi, oamenii trebuie să facă asta în mod conştient şi dispuşi. Planeta Pământ este o şcoală pentru lifestream-uri. Dacă Dumnezeu sau eu înlăturăm brusc toate imperfecţiunile create de fiinţele umane, cum ar putea oamenii să înveţe lecţia vieţii? Când accepţi Legea Liberului Arbitru, nu ar trebui să fie dificil să vezi că a doua venire a Cristului, aşa cum e envizionată de mulţi creştini, ar împiedica oamenii să înveţe lecţia vieţii.

Sunt Isus Cristos. Sunt un învăţător spiritual. Vreau să văd oamenii învăţând lecţia vieţii. Voi merge departe în încercările mele de a-i ajuta pe oameni să înveţe această lecţie. Însă, nu voi lua oportunitatea oamenilor de a învăţa lecţia.

Capitolul 23. A doua venire a Cristului 329

Adevărata a doua venire

Permite-mi acum să explic motivul interior care arată de ce a doua venire a Cristului nu va fi cum este imaginată de mulți creștini. Ți-am spus deja că este cea mai adâncă dorință a lui Dumnezeu și a mea să te văd pe tine și pe toate ființele umane pășind pe calea către Christhood-ului personal și în cele din urmă îmbrăcând deplinătatea Christhood-ului. Dumnezeu vrea ca toți fiii și fiicele sale să vină acasă și să se alăture festivității de cununie în împărăția lui. Totuși, poți veni acasă numai îmbrăcând costumul de cununie al Christhood-ului personal.

Iubitul meu Frate de Lumină, Gautama Buddha, a dat o învățătură foarte profundă legată de acest subiect. Esența budismului este că ființele umane au decăzut într-o stare de conștiință joasă dominată de maya, sau de iluzie. Din cauza acestei iluzii, oamenii nu pot vedea realitatea fundamentală că totul este natura lui Buddha.

Prin urmare, oamenii și-au construit un fals sens de identitate ca și ființe muritoare, și ele nu se pot vedea pe ele însele ca și Buddha încarnat. Esența budismului este că toate lifestream-urile trebuie să se străduiască să atingă o stare de conștiință numită „iluminare". Când atingi iluminarea, realizezi că totul este natura lui Buddha. Astfel, observi și accepți că tu ești deja Buddha.

Mulți adepți ai budismului subscriu convingerii că scopul budismului este să devii Buddha. Această convingere este atât corectă cât și incorectă în același timp. O ființă umană nu poate brusc sări de la o stare de conștiință ce este dominată de iluzie la o stare de conștiință de iluminare totală. În consecință, toate învățăturile spirituale de pe această planetă îți vorbesc despre o cale. Dacă ești un adept al budismului,

pășești pe calea către iluminare. Însă, nu pășești pe calea prin care devii Buddha.
Conceptul de a deveni ceva implică o distanță între tine și ceea ce devii. Esența budismului este că totul este deja natura lui Buddha. Așadar, nu te afli în procesul de a deveni Buddha. Te afli în procesul realizării că tu ești deja Buddha. Aceasta nu este pur și simplu o joacă cu cuvintele. Este esențial ca tu să realizezi diferența dintre a fi și a deveni.

Depășind separarea

Cum ajungi la realizarea că tu deja esti Buddha? Trebuie să depășești sentimentul că esti separat de Buddha, că încă nu ești Buddha. Atât timp cât crezi că trebuie să devii Buddha, atât timp cât crezi că trebuie să devii ceva ce nu ești, există un sentiment de separare și distanță între tine și Buddhahood. Atât timp cât există acest sentiment de separare sau de distanță, nu ești Buddha.

Conștiința Buddhahood-ismului este o stare de conștiință mai înaltă decât conștiința Christhood-ismului. Însă în acest context doresc ca tu să realizezi că ceea ce am spus despre Buddhahood se aplică în mod egal și pentru Christhood.

Când îți vorbesc despre calea către Christhood-ul personal, vreau ca tu să realizezi că există într-adevăr o cale graduală prin care tu îți ridici nivelul de conștiință către un nivel mai înalt. Această cale nu poate fi străbătută printr-un singur pas uriaș. Trebuie să călătorești pe această cale făcând mulți pași mici. Însă scopul final al căii este ca tu să-ți accepți adevărata identitate ca și ființă Cristică. Cu alte cuvinte, scopul căii nu este ca tu să devii Cristul. Scopul căii este ca tu să ajungi la realizarea că deja ești Cristul și că niciodată

Capitolul 23. A doua venire a Cristului

nu ai fost separat de Tatăl tău din Paradis. Acest sentiment de separare a fost pur și simplu o iluzie ; a fost maya.

Implicațiile practice ale acestui fapt este că atât timp cât identifici Cristul ca fiind cineva sau ceva din afara ta, nu te poți contopi pe deplin cu acel Crist. Pentru mine ca și învățător spiritual acest fapt reprezintă o dilemă interesantă.

Sunt învățătorul spiritual ce a fost numit de Dumnezeu să coboare pe această planetă și să demonstreze calea către Christhood-ul personal. Puteam demonstra această cale doar mergând pe cale și astfel îmbrăcând Christhood-ul meu personal. Când îmbraci acest Christhood personal, literalmente depășești tot sentimentul de separare dintre sensul tău de sine și mintea Cristică universală. Ești o individualizare a acestei minți Cristice. Ești Cristul în corp. De aceea am făcut multe afirmații care începeau cu cuvintele „Eu Sunt". Sunt sigur că-ți amintești unele din aceste afirmații : „Eu sunt Învierea și Viața", „Eu sunt Calea, Adevărul și Viața" și „Eu și Tatăl meu suntem unul".

Poți observa acum dilema mea? Pentru a demonstra calea către Christhood-ul personal, eu trebuie să fiu Cristul, eu trebuie să devin una cu mintea Cristică universală. Când dobândesc această uniune, orice fac și spun reflectă această uniune. În consecință, afirmațiile mele reflectă faptul că eu sunt Cristul.

Însă când oamenii aud altă persoană că spune : „Eu sunt Cristul", relativitatea conștiinței morții automat îi face pe acești oameni să creadă că acea persoană este ceva ce ei nu sunt. Într-un fel, atât timp cât o persoană este dominată de conștiința morții, acea persoană evident nu este Cristul în corp. Acea persoană are potențialul să fie Cristul în corp. Însă dacă persoana identifică Cristul ca fiind altcineva, cum aș fi eu însumi, persoana poate solidifica sentimentul de a fi separat de Crist. Cu alte cuvinte, actul prin care eu am demonstrat Christhood-ul poate, dacă este înțeles greșit, să împiedice oamenii să dobândească personal acel Christhood. Am venit să arăt oamenilor ușa deschisă pe care nici un om nu o poate închide, și anume ușa Christhood-ului personal. Dacă oamenii nu înțeleg adevăratele mele învățături atunci eu devin un idol care impiedică oamenii să pășească pe ușa pe care am pășit eu. Sper că tu realizezi că acest lucru este ultimul lucru care-l vreau să vad că se întamplă.

Un nou sens de identitate

Cum devii Cristul în corp? Depășind tot sentimentul de separare sau distanță dintre tine (sensul tău de identitate) și mintea Cristică universală. Problema este că atât timp cât crezi că cineva din afara ta este Cristul (în special dacă crezi că acea persoană este unicul Crist), atunci probabil nu poți accepta pe deplin că tu ești Cristul. Ca să-ți accepți Christhood-ul personal, nu poți identifica Cristul ca fiind ceva sau cineva din afară sau izolat de tine. În unitate, nu poate exista nici o separare sau distanță.

Ideea pe care o spun aici este că dacă eu aș apare pe Pământ într-un anume gen de manifestare fizică, acea apariție ar face de fapt mai dificil pentru oameni să-și îmbrace Christhood-ul personal. Ți-ai putea aminti că am avertizat oamenii asupra falselor apariții legate de a doua mea venire. Ți-am spus că dacă oamenii spun că Cristul a apărut aici sau acolo, nu ar trebui să mergi acolo. De ce am făcut această declarație? Deoarece atât timp cât crezi că Cristul apare undeva în afara ta, nu poți accepta că Cristul apare în tine.

Ce spun aici este că a doua venire a Cristului este cu adevărat un eveniment real pe care eu și Tatăl meu îl așteptăm cu nerăbdare și mare anticipație. Totuși, a doua venire a Cristului nu este un eveniment prin care Cristul va apare sub forma unui individ cunoscut ca Isus Cristos. A doua venire a Cristului este un eveniment prin care mintea Cristică universală va apare în formă individualizată prin acei oameni care sunt dispuși să pășească pe calea Christhood-ului personal. Cu alte cuvinte, a doua venire a Cristului este un eveniment prin care Cristul apare în tine. Această idee cu a doua venire în tine nu este o blasfemie. Este piesa cea mai mare din planul lui Dumnezeu.

Când am apărut ca unic reprezentant al Cristului universal, puterile existente m-au ucis rapid. Nu vreau să vad că se întâmplă asta din nou. Așadar, vreau să văd mii de oameni îmbrăcând deplinătatea Christhood-ului lor personal. Când aceasta se întâmplă, puterile de pe această planetă nu pot simplu să-i omoare pe toți (și probabil pe nici unul). Vreau de asemenea milioane de oameni să îmbrace un grad înalt al Christhood-ului personal așa încât ei să aducă Cuvântul Viu care Eu sunt. Când asta se întâmplă, puterile existente nu-i pot reduce pe toți la tăcere.

Prin urmare, îți cer să înțelegi că nu vreau ca prima venire a Cristului (în mine) să devină un drum blocat care să împiedice a doua venire a Cristului (în tine).

Sunt Isus Cristos, și în acest moment îngenunchez înaintea lifestream-ului tău la nivelele interioare. Insist să te rog să iei în considerare aceste idei. Te rog să accepți că Christhood-ul tău personal este cea mai bună speranță pe care o am pentru aducerea împărăției Tatălui meu pe această planetă. Te rog să accepți că doresc să te văd îmbrăcând deplinătatea Christhood-ului tău personal. Te rog să accepți că de asemenea doresc să văd mii de frați și surori ale tale îmbrăcând deplinătatea Christhood-ului lor personal. Te rog să renunți la întreaga idee cum că există doar o singură persoană care poate deveni Crist.

În realitate, nu există nici o competiție între ființele Cristice. Grația Tatălui meu este realmente suficientă pentru toți. Când Dumnezeu s-a autoindividualizat în tine, Dumnezeu ți-a oferit o porțiune din ființa lui. Însă, o porțiune din infinitate este încă infinitate. În consecință, nu pierzi nimic recunoscând Cristul în frații și surorile tale. Dumnezeu este tot și Dumnezeu este în tot.

Dacă deții o parte din Ființa lui Dumnezeu, atunci ai acces la toată Ființa lui Dumnezeu. Pur și simplu acceptă că ești parte din totalitatea lui Dumnezeu. Apoi acceptă că frații și surorile tale spirituale sunt de asemenea parte din totalitatea lui Dumnezeu. În fapt, tot ce a fost vreodată făcut este parte din totalitatea lui Dumnezeu. Tu ești parte din Ființa lui Dumnezeu. O parte din Dumnezeu nu poate fi separată de Dumnezeu.

CAPITOLUL 24. CE POȚI FACE TU PENTRU ISUS

Sunt pe deplin conștient că multe din ideile din această carte pot fi șocante pentru oamenii crescuți într-o cultură creștină. Sunt pe deplin conștient că mulți dintre cititorii mei au nevoie să treacă printr-un proces de transformare interioară înainte să poată accepta complet ideile pe care le aduc în această carte. Mulți oameni au nevoie să treacă printr-o anume căutare a sufletului înainte să-și poată accepta propriul potențial de a păși pe calea Christhood-ului personal.

Nu intenționez să te grăbesc cu trecerea prin acest proces. Vreau ca tu să-ți aloci timpul necesar ca să internalizezi ideile mele și să ajungi la o rezoluție interioară și o înțelegere interioară a ce înseamnă această carte pentru tine și pentru viața ta personală. Însă, trebuie să-ți spun că vei face lucrurile mult mai ușoare pentru tine dacă te vei angaja într-un proces de căutare a unei înțelegeri mai largi.

Trebuie să înțelegi că această carte a fost scrisă cu un scop specific, și anume să-ți trezească memoria interioară în ce priveşte potenţialul tău de a păşi pe calea Christhood-ului. Evident nu pot acoperi toate subiectele posibile în această carte. Aşadar, sunt conştient că pentru unii oameni această carte ar putea ridica multe întrebări.

Pentru a răspunde unor astfel de întrebări, eu şi alţi maeştrii ascensionaţi am lansat cărţi adiţionale prin acest mesager. Îţi ofer de asemenea altă cale de a rezolva întrebările pe care le ai ca rezultat al citirii acestei cărţi. Te pot asigura că dacă tehnologia modernă mi-ar fi fost disponibilă în timpul misiunii mele pe Pământ, aş fi făcut realmente uz de ea. Astfel, intenţionez să fac uz de ea astăzi.

Mi-am instruit mesagerul să creeze un website care-ţi va da oportunitatea să-mi pui întrebări direct mie şi altor maeştrii ascensionaţi (www.ascendedmasteranswers.com). Voi răspunde apoi acestor întrebări prin mesagerul meu.

Sper de asemenea că vei realiza că realmente nu e dorinţa mea să te fac co-dependent de o sursă exterioară. Ce vreau cu adevărat să văd este că dobândeşti un astfel de acordaj interior cu Sinele tău Crist şi cu mine încât eu să-ţi pot oferi răspunsurile direct în inima ta. În consecinţă, foloseşte cărţile şi website-ul nostru numai ca unelte pentru lărgirea acordajului tău interior cu mine. Foloseşte exerciţiile pe care le-am dat în această carte pentru mărirea acordajului tău interior cu mine. Fă un efort sincer să te descotoroseşti de toate convingerile incorecte. Fă un efort sincer să-ţi vindeci psihologia.

Dacă vei folosi uneltele pe care ţi le-am dat, poţi trece rapid printr-o transformare personală şi să te ridici la o stare interioară de pace. Este ceea ce doresc să văd pentru tine. Însă, nu pot să fac asta să se întâmple în locul tău. Tu trebuie să faci asta să se întâmple prin propria ta alegere.

Capitolul 24. Ce poți face tu pentru Isus   337

Planul tău divin

Sunt conștient că mulți dintre cititorii acestei cărți vor simți o mare dorință interioară de a mă ajuta la aducerea împărăției lui Dumnezeu pe Pământ. În mod natural, această dorință te va îmboldi să iei anumite forme de acțiuni exterioare. Cu alte cuvinte, știu că mulți dintre adevărații mei adepți vor întreba : „Isus, ce pot face eu pentru tine?"

Vreau să te asigur că poți face mult pentru mine. Înainte ca un lifestream să intre în corp pe planeta Pământ, acel lifestream se întâlnește cu învățătorii lui spirituali. În multe cazuri, eu fac parte din această echipă. Lifestream-ul și învățătorii lui spirituali creează un plan pentru apropiata încarnare a lifestream-ului. Acest plan are următoarele elemente :

- un plan referitor la cum poți plăti karma personală și să-ți îndeplinești datoriile către viață.

- un plan despre cum poți aduce un unic dar acestei planete. Acesta poate fi o idee sau calitate specifică pe care doar tu ești capabil să o exprimi. Îmi place să numesc asta „truda secretă" a ta.

Ce îți spun aici este că lifestream-ul tău și învățătorii tăi spirituali au creat un plan divin pentru această viață. Evident, când un lifestream se încarnează acesta adesea pierde memoria conștientă a acestui plan divin. Însă majoritatea oamenilor au o anume percepție interioară a ceea ce au de făcut în această viață. Și toți oamenii dețin potențialul să recâștige memoria conștientă a planului lor divin.

Trebuie să înțelegi că fiecare lifestream are un plan divin unic. Ce vreau să văd pentru tine este că tu îți îndeplinești planul divin personal. În consecință, nu pot să-ți spun ce ar trebui să faci ca să mă ajuți la aducerea împărăției lui Dumnezeu pe Pământ. Este de departe ceva prea personal și individualizat ca să fie exprimat într-o carte ca aceasta. Mai mult, nu vreau ca tu să primești instrucțiuni din vreo sursă exterioară ție referitoare la planul tău divin. Este important ca tu să primești direcția interioară așa încât conștiința ta exterioară să poată accepta pe deplin și internaliza planul tău divin.

Te eliberez

Cum îți poți descoperi planul tău divin? Permite-mi să fac o sugestie. Majoritatea oamenilor au ceva care-i îndepărtează de la efectuarea planului lor divin. Acest ceva e de obicei un atașament pentru lucrurile acestei lumi. Ar putea fi un mare (dar dezechilibrat) zel de a lupta pentru o cauză particulară exterioară. Poate fi un atașament pentru anumiți oameni, cum ar fi soți sau membrii ai familiei. Poate fi un sentiment de nevrednicie sau alte probleme psihologice. Poate fi loialitatea față de o organizație particulară. Poate fi o frică ca până nu urmezi anumite reguli, nu vei fi salvat.

Există numeroase atașamente care te pot atrage într-un chenar al minții în care tu crezi că trebuie să-ți trăiești viața într-un anume fel sau să încerci să te transformi într-un anume gen de persoană. Astfel de atașamente mereu răsar din relativitatea conștiinței morții, și ele îți întunecă viziunea interioară astfel încât nu-ți poți vedea planul divin. Aceste atașamente sunt adesea caracterizate de un anume sentiment de obligație sau datorie. Simți că trebuie să faci ceva. Te simți constrâns să faci ceva.

Capitolul 24. Ce poți face tu pentru Isus

Pe măsură ce pășești pe calea Cristhood-ului personal, trebuie să te eliberezi de aceste obiceiuri vechi, uzate. Prin urmare, mi-ar place să te ajut să începi un nou ciclu de creștere spirituală.

Sunt Isus Cristos, și sunt Salvatorul tău și învățătorul tău spiritual. Chiar acum stau înaintea lifestream-ului tău la nivelele interioare, și te eliberez de toate atașamentele și sentimentul de obligație legat de această lume. Vreau să te simți eliberat de orice atașament ai față de lucrurile acestei lumi. Vreau să renunți la toate sentimentele de „eu ar trebui", „eu trebuie" sau „sunt constrâns să".

Vreau să te autoexaminezi ca să determini ce atașamente ai. Apoi, vreau să-ți permiți să simți că eu, Isus Cristos, te eliberez de aceste atașamente.

Vreau ca tu să te simți complet liber de aceste atașamente. Vreau să simți că nu există nimic ce ar trebui să faci și nu există nimic pentru care ești constrâns să faci ceva. Ești pur și simplu liber de toate aceste atașamente, obligații și responsabilități. Ești liber de tot sentimentul că trebuie să-ți trăiești viața într-un anume mod sau că trebuie să fii un anumit gen de persoană. Sunt Isus Cristos, și te eliberez de toate acestea, și îți cer să accepți libertatea pe care ți-o ofer. Vreau acum să pui deoparte timp pentru a utiliza uneltele pe care ți le-am dat în această carte:

- fă un efort de a te autosigila de conștiința de masă

- fă un efort să-ți epurezi mintea de convingerile false

- studiază această carte și alte învățături spirituale

- foloseşte sârguincios tehnica de acordaj cu inima mea şi de căutare a răspunsurilor direct de la mine

Dacă vei folosi aceste tehnici pentru o perioadă de timp, îţi pot garanta că vei începe să câştigi un nou sens de direcţie interioară, un nou sentiment al scopului şi un nou sens al semnificaţiei. Vei începe să ştii, printr-o cunoaştere interioară bazată pe Roca Cristului, ce este inclus în planul tău divin.

Străduieşte-te pentru echilibru

Sper că poţi observa valoarea psihologică a trecerii prin acest exerciţiu. Sunt conştient că mulţi oameni au un mare zel şi fervoare, şi că ei vor să ajute la aducerea Împărăţiei lui Dumnezeu pe Pământ. Însă mulţi din aceşti oameni au permis ca viziunile lor să fie întunecate de relativitatea conştiinţei morţii şi de propriul lor interes. Prin urmare, ei devin uşor îndrumaţi greşit pentru folosirea mijloacelor nepotrivite, mijloacelor ilicite, în încercarea lor de a aduce Împărăţia lui Dumnezeu. Aşa cum am explicat mai devreme în această carte, aceasta nu este propunerea acceptabilă.

Sunt trist să-ţi spun că există milioane de oameni pe această planetă, şi ei se găsesc în fiecare religie, incluzând creştinismul, care cred că ei fac lucrarea lui Dumnezeu. Însă deoarece motivele sunt influenţate de relativitatea conştiinţei morţii, ei în realitate mai degrabă îndepărtează Împărăţia lui Dumnezeu de această planetă.

Calea extremismului şi fanatismului nu este calea adevărată. Adevărata cale este calea de mijloc al discernământului Cristic. Este calea echilibrului în toate lucrurile. Este calea iubirii.

Capitolul 24. Ce poți face tu pentru Isus

Permite-mi să-ți dau un exemplu despre ce nu vreau ca tu să faci. Consecința logică a învățăturilor pe care le ofer în această carte este că multe biserici creștine promovează învățături false despre mine și despre adevărata cale către Christhood. Prin urmare, o persoană cu o atitudine extremistă sau zeloasă ar putea raționa că este sfânta ei datorie să se angajeze într-o bătălie cu creștinismul și să-i expună neajunsurile.

Permite-mi să te asigur că nu doresc ca nici unul din adevărații mei adepți să se angajeze într-un astfel de conflict. Nu vreau să văd această carte devenită o armă în lupta umană eternă pentru putere fiindcă acest fapt ar putea doar prejudicia oamenii relativ la această carte și la învățăturile mele adevărate. Mai important, nu vreau ca tu să începi să-ți acuzi frații și surorile despre vreo ceva. Nu arăta cu degetul către nimeni. Nu-i acuza de nimic.

Ce vreau tu să faci este să internalizezi adevărul învățăturilor mele interioare. Vreau să-ți concentrezi toată atenția pe dezvoltarea Christhood-ului tău personal. Scopul meu în scutirea ta de toate obligațiile este să te ajut să pui deoparte toate ideile preconcepute despre ceea ce ar trebui sau n-ar trebui să faci.

Cu alte cuvinte, nu spun că nu vreau ca tu să nu faci nimic pentru mine. Spun că nu vreau ca tu să acționezi prin prisma relativității conștiinței morții. Vreau să faci un efort sincer ca să mergi înăuntru și să dobândești o anumită măsură de Christhood. Apoi acționează în baza intuițiilor pe care le primești direct de la Sinele tău Crist și de la mine. Nu permite forțelor acestei lumi, incluzând forțele din propria ta psihologie, să te preseze în nimic.

Ce îți cer să faci aici este să lași deoparte toate ideile preconcepute. Mergi în interior și caută mai întâi Împărăția lui Dumnezeu și justețea lui. Împărăția lui Dumnezeu este conștiința Cristică. Justețea lui este folosirea corectă a liberului tău arbitru făcând alegeri în baza discernământului Cristic.

Caută mai întâi conștiința Cristică, și apoi toate celelalte se vor aduna la tine. Prin Christhood-ul tău personal, vei obține direcție interioară, și apoi vei ști ce să faci. Acțiunile tale vor fi apoi bazate pe Roca Cristului în loc de nisipurile mișcătoare ale conștiinței morții. Nu vei mai acționa în baza unor decizii ale minții inferioare. Vei acționa ca o extensie naturală a cine ești. Ieși din conștiința „eu ar trebui" și intră în conștiința „EU SUNT".

Bagheta călăuzitoare

Permite-mi să-ți ofer o baghetă călăuzitoare pentru a determina dacă acțiunile tale răsar dintr-o conștiință inferioară sau mai înaltă. Conștiința morții este caracterizată printr-un număr de sentimente imperfecte. Oamenii care sunt extremiști sau fanatici sunt mereu conduși de astfel de sentimente. Permite-mi să le descriu pe cele mai comune dintre aceste sentimente imperfecte :

- **Frica.** Mulți oameni religioși devotați cred că ei fac lucrarea lui Dumnezeu, însă acțiunile lor sunt motivate de frică. Le-ar putea fi frică de Dumnezeu, le-ar putea fi frică de pedeapsă, le-ar putea fi frică de osânda veșnică, le-ar putea fi frică de iad sau le-ar putea fi frică de un anume tip de profeție. Prin urmare, ei caută să picure frica în oricine întâlnesc. Ei cred că frica de Dumnezeu te aduce cumva mai aproape de Dumnezeu. Nu este așa. Sufletul tău va căuta mereu să fugă de ce se teme.

Capitolul 24. Ce poți face tu pentru Isus 343

- **Mânia și Ura.** Mulți oameni religioși devotați cred că ei fac lucrarea lui Dumnezeu, dar acțiunile lor sunt motivate de mânie. Ideea de bază este că mânia este mereu mânie împotriva lui Dumnezeu și împotriva ta însuți. Totuși, în majoritatea cazurilor mânia este exprimată ca mânie împotriva unui alt grup de oameni. Acest grup de oameni devine țapul ispășitor. Oamenii care acționează în baza mâniei și urii ar putea crede că ei fac lucrarea lui Dumnezeu. Însă în realitate ei nu sunt pentru Dumnezeu, ei sunt împotriva altcuiva. Nu-ți autopermite să lupți împotriva cuiva sau a ceva. Luptă împotriva întunericului numai aducând Lumină și Adevărul Cristului.

- **Mândria.** Mulți oameni religioși devotați cred că ei fac lucrarea lui Dumnezeu, dar acțiunile lor sunt motivate de o nevoie de auto-ridicare în slăvi. Ei nu caută să-l glorifice pe Dumnezeu, ei caută să glorifice propriile lor ego-uri. Asta adesea face oamenii să se simtă fățarnici, și încep să creadă că ei sunt mai buni sau mai importanți decât alți oameni. Ei adesea tind să creadă că religia lor este superioară oricărei alte religii și că alți oameni trebuie să fie făcuți să vadă asta.

Vreau ca tu să-ți crești senzitivitatea așa încât să începi să realizezi că fiecare din aceste emoții impure are o vibrație specifică. Toate emoțiile sunt energie, și toate energiile au o anumită frecvență. Simțul tău interior al inimii este complet capabil să recunoască frecvențele emoțiilor impure. Devenind conștient de această abilitate, poți instantaneu să cunoști când o persoană este motivată de o emoție imperfectă. Utilizând această senzitivitate în timp ce te uiți în oglindă, poți instantaneu să știi despre propriile tale motive. Fii onest cu tine însuți. Fii sincer. Dacă detectezi un motiv sau o emoție imperfectă, folosește uneltele pe care ți le-am dat pentru a te auto-elibera de acea emoție. Abandonează-mi-o mie, și eu te voi ajuta să devii liber.

Îmbracă Christhood-ul tău

Ce îți spun este că cel mai important lucru pe care poți să-l faci pentru mine este să îmbraci Christhood-ul tău personal. Cu conștiința ta exterioară acordată la Sinele tău Crist, vei câștiga o direcție interioară clară care-ți va arăta ce poți face pentru mine. Vei știi cum să oferi oamenilor Adevărul Viu al Cristului în loc să le dai o doctrină exterioară sau un set de reguli.

Când acțiunile și motivele tale sunt în baza Rocii Cristului, totul apare din iubire. În consecință, îți pot da o baghetă călăuzitoare pentru evaluarea purității motivelor și acțiunilor tale :

- Întreabă-te de ce te simți constrâns să te angajezi într-o anumită activitate. Ești motivat de iubire?

- Dacă ești motivat de iubire, nu vei simți un sentiment de atașament. Nu vei simți că asta este ceva ce pur și simplu trebuie să faci. Cu alte cuvinte, nu ești obsedat de activitate, și nu vei simți o nevoie compulsivă să faci ceva.

- Non-atașamentul înseamnă că nu ești atașat de rezultatul acțiunilor tale. Cu alte cuvinte, nu te aștepți

Capitolul 24. Ce poți face tu pentru Isus

ca ceilalți oameni să răspundă într-un anume mod sau că Dumnezeu sau viața îți dă ceva în schimb.

• Când ești non-atașat, când acționezi din iubire, nu te aștepți la nimic în schimb. Tu doar oferi în modul în care Dumnezeu oferă. Gratis ai primit, și gratis trebuie să dai. Dumnezeu permite să plouă peste drepți și peste nedrepți fiindcă Dumnezeu oferă iubirea sa necondiționat. Tu trebuie să faci la fel. Dacă te surprinzi oferind cu condiții, dacă găsești că există corzi legate de darul tău atunci nu acționezi pe deplin prin prisma conștiinței Cristice.

• Când acționezi ca un Crist, nu oferi cu expectativă sau cu o recompensă. Oferi ca o expresie naturală a cine ești. Astfel, actul oferirii eliberează propia-i recompensă.

• Când motivele tale sunt bazate pe iubire și libere de atașament, te afli capabil să acționezi dintr-o stare de pace interioară. Dacă te surprinzi contemplând o nouă activitate, verifică-ți sentimentul interior de pace. Este ca un barometru, și poți învăța să-l citești. Dacă barometrul nu este în pace, reconsideră-ți motivele și emoțiile fața de acea activitate. Apoi, folosește uneltele pe care ți le-am dat ca să cauți pacea interioară înainte de a acționa. Nu permite forțelor acestei lumi să te prostească sau să te manipuleze ca să acționezi într-o stare de non-pace.

Pacea mea ți-o ofer ție. Pacea mea o las cu tine. Când motivele tale sunt pure și împământate în iubire, ai respectul maxim față de liberul arbitru al altor oameni. Pur și simplu oferă-le o cupă de apă rece în numele Cristului, și lasă-i să decidă ce vor face cu ea.

Condu oamenii la apă, dar nu căuta să-i forțezi sau să-i manipulezi ca să bea. Faci ce știi că este corect, dar nu ești atașat de rezultatul acțiunilor tale. În cultura vestică oamenii au fost în mod tradițional mult prea atașați de rezultate. Pe măsură ce începi să crești în Christhood, vei realiza că procesul însăși este de departe mai important decât rezultatul. Eu sunt Calea, Adevărul și Viața. În conștiința Cristică nu există limitări ; există doar progres continuat.

Nu deveni atât de focusat pe un rezultat specific încât să uiți să apreciezi și să te bucuri de călătoria către acel rezultat. Motivul pentru care scopul nu poate justifica mijloacele este că ce contează pentru Dumnezeu nu este scopul, cu mijloacele folosite pentru a ajunge acolo. Dumnezeu vrea ca tu să vii acasă, dar Dumnezeu nu vrea ca tu să te rănești pe tine sau pe alții în proces. Prin urmare, Dumnezeu vrea ca tu să fii în pace în timp ce-ți urmezi calea personală. Nu alerga acolo unde îngerii se tem să intre. Este mai bine să te oprești pentru un moment și să-ți stabilești pacea interioară decât să alergi înainte și să pierzi vederea Împărăției lui Dumnezeu.

Dumnezeu este pretutindeni în creația sa. Dumnezeu este prezent cu tine în fiecare pas al călătoriei tale personale. Uită-te după Dumnezeu care-ți zâmbește din spatele multor deghizări. Odată ce știi ce cauți, nu este dificil să observi Adevărul Viu. Când vezi acel adevăr, adevărul te va elibera. Cum poți fi liber dacă nu ai pace interioară?

Pacea interioară este libertatea. Fie ca toate acțiunile tale să răsară din pace interioară.

DESPRE AUTOR

Kim Michaels este un scriitor și autor realizat. A condus conferințe și workshop-uri spirituale în 14 țări, a consiliat sute de studenți spirituali și a făcut numeroase emisiuni radio pe subiecte spirituale. Kim este pe calea spirituală din 1976. A studiat o varietate largă de învățături spirituale și a practicat multe tehnici de ridicare a conștiinței. Din 2002 servește ca mesager pentru Isus și alți maeștri ascensionați.

A dat naștere la un număr extins de învățături despre calea mistică, multe din acestea disponibile gratuit la website-urile sale :

www.askrealjesus.com,
www.ascendedmasteranswers.com,
www.ascendedmasterlight.com și
www.transcendencetoolbox.com.

Pentru informații personale, vizitează-l pe Kim la www.kimmichaels.info.

www.ingramcontent.com/pod-product-compliance
Lightning Source LLC
Chambersburg PA
CBHW030520230426
43665CB00010B/697